으며, 2030년까지 빈곤과 기아 종식, 국내와 국가 간 불평등 해소, 평화롭고 공정하며 포용적인 사회 건설, 인권보호 및 성평등 촉진, 지구와 천연자원의 영구적 보호 보장을 추구하고 있다. 또한 이 과정에서 '누구도 소외되지 않는 것(Leave no one behind)'을 원칙으로 하고 있다.

지속가능발전목표(SDGs)는 빈곤퇴치를 추구하던 새천년개발목표(MDGs)에서 더 나아가 사회적 불평등, 환경 및 기후변화 문제, 지속가능한 소비와 생산, 목표이행수단 등을 포함하고 있으며, 글로벌하고 보편적으로 적용가능한 17가지 목표 및 169가지 세부목표로 구성되어 있다.

목표 1~16은 지속가능발전목표의 주제를 다루고 있으며, 목표 17은 16가지 목표를 이행하기 위한 수단에 해당한다. 국가 단위에서는 사회, 경제, 환경분야의 상호작용을 고려하여 통합적인 접근을 위한 목표 수립을 강조하고 있으며, 글로벌 수준의 목표에 부합하는 동시에 국가정책 및 우선 과제를 반영하여 설정하도록 권고하고 있다. 세계 각국에서는 지속가능발전목표(SDGs) 이행을 위한 노력이 진행 중이다.

우리나라는 지속가능발전 관련 정책, 법제도 정비 등 산학연관민이 통합적으로 지속가능발전목표 이행을 위하여 세계 굴지의 기업들과 단체들이 SDGs의 일부 혹은 전체를 달성하기 위하여 노력을 이어가고 있다. 이제 지속가능발전(SDGs) 개념은 기업의 사회적 책임, 기업가치 달성의 중요한 부분으로 대체되어 가고 있다. 17가지의 지속가능발전목표(SDGs)는 다음과 같다.

- Goal 1: No Poverty(빈곤퇴치)
- Goal 2: Zero Hunger(기아종식)
- Goal 3: Good Health and Well-Being(건강과 웰빙)
- Goal 4: Quality Education(양질의 교육)
- Goal 5: Gender Equality(성평등)
- Goal 6: Clean Water and Sanitation(물과 위생)
- Goal 7: Affordable and Clean Energy(깨끗한 에너지)

- Goal 8: Decent Work and Economic Growth(양질의 일자리와 경제 성장)
- Goal 9: Industry, Innovation and Infrastructure(산업, 혁신과 사회기반시설)
- Goal 10: Reduced Inequalities(불평등 완화)
- Goal 11: Sustainable Cities and Communities(지속가능한 도시와 공동체)
- Goal 12: Responsible Production and Consumption(책임감 있는 소비와 생산)
- Goal 13: Climate Action(기후변화 대응)
- Goal 14: Life Below Water(해양생태계)
- Goal 15: Life On Land(육상생태계)
- Goal 16: Peace, Justice and Strong Institutions(평화, 정의와 제도)
- Goal 17: Partnerships for the Goals(SDGs를 위한 파트너십)

이제 본서에서는 UN의 17가지 지속가능발전목표(SDGs)를 하나하나 살펴보고 현황과 그 문제를 해결하기 위한 기존의 노력들 그리고 인공지능, 빅데이터, XR, 드론, 로봇, 디지털트윈 등 4차산업혁명기술을 활용하여 문제를 해결하려는 노력들에 대해서 살펴보고자 한다. 물론 4차산업혁명기술의 개발과 활용에 있어서 발생할 수 있는 역효과는 다시 17가지 지속가능발전목표(SDGs)의 도전이 되기도 하므로 이 부분에 대해서도 다룸으로써 SDGs 관점에서의 정보기술에 대한 균형 잡힌 시각을 견지하려고 노력했다.

끝으로 원고 작업을 도와준 문경민, 오주은, 정대성, 조수빈 학생들과 이 책이 나오도록 성원해 주신 모든 분들께 감사함의 인사를 전한다.

2021년 4월

저자 일동

차 례

CHAPTER 1

SDGs1 빈곤층 감소와 사회안전망 강화

CHAPTER 2

SDGs2 식량안보와 지속가능농업

CHAPTER 3

SDGs3 건강과 행복

CHAPTER 4

SDGs4 양질의 교육

CHAPTER 5

SDGs5 성평등

CHAPTER 6

SDGs6 물과 위생

CHAPTER 7

SDGs7 에너지와 환경

CHAPTER 8

SDGs8 양질의 일자리와 경제성장

CHAPTER 9

SDGs9 산업, 혁신과 사회기반시설

CHAPTER 11

SDGs11 지속가능도시와 주거지

CHAPTER 12

SDGs12 지속가능생산과 소비

CHAPTER 14

SDGs14 해양생태계 보호

CHAPTER 15

SDGs15 육상생태계 보호

CHAPTER 19 특수 논제: AI와 산업의 융합적 공진화방안과 SW정책

[제 1 장]

SDGs1 빈곤층 감소와 사회안전망 강화

1. 정의 및 개념
2. 현재의 문제점
3. 문제해결 노력
4. 해당 SDGs 문제를 해결한 기업의 성공 사례

제 1 장 SDGs1 빈곤층 감소와 사회안전망 강화

1 정의 및 개념

1.1 윤리의식의 발전

우리가 빈곤이라는 문제에 대해서 고민할 때 가장 먼저 윤리의식이 발전되어야 한다. 개인의 문제, 내 주변의 문제 혹은 우리나라의 문제와 같은 미시윤리에서 더 나아가 전 세계에 관련된 문제에 관심을 가지는 거시윤리와 지구윤리가 필요하다. 또한 현재 존재하는 사람들과 관련된 문제에 대해서만 관심을 가지는 것이 아니라 다음 세대에 관련되는 책임들까지도 고민하는 미래윤리가 필요하다. 이처럼 거시윤리, 미래윤리, 지구윤리의 관점에서 바라보면, 선진국에서는 중요하지 않은 이슈도 개도국 입장에서는 당장 해결해야 하는 공적 원조의 대상사업이 되기도 한다. 다시 말하면 우리 모두에게는 가난한 자에 대한 의무가 있다.

1.2 한국 빈곤의 역사

대한민국은 오래전부터 농경사회였다. 농경사회에서 존재했던 가난은 대부분 구황, 한해, 병충해 등과 같은 자연재해로 인해 발생하는 가난이었다. 조선시대에는 인간의 사회적 구조에 의해서 만들어진 양반계층이 등장하고 이들의 착취로 인해 구조적인 가난이 등장하기 시작했다. 일제강점기 때에는 일제의 식민지 수탈로 인해 많은 사람들이 고향을 이탈하여 도시로 이동했으며 일부는 만주 지역으로 이동하기도 했다. 도시로 인구가 이동하게 되면서 자연스럽게 도시 빈민의 문제가 발생하기 시작했다.

1950년 한국전쟁이 발발하면서 모든 도시가 초토화되었고, 이에 따라 도시 곳곳에서 대량 난민이 발생했다. 난민들은 피난을 간 도시에서 자연스럽게 집단 빈민촌을 형성했다.

1960년대, 근대화의 노력으로 농촌에서 벗어나 도시로 이동한 사람들이 급증하였고, 이들이 도시 빈민을 형성하게 된다. 그리고 1970년대에는 중화학공업과 수출주도산업 중심으로 말미암아 다수의 공장 노동자가 발생했다. 그 당시 서울의 인구는 약 600만 명이었는데, 그중 200만 명의 인구가 [그림 1-1], [그림 1-2]와 같이 거주환경이 열악한 이른바 '달동네'에 거주했다.

IMF 이후에는 양극화가 진행되면서 실업자와 비정규직 근로자가 대량으로 발생했으며, 이들은 또 다시 빈곤이라는 문제로 이어지게 되었다. 2000

그림 1-1 1989년 금호동 달동네

그림 1-2 서울의 마지막 달동네 백사마을

년대 이후에는 복지의 사각지대에 놓여 있는 독거노인, 빈곤아동, 해외에서 들어오는 이주노동자와 같은 문제가 발생하고 있다.

1.3 빈곤의 종류

현재 발생하는 빈곤을 세 가지로 나눈다면, 크게 도시 빈곤, 노인 빈곤, 여성 빈곤으로 분류할 수 있다. 많은 경우에 이러한 빈곤은 '도시에 살고 있는 여성 노인의 빈곤'과 같이 복합적으로 나타나기도 한다.

(1) 도시 빈곤

1) 익명성과 개인주의가 발달한 도시

농촌보다 도시의 빈곤이 심각한 까닭은 무엇일까? 가장 큰 원인은 도시가 농촌에 비해서 익명성과 개인주의가 발달되어 있기 때문이다. 이로 인해 도시에서는 인근의 어떤 사람들이 빈곤에 놓여 있는지 알기가 어렵다. 농촌과 같은 지역 공동체에서는 옆동네, 옆집의 사람들이 어떤 형편에 있는지를 쉽게 알 수 있기 때문에 그들의 이웃이 더 큰 어려움에 빠지기 전에 함께 협력하여 문제를 해결할 수 있었던 반면, 도시에서는 그러지 못했다. 또한 개인주의가 발달하면서 빈곤에 놓인 사람들이 발견이 되더라도 그들을 도우려는 의지가 약해졌다. 이처럼 가난한 사람에 대한 무관심과 그들을 경멸하는 분위기가 형성되면서 심각한 경우 도시에서는 님비(NIMBY)현상까지 발생하기도 한다.

2) 도시 빈곤의 결과

개발도상국의 경우에는 성장 없는 도시화가 진행되고 있다. 도시의 성장은 진행되지 않는 상태에서 많은 인구가 도시로 모이기 때문에 슬럼화가 발생하는 경향도 있다.[01] 이러한 도시 빈곤의 결과로 인해 도시에 살고 있는 빈곤한 사람들에게는 교육의 기회가 제한되고, 이로 인해 가난이 대물림되는 현상이 나타난다. 이들이 양질의 일자리를 가지지 못하는 경우에 심한 경우 그중 일부가 범죄의 유혹에 빠지기도 한다. 또한 그 범죄로 말미암아 다시 그 도시와 지자체의 사회적 비용이 증가하는 등 도시 빈곤으로 인해 심각한 문제가 계속해서 발생하고 있다.

3) 도시 빈민 공동체운동

기존의 도시 빈곤 문제를 해결하기 위해서 많은 공동체운동이 등장했다. [그림 1-3]은 청십자의료조합의 설립 당시의 사진으로, 한국에서 가장 처음 등장한 공동체이다. 청십자의료조합은 장기려 박사와 채규철, 김서민 등이 1968년에 처음 만든 도시 빈민을 위한 의료보험운동조합이다. 후에 이 아이

01 마이크 데이비스(2007), 〈슬럼, 지구를 뒤덮다〉, 돌베개

디어를 착안하여 정부에서는 500명 이상 사업장에 의료보험조합을 설립하도록 하여 오늘날 대한민국에서는 웬만한 사업장 대부분이 의료보험에 가입되어 있다. 이는 민간의 운동이 정부의 정책으로 변화된 성공적인 사례이다.

이외에도 다일공동체와 같이 행려자를 위한 무료급식소, 노숙인을 위한 쉼터인 원주밥상공동체, 안산이주민센터 등과 같은 공동체운동이 있다. 특히 [그림 1-4]와 [그림 1-5]에 나타난 안산이주민센터는 비정부기구(NGO)와 정부 지자체가 함께 협력하여 이주노동자를 도왔던 사례에 해당한다. 많은 교회에서도 빈곤아동과 보육을 위해서 공부방을 운영하고 있다.

교육의 기회가 박탈되었던 노숙인들, 빈민을 대상으로 인문교육을 하는 기관으로 성프란시스 대학이 있다. 성프란시스 대학은 1998년에 서울시의 사업으로 시작되었는데, 8년 만에 사업을 중단했다. 2006년 이를 대한성공회유지재단에서 넘겨받아 노숙인 다시서기지원센터라는 기관을 다시 설립해 교육을 실행했다. 성프란시스 대학에서는 1년 동안의 교육을 통해 전반기에는 철학, 작문, 예술사를 가르치고 후반기에는 문학, 역사, 문화를 가르쳐 학교를 졸업시키는 과정이며, 일부 사람들은 이를 통해 취업의 기쁨을 맛보기도 했다.

그림 1-3 청십자의료조합

그림 1-4 안산이주민센터

그림 1-5 안산이주민센터의 구성

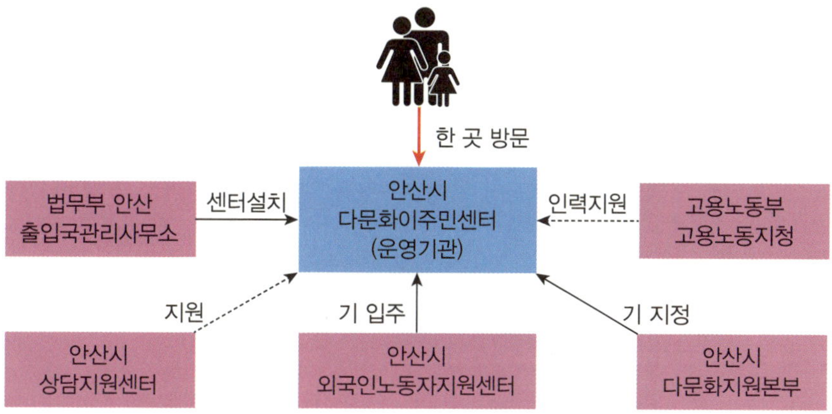

(2) 노인 빈곤

노인 빈곤이란 물질적인 생활능력이 부족하고 그 노인을 부양할 자녀나 친지가 없는 노부부 또는 독거노인들로서 스스로 자립할 수 있는 생활력이 없거나 생계유지를 할 수 있는 수입 정도를 가지지 못한 노인의 상태를 얘기한다. 한국의 경우 최하층(1분위)의 55%가 70대 이상 노인이고(2019년 기준), 이 중 절대다수가 여성이라고 하는 문제가 있다. 게다가 [그림 1-6]은 OECD 국가의 노인 빈곤율을 나타내는데, 한국의 노인 빈곤율은 46.7%로 OECD 평균의 3배이다.

한국금융연구원(2019)에 따르면 노인 빈곤의 원인으로 다음 세 가지 이유를 제시한다. 첫 번째로는 주택은 현금자산이 아니기 때문에 현금자산이 없는 하우스푸어 노인들이 많다는 점, 두 번째로는 [그림 1-7]처럼 한국은 급속한 노령화사회로 변했지만 제도적 정비가 이를 못 따라갔다는 점, 세 번째로는 현재 빈곤한 노인들은 교육, 결혼, 주택구매와 같이 과도하게 자녀를 지원했음에도 불구하고 노인의 자녀들은 부모를 부양하려는 책임의식이 약화된 점 등이다. 이러한 빈곤은 빈곤한 노인들의 사회적인 관계 회피에 따른

■ **그림 1-6** OECD 국가 노인 빈곤율

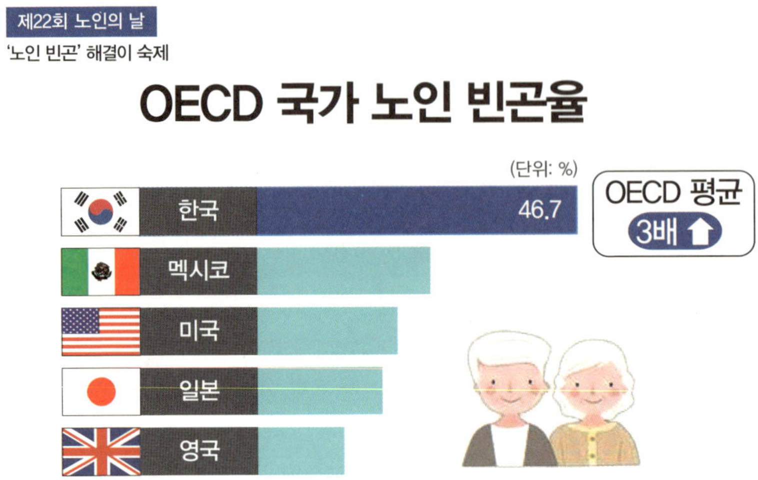

출처: KTV

■ **그림 1-7** 한국의 인구 현황 및 전망

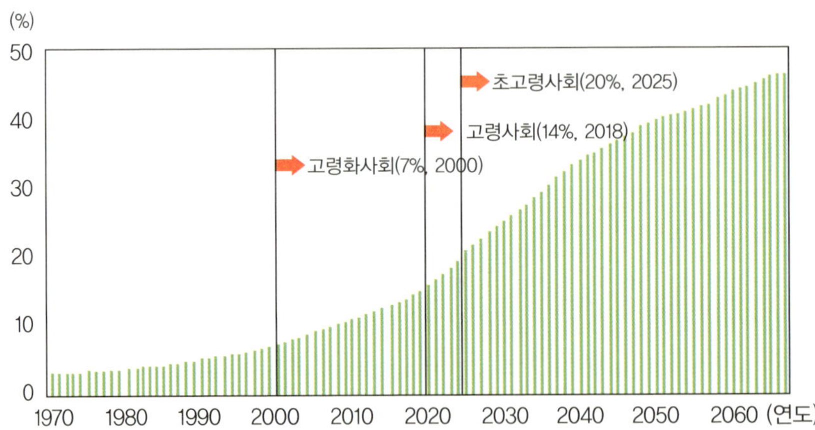

출처: 통계청

관계성의 약화, 삶의 만족도 감소, 의료비 부담에 따른 병원 기피현상으로 인한 건강 악화와 같은 문제들을 발생시킨다.

(3) 여성 빈곤

위원회에서는 빈곤의 여성화(Feminization of poverty)라는 말을 사용하는데, 빈곤이 지속되다 보면 결국 여성 문제로 귀착되는 현상이 나타난다. 미국의 경우 여성이 성인 빈민의 3분의 2를 차지하고, 노인 빈민의 절대다수는 여성이다.

여성 빈곤이 발생하는 이유로, 첫 번째는 노동시장에서 여성들이 채용의 차별을 겪고 채용 후에도 유리천장 때문에 승진에서 차별을 받는다는 점, 두 번째는 대개 여성들은 자녀를 보살피는 '보살핌 노동'을 하는데, 사회가 이 노동에 대한 평가를 절하하여 정당한 평가가 이루어지지 못한다는 점이다. 여성들의 보살핌 노동에 대해 정당한 평가가 이루어진다면 육아 수당, 휴직 수당 같은 것을 더 인정할텐데 현재는 평가 절하되기 때문에 이런 노동을 인정받지 못하는 것도 큰 이유라고 본다. 세 번째는 여성이 이혼하면 당장 생계 위험에 빠진다는 점이다. 마지막으로 여성의 경우는 연금 가입 비율도 상당히 낮다는 점이다. 이 네 가지를 여성 빈곤이 발생하는 이유로 뽑는다. [그림 1-8]의 자료는 15년 전 작성되었지만, 한국의 남성과 여성의 연금 가입률을 비교하였을 때, 여성의 연금 가입률이 남성보다 훨씬 낮은 것을 알 수 있다.

여성 빈곤의 기존 지원사업으로는 첫 번째는 여성 중심의 일자리 육성이 있다. 정부주도로 여성이 많이 종사하는 간병사와 같은 여성 중심 일자리환경을 개선하여 여성의 경제적 활동을 늘린다. 두 번째는 여성 특성이 고려된 자활사업인 보육지원 도우미, 급식지원 도우미, 산모 도우미, 호스피스사업 같은 사업들을 더 잘 일으켜 여성들의 취업을 상대적으로 용이하게 만들 수 있다. 세 번째는 이혼 가정이나 해체된 가정의 여성들을 발견하고 지원해 주는 복지지원사업이 있다. 마지막으로는 빈곤 여성들을 위한 정서적인 지원 제도가 존재한다.

그림 1-8 국민연금통계연보(2004년)

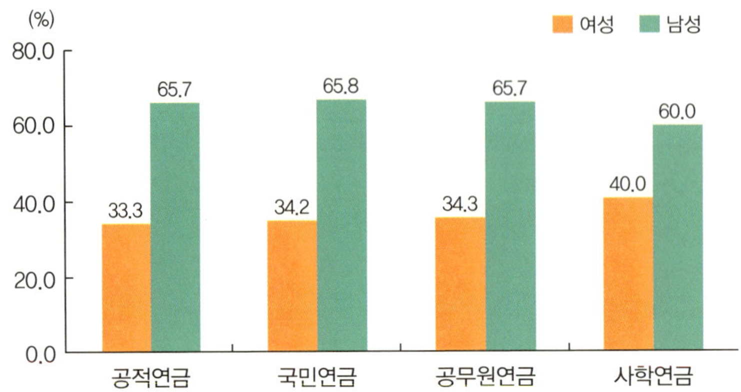

출처: 국민연금관리공단

(4) 국제 빈곤: 기아

국제적으로 봤을 때는 빈곤 중에서도 기아가 큰 문제이다. 사람이 사람답게 살기 위해서는 시민권, 정치권, 환경권 등 다양한 권리가 충족되어야 하는데 많은 사람이 현재 [그림 1-9]와 같은 기아상태에 놓여있다. 세계인구의 약 15%인 약 10억 정도 인구가 매일의 생존이 힘든 기아의 상태이다. 아시아의 60%, 남부 아프리카의 25%, 중남미의 15%가 현재 기아상태라고 판단 내린다.

기아는 충분한 영양분을 섭취하지 못하고, 굶주림과 질병으로 인한 사망률의 증가로 벌어지고 있는 일련의 사건이라고 정의한다. 기아는 후진국에서 나타나는 구조적인 기아와 자연재해, 내란 등으로 생기는 일시적인 경기동향적인 기아, 이 두 가지 종류로 나눠진다. 국제 빈곤의 원인은 대부분 자연재해보다는 정치사회적이고 인재의 형태로 나타난다.

국제 빈곤의 원인으로 첫 번째는 다국적기업들이 종자, 비료, 살충제, 저장, 운송 등의 분야를 장악하고 있는데, 이들은 분배보다 이윤 중심으로 판

그림 1-9 약자에게 치명적인 기아

단하여 식량을 이동한다. 모든 사람이 다 잘 먹게 하는 것이 아니라 그들의 이윤 극대화에 부합되지 않을 때에는 식량을 잘 분배하지 않게 된다. 이전에 바다 한가운데에 이윤이 되지 않는 식량을 대거 수장시켜 버리는 일이 발생한 이유이기도 하다.

두 번째는 부패 및 배임행위이다. 후진국의 통치자와 정치가들이 기아지원금을 중간에 많이 횡령한다. 그러다 보니 빈곤과 기아에 놓여있는 사람한테 구호품 및 구호금이 제대로 전달되지 못한다. 한 예로 2006년 콩고의 외채는 150억이었는데, 그 당시 통치자였던 조제프 데지레 모부투의 자산은 80억 증가하였다.

세 번째는 자연재해이다. 오늘날의 자연재해는 인재라고 할 수 있다. 무절제한 소비 때문에 많은 바이오 연료가 생성이 되고 이는 이산화탄소를 발생시킨다. 이로 인해서 기후변화가 발생하고 기후변화 때문에 사막화와 토질 악화가 진행된다. 결국에는 생태 난민과 환경 이민이 생겨난다. 최근 추세를 보면 약 1초에 한 명의 기후 난민이 발생하는 상황이다([그림 1-10] 참조).

그림 1-10 생태 난민

2 현재의 문제점

2.1 AI Poor Bias(인공지능 빈곤 편향)

앞서 도시 빈곤, 노인 빈곤, 여성 빈곤, 국제 빈곤을 살펴보았다. 이제는 불평등한 기술로 인한 빈곤의 파급에 대해 알아본다. 현재 전 세계는 인공지능(AI)에 대한 관심이 지속적으로 증가함에 따라 새로운 관련 기술을 선보이고 있다. 하지만 문제는 빈국에 대한 고려가 부족한 상태에서 기술개발이 활발해지고 있다는 것이다. 그 결과 불평등한 기술로 인해 IT분야에서도 빈곤의 모습을 찾아볼 수 있다. 즉 선진국에 비해 후진국의 사람들이 IT기술이 주는 혜택을 덜 받게 된다. 이는 인공지능 빈곤 편향(AI Poor Bias)현상으로 이어졌다.

인공지능 빈곤 편향현상은 AI 예측 정확도가 빈곤지역에 대해서는 더 낮

그림 1-11 지역별 AI 정확도 차이

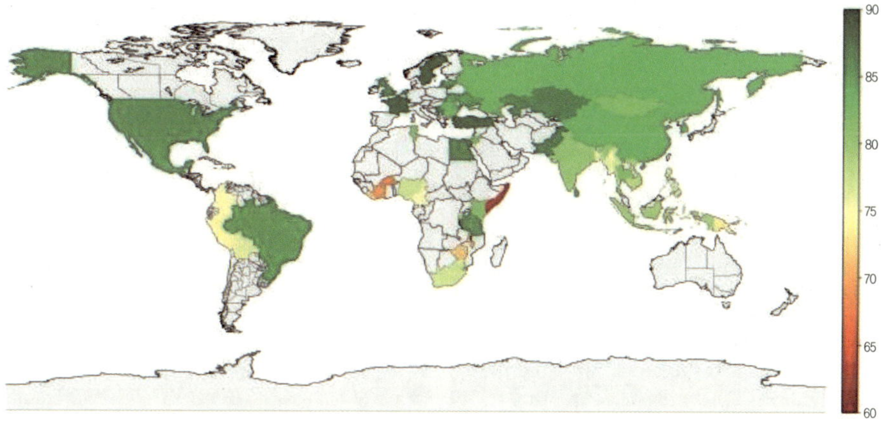

출처: T. DeVries et al.(2019)

은 현상을 말한다. [그림 1-11]은 지역별 AI의 정확도 차이를 보여준다. 여기서 빨간색은 약 60%, 노란색은 약 75%, 녹색은 약 90%의 정확도를 나타낸다. 이를 통해 AI에게 사진 속의 사물을 식별하도록 지시를 했을 때, 선진국의 사물과 후진국의 사물 식별 정확도에는 차이가 있다는 사실을 알 수 있다.

이러한 현상이 나타나는 이유는 AI의 특성을 알면 이해가 쉽다. AI는 학습데이터를 통해 학습한 후 그 결과를 가지고 예측 등을 한다. 이러한 AI의 정확도는 학습데이터에 의해 영향을 받는데 후진국에서는 학습데이터가 부족하다. 선진국의 경우 다른 후진국들보다 학습데이터를 더 많이 가지고 있을 가능성이 높고 후진국일수록 학습할 데이터가 많지 않다. 또한 후진국에 대한 서비스의 니즈가 적기 때문에 후진국 역시 데이터를 수집하는 데 소극적이다. 이런 상황에서 후진국은 선진국의 데이터들을 가지고 학습을 하기 때문에 선진국에서는 높은 정확도를 보이지만 후진국에서는 정확도가 낮은 것이다.

한 예시로 [그림 1-12]처럼 '비누'의 형태를 AI가 정확하게 식별하는지 결

그림 1-12 네팔 비누(왼쪽), 영국 비누(오른쪽)

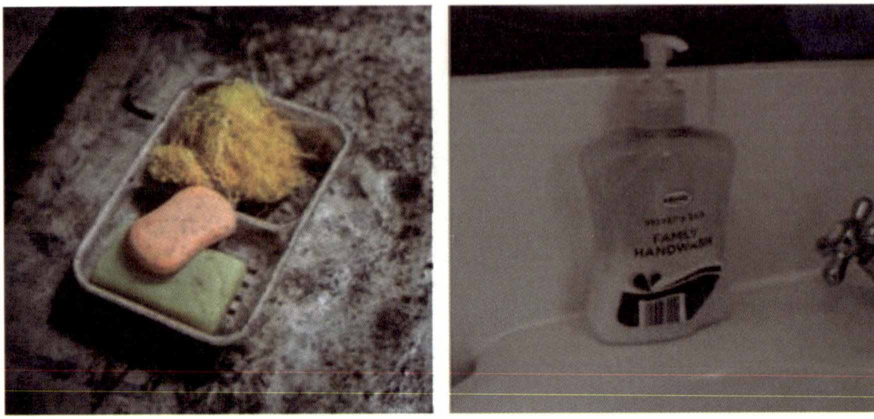

출처: T. DeVries et al.(2019)

과를 살펴보았다. 더 비싼 손 비누의 경우 핸드 펌프가 있는 통에 보관되어 있고, 단단한 직사각형의 비누는 더 저렴하다는 것을 알 수 있다. 실리콘밸리의 AI는 주로 오른쪽의 영국식 비누로 학습을 했기 때문에, 왼쪽의 네팔식 비누를 식별시켰을 때 비누라고 잘 인식하지 못했다. 결론적으로 이러한 학습데이터의 경제적인 차이 때문에 AI서비스의 질 차이가 나타난다. 이런 현상이 빈자 또는 빈국에게 상처를 줄 수 있다.

다음 [그림 1-13]은 소득 대비 AI의 정확도를 보여주는 그래프로 소득이 높을수록 AI의 정확도가 거의 85%이고, 소득이 낮을수록 정확도가 70% 정도로 약 15%의 정확도가 소득에 의해서 차이가 나는 것을 알 수 있다. 연구진들은 소말리아 국가의 사물을 인식하는 것과 비교하여 미국의 사물을 인식하는 정확도의 절대적인 차이를 약 15~20%라고 밝혔다. 이처럼 후진국의 물건을 식별하는 데 어려움을 겪고 있고 이것이 바로 인공지능 빈곤 편향 현상이다.

그림 1-13 소득 대비 AI 정확도

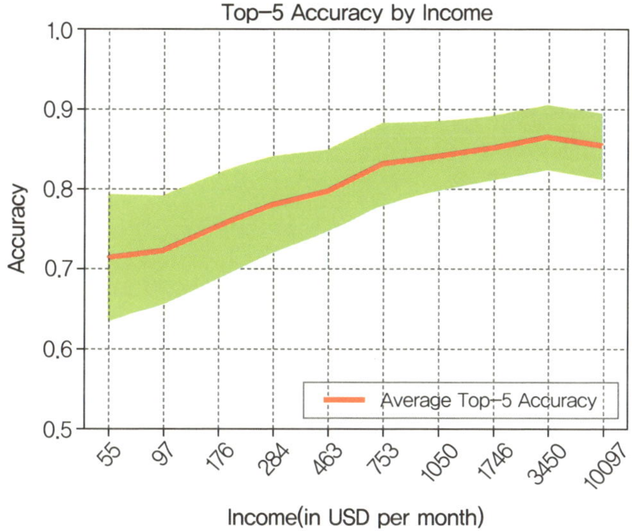

출처: T. DeVries et al.(2019)

또한 가난한 시민이라고 검색을 했을 때 [그림 1–14]처럼 검정색으로 표현하는 것 역시 인공지능 빈곤 편향현상의 일종이다. 따라서 빈곤과 불평등에 대한 감수성이 높아야 할 필요가 있다. 물론 지금까지의 연구 및 기술들이 악의가 있어서 이런 결과를 불러온 것은 아니다. 다만 아직 빈자와 빈국에 대한 감수성이 높지 않았기 때문에 상처를 주는 기술과 그런 표현들을 하

그림 1-14 가난한 시민 검색 후 검정색으로 표현된 모습

출처: google.com

게 된 것이다. 따라서 감수성이 높고 사려 깊은 기술자, 과학자, 경영자가 필요한 시대이다.

3 문제해결 노력

3.1 기존 노력

우리는 인종과 나라를 떠나서 모두 존귀한 존재이다. 따라서 도움이 필요한 사람들을 돕는 NGO단체가 많이 생겨났다. [그림 1-15]부터 [그림 1-17]은 유명한 NGO단체들의 로고이다. 이외에도 한국기아대책, 밀알복지재단, 컴패션 등 많은 NGO단체에서 국제 기아, 빈민들을 돕기 위해 열심히 일하고 있다.

그림 1-15 Samaritan's Purse 로고

출처: 106Ways.com

그림 1-16 CAP 로고

출처: Capuk.org

그림 1-17 한국월드비전 로고

출처: worldvision.or.kr

3.2 4차산업혁명기술 활용 노력

빈곤의 해소를 위해서 IT는 어떤 일을 하고 있을까? 우선 빈곤 해소를 위해서 전 세계에 빈곤한 지역이 정확하게 어디에 있는지 파악하는 것이 중요하다. 이러한 지역을 정확히 알아야 세계에서 가장 가난한 농부들의 재정상태를 높일 수 있는 방법을 제공하는 등 그들에게 맞는 지원이 가능하기 때문이다. 특히 빈곤의 정도를 측정하는 사회경제적인 데이터는 선진국에서는 수집이 쉬울지라도 후진국에서는 결코 쉽지 않은 문제이다. 따라서 이런 일을 하기 위해서 IT가 사용된다.

과거에는 어떤 곳이 빈곤한 지역인지 알기 위해서 밤에 위성사진을 이용하여 불빛이 있거나 많으면 선진국, 불빛이 없으면 후진국 이런 식으로 판단했었다. 하지만 최근 들어서 AI, 특히 그중에서도 딥러닝을 이용하여 빈곤의 정도를 더 정확하게 예측하는 기술이 개발되었다. 마찬가지로 위성사진을 활용하는데 이전과 달리 불빛만 가지고 판단하는 것이 아니다.

[그림 1-18]은 스탠퍼드 대학팀의 위성사진으로 아프리카 국가의 빈곤을 예측하는 딥러닝기술을 보여준다. 이전과 같이 위성사진을 활용하지만 단순히 밤의 불빛만으로 예측하는 것이 아니다. 농지, 물, 도시화지역 외에 인간이 해석하기 어려운 이미지 특성까지 학습하였기에 어떤 지역이 빈곤한지

■ **그림 1-18** 나이지리아, 우간다, 탄자니아, 르완다, 말라위의 빈곤 예측

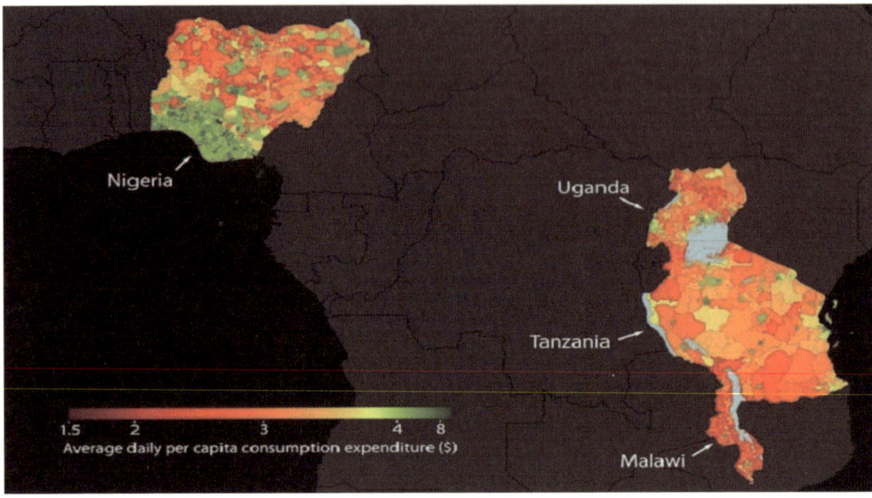

출처: nbcnews.com

더 정확하게 예측할 수 있었다.

한편, 페이스북에서는 인구밀도를 조사하는 방법으로 빈곤 해소를 위해 노력하고 있다. 아프리카지역의 인구밀도를 정확하게 알아야 도와야 할 사람이 어디 있는지 정확하게 파악할 수 있기 때문이다. 하지만 문제는 위성사진을 이용하여 아프리카지역의 인구밀도를 조사해 봤는데 아프리카의 경우 상당수의 사람들이 비가 오는 지역에 따라 이동을 하는 것이다. 이동생활로 인해 지난주에 찍었던 사진에서 발견된 마을이 그 다음 주에는 사라졌다. 그리고 아프리카지역 자체적으로 인구밀도를 정확하게 조사할 만한 부유함을 가지지 못했다.

따라서 페이스북은 Open Street Map(https://www.openstreetmap.org)을 이용했다. [그림 1-19]처럼 사람들이 무료로 지도 위에 사진을 올리는 오픈 사이트인데 여기에 많은 이미지들이 존재한다. 이 이미지들은 오픈이기 때문에 무료로 이용가능하다. 이 무료의 이미지들을 학습데이터로 활용하여 [그림 1-20]처럼 어디에 가구나 촌락이 있고 없는지 자동으로 인식

그림 1-19 Open Street Map

출처: openstreetmap.org

그림 1-20 페이스북 아프리카지역 인구밀도조사

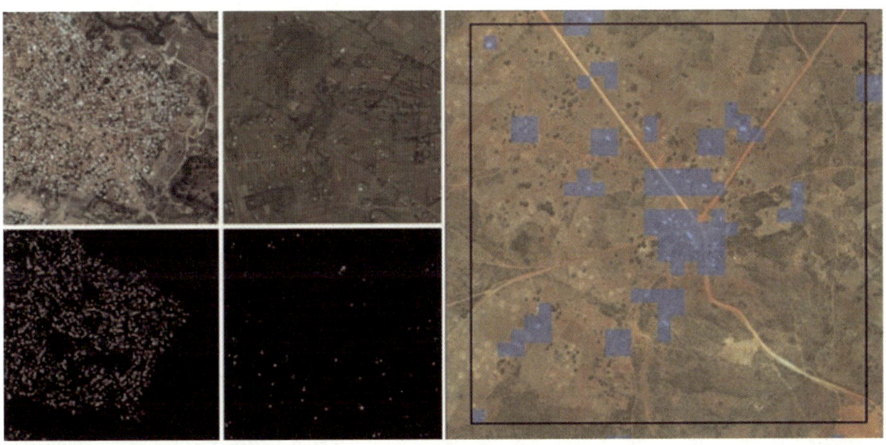

출처: dataforgood.fb.com

하여 전체 면적 중 가구나 촌락이 보이는 면적을 나누는 방법으로 인구밀도를 계산할 수 있었다. 이런 방법으로 아프리카지역의 인구밀도를 대신 계산함으로써 도움이 필요한 지역을 정확하게 파악할 수 있게 되었다. 이처럼 빈곤 해소를 위해 AI, 빅데이터 등 다양한 4차산업혁명기술을 사용하고 있다.

4 해당 SDGs 문제를 해결한 기업의 성공 사례

4.1 리어카 광고를 통한 노인 빈곤 해결, '끌림'[02, 03]

끌림은 폐지 수거 손수레에 지역 및 기업들로부터 광고를 유치하여 광고 수익을 얻는 스타트업 기업이다. [그림 1-21]은 끌림의 홈페이지 모습으로, 폐지를 수거하러 다니시는 어르신의 모습을 보여준다. 폐지 수거 어르신의 낮은 수입, 사고위험, 부정적 인식을 개선하기 위해 설립되었다. 이를 위해 직접 철과 아연을 배합해 무게를 낮추고, 리어카의 앞면에는 광고판을, 뒷면에는 안전 램프를 설치한 리어카를 제작하였다. 해당 리어카가 고장 나면 수리는 끌림에서 담당한다. 광고 수익의 70%가 폐지 수거 어르신에게 전달되며, 나머지 30%가 리어카 유지를 위한 관리비용과 기업 운영비로 사용된다.

그림 1-21 끌림 공식 홈페이지

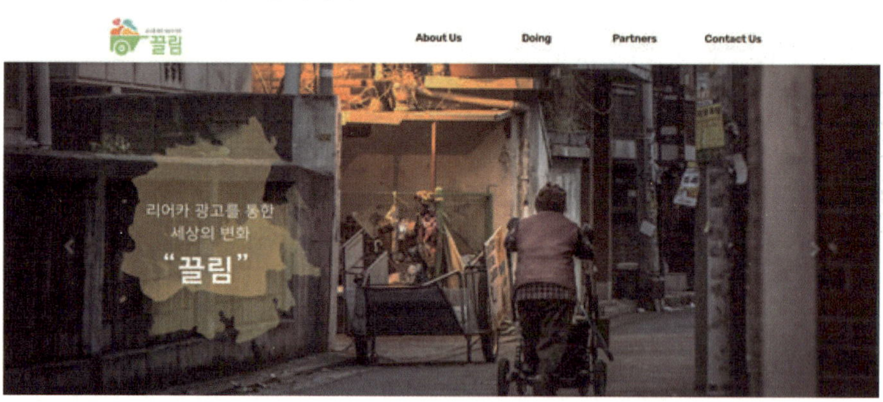

출처: iconsumer.or.kr/news/articleView.html?idxno=13339

02 강지영, "희망 리어카로 세상을 바꾸는 스타트업 기업, '끌림'", 〈소비자평가〉, 2020. 10. 14. (http://www.iconsumer.or.kr/news/articleView.html?idxno=13339)

03 공민경, "지하철 퀵서비스에 손수레 광고까지…아이디어로 '노인 빈곤' 해결", 〈KBS뉴스〉, 2020. 8. 23. (https://news.kbs.co.kr/news/view.do?ncd=4523282)

끌림을 통해 광고하는 업체는 지역집중형 광고와 기업이미지 개선이라는 효과를 얻을 수 있다. 또한 기존 폐지 줍기를 통해 얻을 수 있는 수익이 한 달 최대 10여만 원에 불과했던 노인들은 끌림을 통해 월 7~8만 원의 부가 수입을 얻고 있다. 끌림은 현재 서울 전역과 부산, 광주, 인천 등 전국적으로 운영 중이다.

4.2 봉제센터를 통한 도시 빈곤 해결, 익팅(Igting)[04, 05, 06, 07]

익팅은 '필리핀 불라칸주 도시 빈민 여성 일자리 창출사업'의 일환으로 불라칸주 도시 빈민지역인 타워빌에서 여성 주민 100여 명과 교복, 가방, 티셔츠, 핸드메이드 러그월렛 등의 수공예 제품을 생산하는 사회적 기업이다. 익팅은 [그림 1-22]처럼 이주민 여성들의 역량강화에 초점을 두고 직업훈련센터에서 4개월간의 드레스 메이킹교육을 수료하고 필리핀 기술교육청 TESDA(Technical Education and Skills Development Authority)[08] 국가기술자격증 보유자 중에서 채용한다. 타워빌은 정부의 도시개발정책에 밀려 강제 이주된 주민들이 살던 곳으로 전체 1.3만 가정 중 80%가 빈곤층에 속하고 실업률이 48%인 만성적 빈곤을 겪는 지역이었다. 그러나 역량강화사업의 결과로 지역취업자의 소득이 평균 3.3달러에서 7달러로 증가하였다. 최근에는 코로나19의 여파로 마스크와 방호복을 제작 중에 있으며, 팬데믹 상황 속에서 취약계층 여성 일자리 유지와 지역사회 공헌활동에 집중하고 있다.

04 박선하, "마을의 주인공이 됐다…비로소 그들이 웃었다", 〈한겨레〉, 2017. 5. 30. (hani.co.kr/arti/PRINT/796775.html)

05 길나영, "함께일하는재단-한국국제협력단, 사회적경제조직 협력 방안 논의", 〈미디어SR〉, 2020. 9. 24.

06 이진백, "해외현장에서 배우는 국제개발과 사회적경제", 〈라이프인〉, 2020. 9. 25.

07 ODAKOREA(2020), "도시 빈민 여성들에게 일자리를!" (odakorea.go.kr/mz.blltn.PolicySl.do?brd_seq=39&bltn_seq=23&print_no=12)

08 https://www.tesda.gov.ph/

그림 1-22 익팅 공식 홈페이지

출처: igting.modoo.at/?link=pwfd6k8b

참 · 고 · 문 · 헌

길나영(2020. 9. 24), "함께 일하는 재단–한국국제협력단, 사회적경제조직 협력 방안 논의", 〈미디어SR〉

마이크 데이비스(2007), 〈슬럼, 지구를 뒤덮다〉, 돌베개

박선하(2017. 5. 30), "마을의 주인공이 됐다…비로소 그들이 웃었다", 〈한겨레〉 (http://www.hani.co.kr/arti/PRINT/796775.html)

이진백(2020. 9. 25), "해외현장에서 배우는 국제개발과 사회적경제", 〈라이프인〉

장민(2019), "우리나라의 노인빈곤율 현황과 시사점", 〈KIF VIP리포트〉, 한국금융연구원, p.67

Katyanna Quach(2019), Silicon Valley doesn't care about poor people (https://www.theregister.com/2019/06/12/facebook_ai_poor_bias/)

MACH(2017), AI Is a Game–Changer in the Fight Against Hunger and Poverty. Here's Why (https://www.nbcnews.com/mach/tech/ai–game–changer–fight–against–hunger–poverty–here–s–why–ncna774696)

ODAKOREA(2020), 도시 빈민 여성들에게 일자리를! (http://www.odakorea.go.kr/mz.blltn.PolicySl.do?brd_seq=39&bltn_seq=23&print_no=12)

Robin Austin(2019), How AI/ML is helping to eradicate poverty (https://www.cio.com/article/3403658/how–aiml–is–helping–to–eradicate–poverty.html)

[제2장]

SDGs2 식량안보와 지속가능농업

1. 정의 및 개념
2. 현재의 문제점
3. 문제해결 노력
4. 해당 SDGs 문제를 해결한 기업의 성공 사례

제2장 SDGs2 식량안보와 지속가능농업

1 정의 및 개념

SDGs의 2번째 목표는 기아의 종식, 식량 안보 및 영양개선과 지속가능농업 강화다. 오늘날 식량 위기의 원인을 생산량의 부족에서 생기는 것이 아니라 식량 배분의 불균형에서 찾으며, 식량 생산을 위한 자원에의 접근성 문제 그리고 식량 생산시스템의 취약성과 같은 생산과 분배시스템의 문제에서 근본적으로 기인한다고 보고 있다.

2 현재의 문제점

2.1 식량 문제

전 세계에서 식량 문제가 있다는 것은 잘 알려진 사실이다. 그러나 최근 코로나 바이러스로 인해 농수산 먹거리 관련 공급사슬이 붕괴되며 [그림 2-1]과 같이 식량이 잘 분배되지 못하는 상황이 발생했다. 식량 수출국들이 자국의 식량 안보를 위해서 식량 수출을 줄이는 등의 여러 가지 이유로 식량 위기가 증가하고 있다. 또한 30년 후에는 줄어든 전쟁과 발전한 의료 수준, 화석연료를 사용하는 농업으로 인해 식량에 대한 수요가 지금보다 70% 이상 증가할 것으로 전망된다. 따라서 현재의 코로나 상황 이후에도 식량 문제에 대한 논의가 계속해서 이루어져야 한다.

그림 2-1 UN의 식량 문제 경고

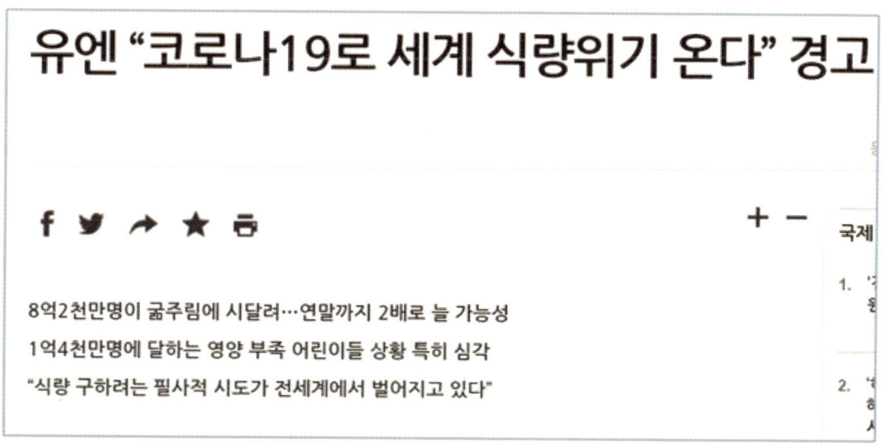

유엔 "코로나19로 세계 식량위기 온다" 경고

8억2천만명이 굶주림에 시달려…연말까지 2배로 늘 가능성
1억4천만명에 달하는 영양 부족 어린이들 상황 특히 심각
"식량 구하려는 필사적 시도가 전세계에서 벌어지고 있다"

출처: 한겨레(2020. 6. 10)

2.2 음식물 쓰레기 문제

미국에서는 음식점 음식물의 40%가 소비되지 못한 채 쓰레기로 버려진다. 따라서 버려진 40%에 쓰레기만큼을 추가적으로 생산하기 위한 에너지가 필요하며, 버려지는 쓰레기로 인한 환경오염이 문제가 되고 있다.

그림 2-2 음식물 쓰레기

3 문제해결 노력

3.1 4차산업혁명기술 활용 노력

(1) Winnow

Winnow는 음식물 쓰레기 문제를 해결하기 위해서 나온 기술 중의 하나로 쓰레기 인공지능시스템이다. 식당의 대형 쓰레기통 위에 설치한 AI기능이 있는 카메라를 통해 어떤 종류의 재료가 얼마만큼 버려졌는지를 측정한다. [그림 2-3]에서 보이듯이 이미지를 통해 어느 정도의 양이 버려졌는지를 분석하여 데이터를 축적한다. 이렇게 쌓인 정보를 통해 식당에서 해당 재료를 줄이는 의사결정을 할 수 있게 된다. Winnow에 사용된 이미지처리 분석기능은 자율주행차에 부착된 카메라와 같은 기술로 이것이 쓰레기를 줄이는 데 활용된 사례를 보여준다.

■ **그림 2-3** Winnow의 쓰레기 줄이기 AI

출처: circularitycapital.com/news/2019/3/25/winnow-brings-ai-into-the-commercial-kitchen-to-tackle-food-waste

(2) Instock

[그림 2-4]의 Instock은 재고가 남는 음식 재료를 통해서 새로운 음식 메뉴를 개발하는 프로젝트이다. 버려지는 재료를 이용해서 새로운 메뉴를 개발하고 그 아이디어를 서로 공유하는 내용을 제안하고 있다.

■ **그림 2-4** Instock

출처: Instock.nl

(3) Farm View

Farm View란 카네기멜론 대학에서 개발한 AI 기반 로봇으로 [그림 2-5]에서 보이는 것처럼 바퀴와 카메라, 팔이 달려있다. Farm View는 카메라로 이미지를 찍고 개별 로봇팔을 이용해 식물들을 만져 인식한다. 이를 통해 어

그림 2-5 기근 해소에 기여하는 AI

출처: borgenproject.org/tag/artificial-intelligence-and-poverty

그림 2-6 Farm View

출처: cmu.edu/work-that-matters/farmview/

떤 작물들이 어떠한 상태로 자라고 있는지를 파악할 수 있다. 이 이미지 분석에는 [그림 2-6]과 같은 Google TensorFlow가 사용되었다. Farm View의 목표는 동일한 씨앗으로 더 많이 수확할 수 있는 방법을 찾아서 농부에게 알려 주는 AI를 개발하는 것이다.

(4) Plant MD

Plant MD는 앞서 소개한 Farm View와 비슷한 AI로 농작물 중에서 카사바의 수확 확대를 위한 AI이다. 카사바는 열대지방 개발도상국의 주요 식량으로 개발도상국의 주민들을 돕는 목적이 있다. [그림 2-7]처럼 이미지를 기반으로 병충해를 진단해 주고 피해를 최소화할 수 있도록 도움을 준다.

그림 2-7 Plant MD

출처: borgenproject.org/tag/artificial-intelligence-and-poverty

(5) Nuru

Nuru는 Penn State에서 만든 앱으로 이것 또한 이미지를 기반으로 [그림 2-8]과 같이 이파리를 촬영하면 증강현실의 형태로 해당 이파리에 질병이 있는지를 파악해 주고, 질병이 없다면 정상인지 여부를 확인해 준다. 이러한 노력들을 통해 병충해를 줄이고 식량 증산에 기여할 수 있다.

그림 2-8 Nuru

출처: borgenproject.org/tag/artificial-intelligence-and-poverty

(6) 인공위성을 활용한 농사

인공위성을 활용한 목화 재배는 우즈베키스탄에서 시행하는 프로젝트로 과거에는 [그림 2-9]처럼 사람이 직접 재배를 했다면 현재에는 인력이 부족하기 때문에 드론과 이미지 인식이 가능한 AI를 활용해서 땅의 건조도를 파악하는 것이다. 드론을 띄우면 [그림 2-10]과 같은 사진이 나오는데, 붉은 부분이 건조한 부분을 나타낸다. 이를 통해 건조한 부분에만 물을 뿌릴 수 있게 된다. 호주의 경우에도 인력이 부족하기 때문에 드론에서 촬영한 이미지를 통해 땅의 성분을 파악하는 기술을 사용하고 있다. 질소비료의 양에 따라 땅의 색상이 차이를 보이는데, 센서를 통해 땅의 색상을 분석하여 어떤 곳에 질소가 많고 어떤 곳에 부족한지를 파악하여 부족한 부분에 질소를 집중적으로 뿌린다. 모든 재배 면적에 질소를 뿌리는 것에 비해 수확량도 20% 정도 증가하고, 비료와 관련된 비용도 30%나 절감할 수 있다.

그림 2-9 목화 재배 장면

그림 2-10 땅의 건조도 파악

출처: Yanbo Huang & Steven J. Thomson(2015)

그림 2-11 드론을 통한 질소량 측정

4 해당 SDGs 문제를 해결한 기업의 성공 사례

4.1 인도 Extentia

해당 SDGs 문제를 해결한 기업의 성공 사례로는 인도의 Extentia라는 회사가 있다. 이 회사는 Extentia Information Technology라는 IoT기능을 활용한 스마트팜시스템을 개발했다. 시스템을 통해 식량 증산을 꾀하고 있다([그림 2-12] 참조). 또 휴대폰을 통해서 각종 곡물들을 찍을 수 있는 기술이 존재한다. [그림 2-13]과 같이 휴대폰을 통해 곡물을 촬영하면 그 곡물의 양과 색깔을 분석하여 얼마나 익었으며 얼마나 내용물이 충실한지를 분석하여 영양상태를 점검할 수 있게 해준다. 이 점검으로 곡물에 비료를 더 준다거나 곡물가격을 결정하는 방향으로도 활용이 가능하다.

그림 2-12 스마트팜시스템

그림 2-13 이미지 영양상태 점검

4.2 경남 하동군의 노력과 스마트팜

경남 하동군은 농업분야에서 새로운 농기계로 각광받는 드론을 잘 활용하는 대표적인 지방자치단체로 꼽힌다. 군은 생산농가의 노동력 절감과 생산성 향상을 위해 횡천면과 청암면 일대 논 100헥타르에서 드론을 이용해 조사료 종자를 파종했다.

드론 파종은 수확하기 약 20일 전 벼가 서 있는 상태에서 하는데, 이는 드론에서 발생하는 하향풍이 종자가 벼 사이의 토양에 골고루 안착하기 좋은 조건을 제공하기 때문이다. 게다가 이 시기에는 토양에 수분이 많아 기계 파종이 어려운 작업환경에서도 적기 파종이 가능하다.

군은 4차산업혁명의 주요 분야 중 하나인 드론이 현재 농업분야에서 병충해 방제, 벼 직파, 시비, 조사료 파종 등에 폭넓게 활용되면서 미래농업의 주축을 담당할 것으로 전망했다. 특히 수입 의존도가 높은 조사료를 국내산으로 대체할 수 있어, 드론을 활용한 사료작물 종자 파종을 희망하는 축산농가와 재배규모가 더욱 늘어날 것으로 예상된다.

4차산업혁명에 발맞춰 농업도 그에 맞게 스마트화를 꾀하고 있다. 스마트팜의 발전 수준은 1 · 2 · 3세대로 구분할 수 있다. 1세대 모델은 정보기술(IT)을 활용해 시설의 환경정보를 모니터링하고 스마트폰으로 원격 제어하는 수준을 말한다. 빅데이터 · 인공지능 · 사물인터넷(IOT) 등을 기반으로 한 2세대 모델은 정밀 생육관리가 가능하다. 3세대는 지능형 로봇농장처럼 IT · 빅데이터 · 인공지능 · 로봇 등 첨단기술의 융합을 통한 무인 · 자동화 모델이다. 현재 국내 스마트팜은 농가 보급 측면에서는 1.5세대, 기술연구 측면에서는 2.5세대 수준까지 왔다고 볼 수 있으며 점차 그 단계가 정밀해지고 있다. 스마트폰으로 작물 사진을 찍어 클라우드서버로 보내면 인공지능이 병의 유무를 판단하고 처방법까지 알려주는 기술이 도입을 앞두는 등 기술과 농업이 변화하고 지속적으로 발전하고 있다.

4.3 그린랩스 '팜모닝'

그린랩스는 작물의 최적환경을 다양한 IT기술을 활용해 조성할 수 있도록 도와주는 서비스를 한다. 햇빛, 온도, 물, 습도 등 성장에 영향을 주는 핵심적인 지표들을 실시간 분석 및 통제를 진행한다. 예를 들어, 비닐하우스 내의 센서가 온도 · 습도 변화를 분석해 자동으로 창문을 여닫거나 관수기 자동 제어, 냉 · 온풍기를 통한 온도 조절 등을 자동으로 해준다. 즉 복합환경제어가 가능하다.

그린랩스가 지향하는 지점은 농민들이 육체 노동자가 아닌 지식 근로자가 되는 것을 그리고 있다. 더 많은 농가들을 고객으로 만들고 빅데이터 수집을 통해서 농가들에 이상적인 수치들을 보여주고 농장을 자동화시켜 인건비 및 기타 부대비용을 절감하여 생산성을 최고로 끌어올린다는 것이다. 또한 인공지능과 결합해 최적 재배방법을 제공하는 솔루션도 준비 중이다.

최종적으로는 '디지털 농업 플랫폼'을 꿈꾼다. 스마트팜 도입뿐 아니라 농사에 관한 모든 정보를 한데 모아 최적의 방안, 최적의 유통 채널 등 농업의 모든 분야를 섭렵하고자 한다.

최근 인공 재배 스마트팜기업인 알가팜텍과의 MOU를 통해 농장 완전 제어를 인공화시키는 데에 더 박차를 가하고 있다. 또한 태양광발전의 통합서비스를 제공하는 에너지기업 솔라커넥트와도 MOU를 체결했다. 이와 같은 업체들의 노력이 한국판 그린뉴딜을 성공시킬 수 있지 않을까 생각한다.

4.4 팜에어

팜에어는 감자기업 '록야'의 창업자들이 만든 기업이다. 록야를 먼저 설명하자면 감자 계약 재배로 사업을 확장해 나갔고 2017년에는 연 매출 100억 원 이상을 기록하는 농업계의 떠오르는 감자였다. 직접 재배를 하는 기업은 아니었지만 미래를 그려봤을 때 지속가능성이 떨어지고 종자부터 최종 유통까지 모두 담당을 하다 보니 기술로써 농업을 변화시키는 것이 필요했다. 이런 의지로 첨단기술을 활용한 농업 혁신을 위해 사업의 규모를 축소하며 '팜

에어'를 설립했다.

인공지능을 통해 농산물가격 변화 분석을 다각도로 진행하여 소비자들에게 보여주는 종합 포털 '테란'을 운영하여 산재해 있는 작물정보들을 모으고 가격을 통일, 표준화시키는 작업을 진행하고 있다. 이외에도 드론을 띄워 영상 데이터를 활용해 작물을 판별하는 알고리즘을 개발하여 생산혁신을 만들어내고 있다.

4.5 엔토모

엔토모는 음식물 쓰레기를 먹는 동애등에(BSF, 검은병정파리)를 재배하여 기술사업화하는 대표적인 한국의 기업이다. 동애등에는 유충 1마리당 2~3g의 음식물 쓰레기를 먹고 분해시킬 수 있는 곤충이다. 애벌레 5,000마리만 있으면 음식물 쓰레기 10kg을 3~5일 동안 80% 이상을 분해한다. 음식물 쓰레기 분해 후 나오는 분변토는 천연비료로 활용된다. 유충과 번데기, 성충은 모두 다양한 동물의 사료 원료로 이용된다. 순환경제이론에 따라 음식물 쓰레기 분해 및 부산물 활용이라는 자원순환 기반 사회 문제해결의 대표적 성공 사례이다.

그림 2-14 엔토모 동애등에(BSF)

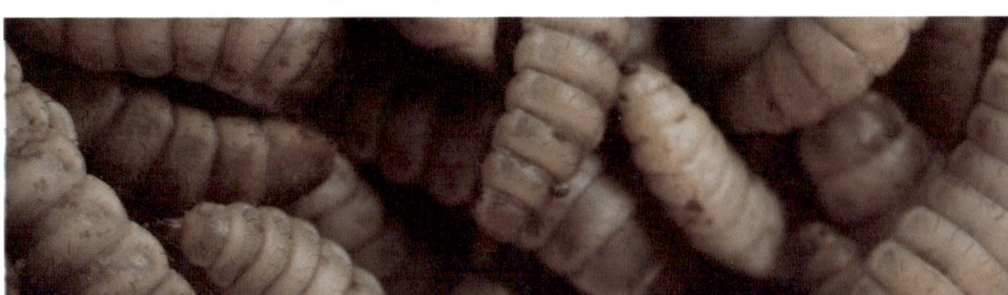

출처: entomostore.kr

참 · 고 · 문 · 헌

한겨레(2020. 6. 10), 유엔 "코로나19로 세계 식량위기 온다" 경고 (hani.co.kr/arti/international/international_general/948764.html)

Allegra Upton(2019), AI Improves Farming With Google's TensorFlow (https://borgenproject.org/tag/artificial-intelligence-and-poverty/)

Circularity capital(2019), Winnow Launches AI Solution To Tackle Food Waste (https://circularitycapital.com/news/2019/3/25/winnow-brings-ai-into-the-commercial-kitchen-to-tackle-food-waste)

CMU Researchers Working to Increase Crop Yield With Fewer Resources (https://borgenproject.org/tag/artificial-intelligence-and-poverty/)

FarmView: CMU Researchers Working to Increase Crop Yield With Fewer Resources (https://www.cmu.edu/work-that-matters/farmview/)

Jennifer Philipp(2020), Artificial Intelligence Aiding Natural Disaster Response (https://borgenproject.org/tag/artificial-intelligence-and-poverty/)

Yanbo Huang & Steven J. Thomson(2015), "Remote sensing for cotton farming", *Cotton*, 57, Agronmy Monograph, 439-464

[제3장]

SDGs3 건강과 행복

1. 정의 및 개념
2. 현재의 문제점
3. 문제해결 노력
4. 해당 SDGs 문제를 해결한 기업의 성공 사례

제3장 SDGs3 건강과 행복

1 정의 및 개념

SDGs의 3번째 목표인 건강과 행복은 건강한 삶과 모든 세대의 복지 증진을 목표로 한다. 세부목표로는 산모와 영유아 사망률의 감소, 전염병과 감염성 질병의 퇴치, 약물 오남용의 예방과 치료, 교통사고로 인한 사상자의 수 줄이기, 적정 수준의 약물가격 형성 등 다양하고 광범위하게 존재한다.

2 현재의 문제점

2.1 코로나 바이러스

무엇보다도 [그림 3-1]과 같이 전 세계적으로 유행하고 있는 코로나 바이러스가 3번째 목표인 건강과 행복의 주요 이슈라고 할 수 있다.

그림 3-1 코로나 바이러스의 대유행

출처: intrahealth.org/vital/10-global-health-issues-watch-2020s

2.2 건강에 관한 거짓 뉴스

코로나 확산과 더불어 건강에 관한 거짓 뉴스 확산이 문제가 된다. 예를 들어서 소금물을 뿌릴 경우 바이러스를 잡을 수 있다는 거짓 뉴스로 인해 더 많은 확진자가 발생한 사례가 있다. 이러한 거짓 뉴스를 어떻게 잡을 것인가 하는 것도 중요한 이슈 중 하나이다.

2.3 지구온난화 문제

지구온난화로 인해 발생하는 질병들 역시 문제이다. 또한 호주의 경우와 같이 큰 불로 인해 문제가 생기는 경우가 있다. 이런 경우에도 질병이 확산되는 문제점들이 있는데 이것을 어떻게 할 것이냐 하는 것이 이슈가 된다.

2.4 전 세계적인 정신적인 질병의 증가

[그림 3-2]와 같이 전 세계적으로 정신적인 질병의 증가추세도 문제가 된다. 한 연구결과에서는 전체 인구의 약 75%가 정신적인 질병이 있다고 한다. 특히 코로나 바이러스로 인한 코로나 블루 역시 중요한 문제가 되고 있다. 특히 [그림 3-3]처럼 코로나로 인해 외출을 할 수 없는 육아 여성과 아동들의 우울감이 심각한 것으로 보고되고 있다. 아동의 경우 우울감에 미숙하여 소외감과 우울감을 잘 호소하지 못하기 때문에 특별한 주의가 필요하다.

그림 3-2 정신적 질병의 증가

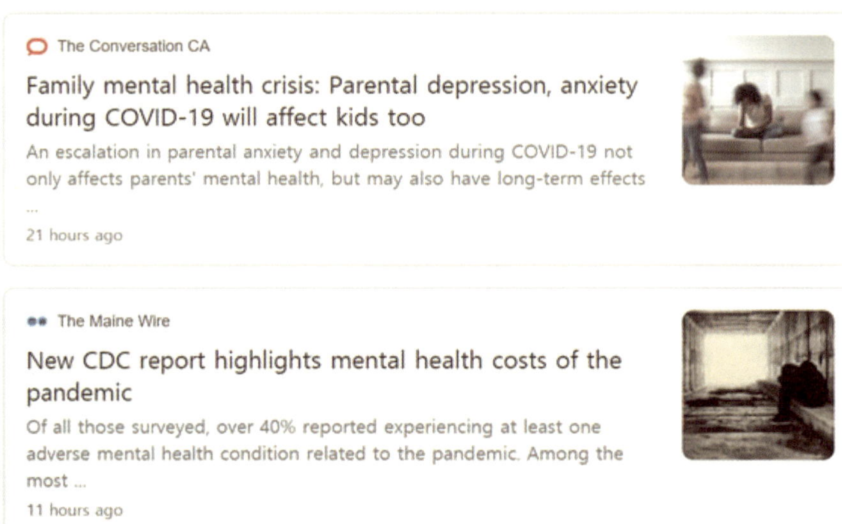

The Conversation CA

Family mental health crisis: Parental depression, anxiety during COVID-19 will affect kids too

An escalation in parental anxiety and depression during COVID-19 not only affects parents' mental health, but may also have long-term effects ...

21 hours ago

The Maine Wire

New CDC report highlights mental health costs of the pandemic

Of all those surveyed, over 40% reported experiencing at least one adverse mental health condition related to the pandemic. Among the most ...

11 hours ago

출처: 구글뉴스

그림 3-3 코로나 블루

2.5 여성 지도자의 상대적 부족

전체 의료인력 중 약 70%가 여성이지만 의료 지도자의 25%만이 여성인 점 역시 문제가 되고 있다. 의료분야에서 여성 지도자가 더 많이 나오는 것이 중요한 이슈이다.

3 문제해결 노력

3.1 4차산업혁명기술 활용 노력

(1) Robin

[그림 3-4]의 로빈(Robin)이라는 로봇은 아동의 소외감에서 비롯된 정신

건강 문제를 대화를 통해 돕는 AI 로봇이다. 처음 대화를 할 때에는 사전에 설계된 프로그램대로 작동하지만, 내장된 메모리 모델을 통해 대화한 기록에서 패턴을 학습하여 좀 더 아이가 편하게 느낄 수 있는 대화를 스스로 만들어낸다. 이를 통해 아이가 로빈을 친구처럼 여기고 소외감을 극복할 수 있게 된다.

그림 3-4 Robin

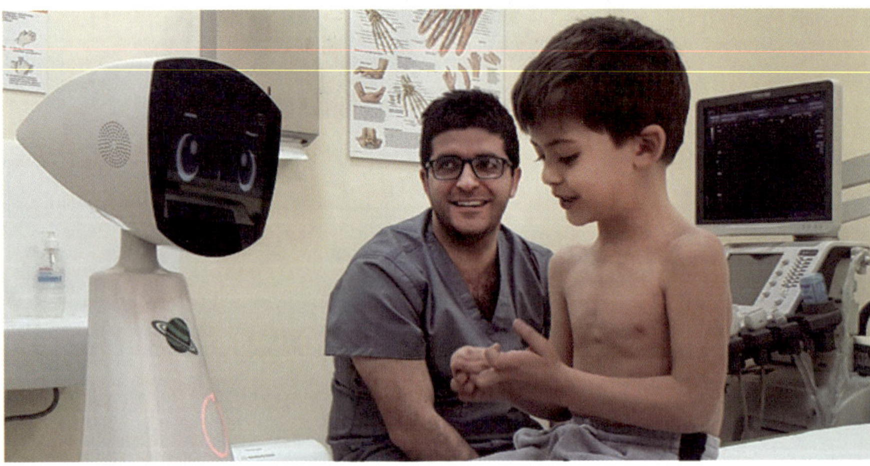

출처: Forbes.com(2020. 6. 17)

(2) Parro

[그림 3-5]의 파로(Parro)는 파킨슨병과 치매를 앓고 있는 백치증세 환자들의 소외감 해소를 돕기 위해 제작된 심리치료용 로봇이다. 한국의 KAIST와 유사한 일본의 AIST에서 개발한 것으로 [그림 3-6]과 같이 목덜미를 만져주면 소리를 내는 등의 반응을 하여 소외감 해소에 도움을 준다.

그림 3-5 Parro

출처: youtube.com/watch?v=g9wj5v22KsA

그림 3-6 Parro와 상호작용하는 환자

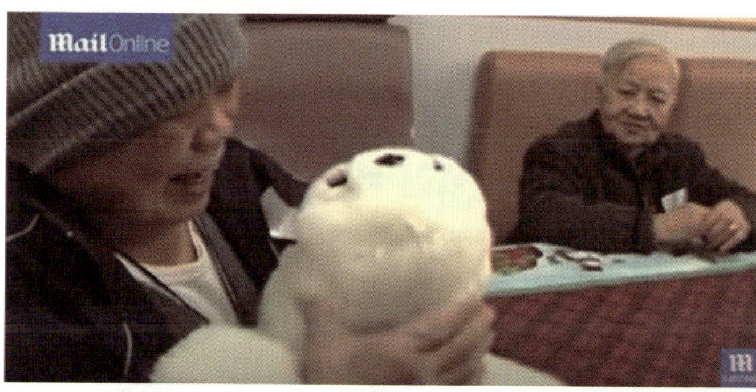

출처: youtube.com/watch?v=g9wj5v22KsA

(3) Chatbot으로 소아 신경발달장애(NDD) 환자 돕는 애플리케이션

챗봇(Chatbot) 애플리케이션은 캐나다에서 13%에 이르는 소아 신경발달장애(NDD) 환자를 위한 AI 챗봇서비스로 여러 연구소와 대학들이 협력해서 제작하였다. NDD 환자가 있는 집에서 AI 챗봇서비스를 통해 전문가와 대화하듯이 치료와 도움에 관한 노하우에 대해 대화를 나눌 수 있다. 이 챗봇은 페이스북이나 구글 등을 통해 관련 내용을 학습하고, 학습한 내용을 사람이 이해할 수 있는 형태의 대화시스템으로 바꾸어 대화한다. 단순히 정보를 제공하는 데 그치는 것이 아닌 자연스러운 대화를 나누는 데에도 집중한다. 또한 지속적으로 대화의 내용이나 패턴을 바꾸어 사람들이 흥미를 잃지 않고 대화를 하고 기록을 사용하도록 한다. 이렇듯 개인화된 추천까지 하는 것이 큰 특징이라고 볼 수 있다.

그림 3-7 NDD 환자와 가족

출처: echxplore.com/news/2019-08-ai-powered-chatbot-families-neurodevelopmental-disabilities.html

(4) 우울증 예측시스템

눈맞춤(eye gazing)과 미소를 짓는 시간으로 우울증을 파악할 수 있다. 우울증이 있는 사람은 한쪽을 잘 응시하지 못하고 미소를 짓는 시간이 짧은 경향이 있다. 이 점에서 착안한 인도 공과대학교(IIT)의 우울증 예측시스템([그림 3-8] 참조)은 태깅이 된 오디오(verbal signals), 비디오(non-verbal signals) 데이터를 활용하여 학습한 후 안면인식을 통해 미소를 짓는 시간과 눈맞춤 여부 등을 분석하여 우울 여부를 측정한다.

그림 3-8 우울증 예측시스템

출처: venturebeat.com/2019/04/17/ai-predicts-depression-severity-from-sight-and-sound/

(5) IoT(사물인터넷)의 활용

사물인터넷을 의미하는 IoT가 헬스케어에 활용된다면 여러 가지 장점이 존재한다. 첫 번째로 비용의 절감을 꼽을 수 있다. 원격으로 환자의 신체와 관련된 상태를 점검할 수 있어 병원에 방문할 필요가 없기 때문이다. 환자의 시간과 비용뿐만 아니라 의사와 병원의 입장에서도 많은 환자가 내방할 경우 발생하는 비용을 감소시킬 수 있다. 두 번째는 치료효과의 확대이다. IoT를 이용하면 특정 환자의 정보가 실시간으로 계속해서 감지될 수 있다. 따라서 실시간으로 관련 의사결정을 할 수 있기 때문에 치료가 극대화될 수 있다. 또한 개별 환자의 데이터가 구축되기 때문에 환자마다 필요에 맞는 서비스가 가능하다는 점에서 환자의 편의성과 치료만족도의 상승을 가져올 수 있다.

IoT를 활용한 기술로 Open APS라는 것이 있다. Open APS는 [그림 3-9]의 왼쪽에 있는 장비를 허리에 부착한 후 연결된 스마트폰에 측정된 혈당 수치를 보내준다. 또 인공췌장시스템으로 자동으로 혈당이 조절되도록 인슐린 펌프를 조절할 수 있다. 이를 통해 췌장에 문제가 있는 환자들에게 도움을 줄 수 있다.

그림 3-9 Open APS(Open Artificial Pancreas System)

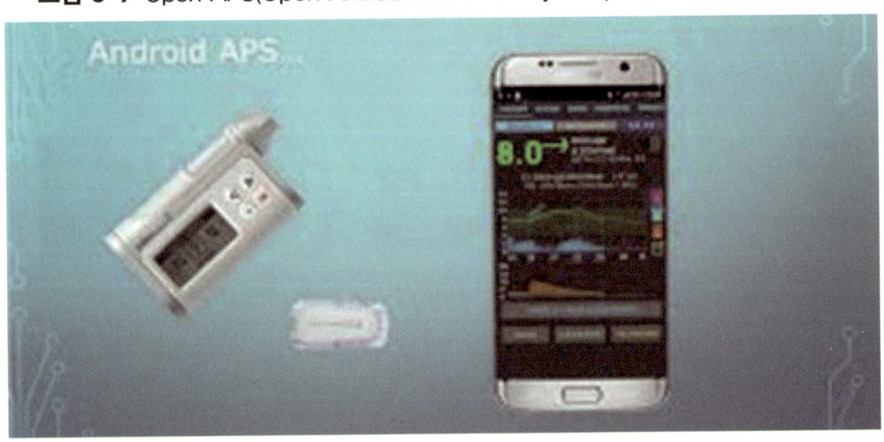

IoT를 활용한 또 다른 기술로는 Proteus Digital Health에서 개발한 삼킬 수 있는 센서다. 약물의 꾸준한 복용이 필요한 경우 사용하는 것인데, 센서를 이용한 약을 복용하면 그 약이 [그림 3-10]처럼 몸 안에서 원격으로 의사에게 신호를 발산한다. 따라서 의사는 환자가 약물을 계속 복용하고 있는지를 관찰할 수 있다.

또 다른 IoT 활용기술로는 Google과 Novartis가 공동으로 개발한 스마트 콘텍트렌즈가 있다. 스마트 콘텍트렌즈는 [그림 3-11]에서 보듯이 센서가

그림 3-10 삼킬 수 있는 센서

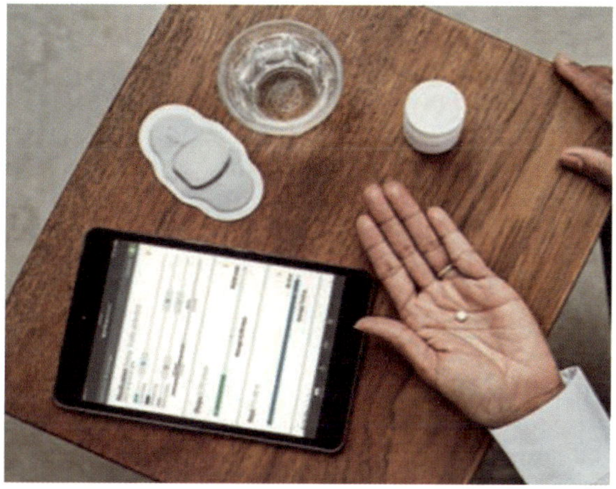

출처: 보건뉴스(2017. 7. 14)

있어 눈물의 혈당이 측정가능하다. 이렇게 측정된 혈당량 데이터를 모바일 기기로 전송해 관리할 수 있게 한다. 향후에는 이 기술이 노안에도 도움을 줄 것으로 기대되고 있다.

IoT 기반 헬스케어시스템의 경우 개인정보와 관련해서 고려할 점이 몇 가

그림 3-11 스마트 콘텍트렌즈

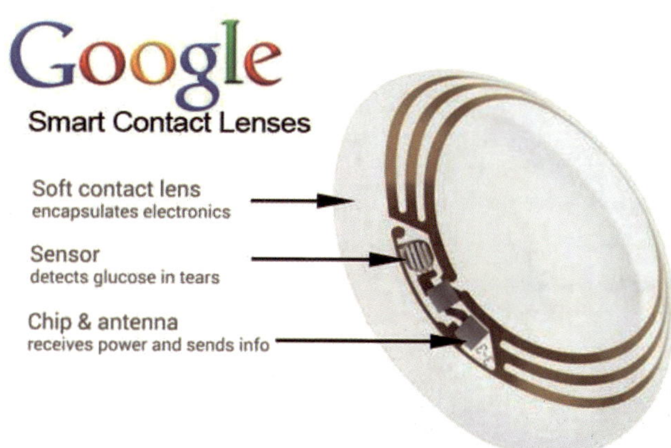

출처: cnbc.com/2014/07/15/novartis-google-to-make-smart-contact-lenses.html

지가 있다. 개인정보가 많이 감지되기 때문에 개인정보를 잘 보호하는 것이 중요한 이슈가 될 것이다. 또한 각 회사 간에 데이터를 공유하지 않는 문제가 있을 수 있어 데이터 표준화 문제 역시 중요하고, 이렇게 쌓인 데이터들을 관리할 수 있는 의료전용 데이터센터의 건립 필요성 역시 고려해 보아야 할 점이다.

4 해당 SDGs 문제를 해결한 기업의 성공 사례

4.1 필립스의 Digital Patient(가상신체)

디지털 트윈(digital twin)기술을 활용한 필립스(Phillips)의 Digital Patient(가상신체)가 헬스케어에 활용된다. [그림 3-12]처럼 가상으로 존재

그림 3-12 Digital Patient(가상신체)

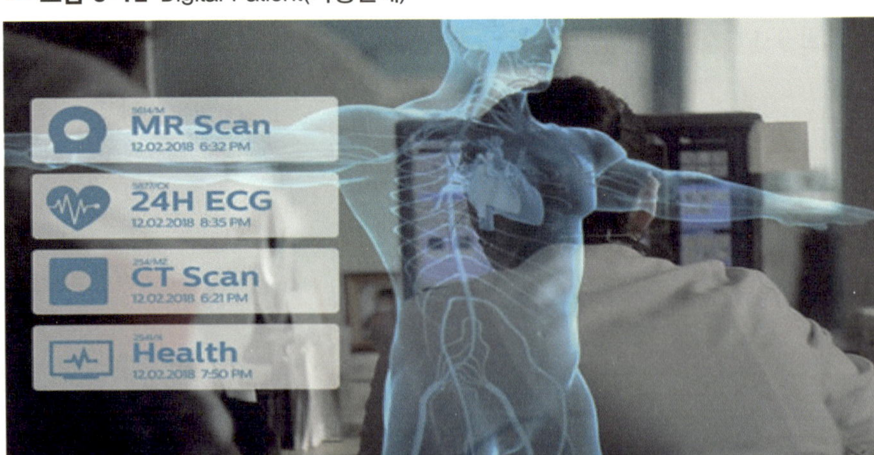

출처: youtube.com/watch?v=H6JzPCbyVSM

하는 신체에 실제 신체에서 발생되는 모든 생태신호가 실시간으로 연결되고 클라우드데이터를 이용해서 실제 신체의 생체정보를 감지한다. 이를 통해 실제 신체에 어떤 문제가 있는지를 파악하고, 과거의 진료 사례들을 활용하여 최적의 의사결정을 할 수 있다. 빠른 진단과 의사결정을 통해 환자의 건강에 도움을 줄 것으로 기대된다.

4.2 슈나이더일렉트릭 & 소트와이어의 스마트병원

슈나이더일렉트릭 & 소트와이어에서 디지털 트윈의 개념을 병원에 적용한 스마트병원은 모든 건물의 에너지 효율을 높이고, 환자들이 최적의 환경에서 치료를 받을 수 있도록 관리를 가능하게 하여 헬스케어의 효율성을 높인다.

4.3 KT의 빅데이터 활용 감염병 확산 방지

한국의 통신사 KT는 해외 로밍 고객 중 전염병 발병지역을 방문한 고객의 정보를 수집한다. 2015년 중동호흡기증후군(MERS) 사태를 기점으로 하여 시작된 이 프로그램은 전염병 발생지역을 방문한 고객들에게 전염병 예방수칙을 문자로 통보해 전염병 접촉을 예방하였다. 또한 로밍 고객이 귀국할 시 전염병 의심증상과 함께 보건당국의 연락처를 안내하여 전염병이 확산되는 것을 방지하였다. 2016년 UNGC Leaders Summit에서 큰 호응을 얻은 동 프로그램은 해외 유수 통신사들에게 벤치마킹되기도 하였다. 2020년 코로나 바이러스가 전 세계적으로 유행하는 시점에 KT는 마이크로소프트(Microsoft)의 빌 게이츠가 이끌고 있는 '빌 앤 멜린다 게이츠 재단'의 투자를 받아 3년간 120억 원 규모의 '감염병 대비를 위한 차세대 방역 연구'를 추진하기도 하였다.

4.4 유니레버 개도국 공중보건 개선

영국의 다국적 소비재기업 유니레버(Unilever)는 건강과 웰빙을 개선하고, 환경적 영향을 줄이고, 수백만 시민들의 생활 향상을 목표로 하는 USLP(Unilever Sustainable Living Plan)를 수립했다. 유니레버는 세계 인구의 3분의 1이 깨끗하고 안전한 화장실을 이용하지 못함을 인식하고, 공중보건 개선 프로그램 DTA(Domestos Toilet Academy)를 운영하여 현지 기업인들이 위생적인 화장실을 공급, 설치, 유지하도록 장려하고 현지 공동체를 대상으로 위생교육을 실시하고 있다. 2014년부터 현재까지 500명 이상의 기업인들이 교육을 받았으며, 인도와 베트남에서 619,000명의 주민이 화장실을 이용하는 것으로 추정되고 있다.

그림 3-13 KT(한국, 왼쪽)와 유니레버(영국, 오른쪽)

출처: unglobalcompact.kr/library/publication-data/sdgs-campaign/?pageid=9&mod=document&uid=1293

참 · 고 · 문 · 헌

CNBC(2014), Novartis, Google to make 'smart' contact lenses (https://www.cnbc.com/2014/07/15/novartis-google-to-make-smart-contact-lenses.html)

Kyle Wiggers(2019), AI estimates depression severity from sight and sound (https://venturebeat.com/2019/04/17/ai-predicts-depression-severity-from-sight-and-sound/)

Margarite Nathe(2020), 10 Global Health Issues to Watch in the 2020s (https://www.intrahealth.org/vital/10-global-health-issues-watch-2020s)

Ross Neitz(2019), Researchers creating AI-powered chatbot to help families living with neurodevelopmental disabilities (ttps://techxplore.com/news/2019-08-ai-powered-chatbot-families-neurodevelopmental-disabilities.html)

UN Global Compact(2017), [SDG 3] 질병 퇴치, 보건 증진…건강한 세상을 만드는 기업들 (http://unglobalcompact.kr/library/publication-data/sdgs-campaign/?pageid=9&mod=document&uid=1293)

https://www.youtube.com/watch?v=g9wj5v22KsA

https://www.youtube.com/watch?v=H6JzPCbyVSM

[제4장]

SDGs4 양질의 교육

1. 정의 및 개념
2. 현재의 문제점
3. 문제해결 노력
4. 해당 SDGs 문제를 해결한 기업의 성공 사례

제4장 SDGs4 양질의 교육

1 정의 및 개념

교육 평등의 문제는 그 사람이 개인적인 문제일 뿐만 아니라 경제적인 문제가 될 수 있으며, 국가의 안전과도 관련되어 있기 때문에 굉장히 중요한 이슈이다. 교육 불평등은 일반적으로 경제와 사회적인 불평등에 의해 야기된다. 하지만 교육 불평등이 다시 빈곤의 대물림을 야기하기도 한다. 이렇듯 교육 불평등은 [그림 4-1]과 같이 경제사회의 이슈와 상호작용을 하는 악순환의 고리이다. 한국의 경우 교육비를 민간에서 부담하는 것이 크다. 가계마다 지출할 수 있는 교육비에 차이가 있는데, 이 때문에 계층 간 교육의 불평등이 발생되고 결국은 사회경제적인 불평등의 재생산으로 이어진다.

[그림 4-2]의 경우 미국의 교육 불평등 양상을 보여주고 있는데 상위 1% 해당되는 사람들은 시간이 지나면 지날수록 점점 더 많아지고 하위 50% 해당되는 사람의 비율은 점점 줄어드는 크로스의 형태가 나타난다. 이렇듯 한국을 비롯해 많은 나라들이 교육의 불평등이 경제적 불평등으로 이어지는 양상을 보이고 있다.

그림 4-1 빈곤의 악순환

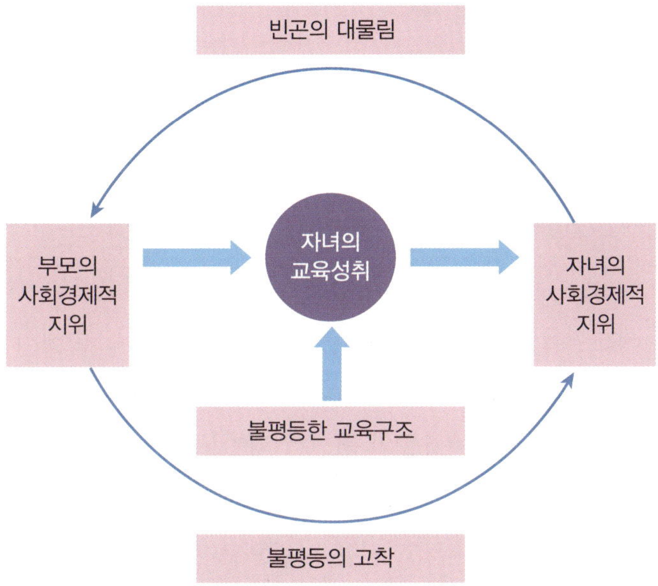

출처: World Inequality Report 2018

그림 4-2 교육 불평등의 양상

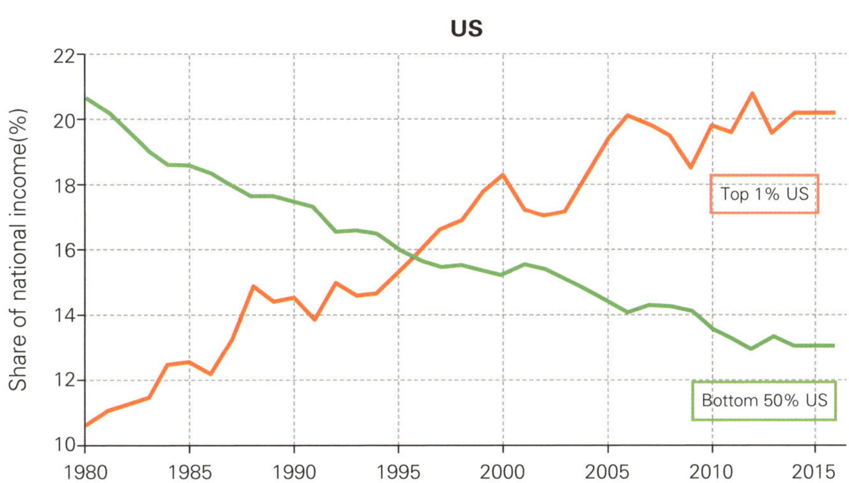

출처: World Inequality Report 2018

2 현재의 문제점

2.1 비IT 문제

(1) 탈북민 문제

현재 전 세계적으로 점점 국가의 구성원이 다양해지는 추세이다. 그것은 학습자들의 인종과 민족과 언어와 문화가 다양해지는 것을 의미하는데, 이런 다양성의 증가가 교육 불평등의 원인이 되기도 한다. 한국의 경우 탈북민 교육이 있다. 탈북민 또는 북한이탈주민이란 군사분계선 이북지역에 주소나 직계 가족, 배우자, 직장을 두고 있는 사람으로서 북한을 벗어난 다음에 외국국적을 취득하지 않은 집단을 북한이탈주민이라고 한다.

(2) 장애인 문제

장애인을 고려한 교육을 일컬어서 통합교육이라고 한다. 장애인들만 모여서 교육받는 것이 아닌 장애인과 비장애인이 함께 교육을 받는 형태를 의미한다. 이런 통합교육에 대한 니즈는 이미 「장애인 등에 대한 특수교육법」 제2조 제6항에 명시되어 있다. 따라서 우리는 교육평등으로서의 다문화교육에서 탈북민교육이나 장애인교육 등을 같이 고민해야 되는 시대가 되었다.

2.2 IT 문제

(1) AI Poor Bias(인공지능 빈곤 편향) 문제

AI는 학습데이터 위에서 작동이 되는데 선진국과 후진국 사이에는 학습데이터셋의 양적 차이가 존재하여 선진국에서는 정확도가 높은 결과가 나오지만 개발도상국지역에서는 정확도가 높지 않은 결과가 나타난다. 이렇듯 AI가 특정 인종이나 젠더에게만 혜택이 되도록 편향되는 문제가 발생한다.

(2) 원격교육의 평등 문제

코로나로 인해 원격교육의 중요성이 증가하는 상황에서 원격교육을 위한 장비를 갖춘 사람과 그렇지 못한 사람 간의 불평등이 문제가 된다. 아프리카 사하라사막 남부지역에서는 전체 인구의 89%가 자체적인 PC를 갖지 못한다. 그리고 전체 82%가 인터넷이 되지 않는 곳에 거주하며 온라인이 가능한 학교는 전체의 25%에 불과하다. 개도국일수록 원격교육이 교육의 불평등, 경제 불평등을 야기할 수 있어 주의가 필요하다.

3 문제해결 노력

3.1 기존 노력

SDG펀드에서는 디지털교육을 장려함으로써 ProFuturo 프로젝트와 협력하여 정보기술을 더 잘 사용하여 SDG4를 발전시키기 위해 UN기관, 정부 및 통신산업 간의 파트너십을 진행하고 있다. 경제적이고 신뢰할 수 있으며 상황에 맞는 디지털교육은 모든 어린이가 고품질 콘텐츠에 접근할 수 있도록 함으로써 남녀에게 동등한 기회를 장려하고 불평등을 줄인다. 또한 디지털교육은 협업, 문제해결 및 글로벌 인식과 같은 기본기술들을 향상시킨다. SDG펀드 프로그램의 예로 콜롬비아에서 교육, 워크숍 및 테마 대회를 통해 농촌지역의 교육기관의 통합을 개선하고 있다. 모잠비크에서는 품질전문교육에 대한 청소년 접근을 개선한다. 외딴 지역 젊은 남성과 여성은 국가의 다른 지역이나 해외에서 사람들을 고용하는 채굴산업 내에서 괜찮은 일자리를 찾을 가능성이 높아지는 평가를 받고 있다.

우리나라에서는 OECD 국가 중에서는 제일 늦었지만, 2019년 고교를 끝으로 초등학교부터 고등학교까지의 무상교육 제공이 이루어졌다. 뿐만 아니라 최종학년 총진학률이 99.7%를 기록하고 초등학교부터 고등학교까지의 이수율이 70%로 OECD 평균 이수율인 43%보다 매우 높다. 이와 같이 SDG4.1의 목표인 양질의 초·중등교육은 우리나라에서 이미 이루어지고 있었고, 향후에는 지금까지의 교육 경험을 토대로 지속적인 교육의 양적·질적 성장에 대한 노력을 하는 것이 중요하다.

평등 교수법은 다문화교육을 위한 네 가지 지침을 포함한다. 첫 번째는 교육의 대상이 되는 모든 학생이 민족이나 계층과 상관없이 평등하게 교육의 기회를 가질 수 있게끔 교육하는 것이다. 두 번째는 교육과정을 수립할 때에도 문화적인 차이를 고려해 수립하는 것이다. 경희대학교의 경우 강의 계획서에 장애인들의 교육을 위한 지원과 장비 지급 계획을 반드시 명시해야 한다. 세 번째는 다문화의 양상을 다양하게 인식하고 깊이 생각할 수 있도록 자극하는 형태의 교육을 실시하는 것이다. 네 번째는 다문화로 인한 차별을 극복하는 방법을 교육하는 것이다.

3.2 4차산업혁명기술 활용 노력

교육의 불평등의 문제를 해소하기 위한 방법으로 저소득층에게 IT를 통한 양질의 교육을 제공하는 방안이 있다. IT 기기의 사용법과 인터넷의 제공으로 양질의 교육 콘텐츠에 접근할 수 있게 하는 것이다. 2000년도 초반에 아르헨티나에서 교육의 혜택을 받지 못하는 인디언들에게 인터넷 사용법과 이메일 사용법을 교육하여 더 많은 교육의 기회를 제공한 경험이 있다. 이런 식으로 인터넷과 이메일이라는 단순한 기술도 교육의 불평등을 해소하는 데 효과적일 수 있다.

(1) Mobile Learning Week(모바일 러닝 위크)

모바일 러닝 위크란 교육 불평등 해소를 위해 유네스코에서 만든 것이다. 교육 불평등지역에 있는 사람들에게 모바일 장비를 지급하고 교육하기 위한 방안을 논의하는 회의이다. 지금도 유네스코는 [그림 4-3]과 같이 교육 불

그림 4-3 모바일 러닝

출처: en.unesco.org/themes/ict-education/mobile-learning

평등지역에 많은 모바일 기기를 제공해 주고 있으며, 만약 인터넷이 되지 않는다면 그 지역을 방문해서 USB와 같은 보조기억장치를 통해 교육 콘텐츠를 제공하는 활동을 한다.

(2) Train on the Move(트레인 온더무브)

Train on the Move란 [그림 4-4]와 같이 각종 교육용 기자재를 설치한 버스를 말한다. 이 버스는 중국 화웨이에서 운영하는 프로젝트로 교육을 제대로 받을 수 없는 지역으로 운행하며 해당 지역 주민들에게 인터넷교육, IT 교육, 연구 등을 하고 직업을 가질 수 있게끔 도움을 준다. 이러한 이동교육법은 IT 혜택을 받을 수 없는 사람들에게 의미를 갖는다.

그림 4-4 Train on the Move

출처: huawei.com

(3) Smart Content(스마트콘텐츠)

개발도상국의 경우 열악한 환경으로 인해 교사가 부족하다. 따라서 학생들의 경제적 여건과 관계없이 스스로 강의 커리큘럼을 생성하고 개인화된 강의자료를 제작하는 [그림 4-5]와 같은 AI가 연구 중에 있다.

그림 4-5 Smart Content

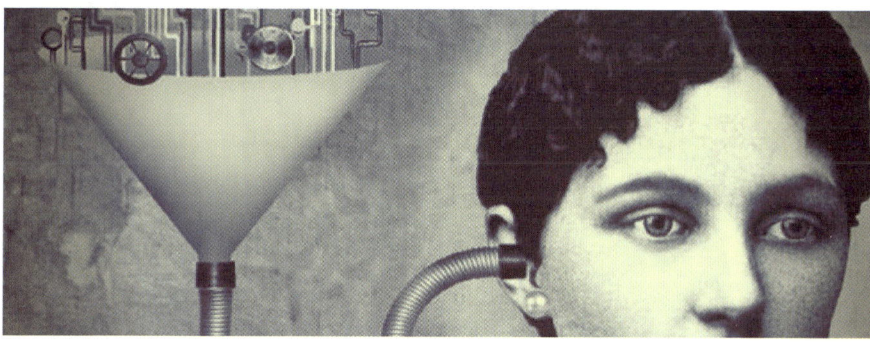

출처: emerj.com/ai-sector-overviews/examples-of-artificial-intelligence-in-education/

(4) Robot Teachers(로봇 티처스)

[그림 4-6]의 AI 챗봇 프로젝트는 IBM 왓슨과 조지아 공대가 합류한 프로젝트다. AI 챗봇 프로젝트의 첫 번째 장점은 학생들이 재미를 느끼고 수업에 집중한다는 점이다. 두 번째 장점으로는 스마트하게 피드백을 받을 수 있다는 것이다. 선생님 한 명이 수십 명의 학생들의 사정에 맞추어 답변을 주는 것이 어려운데, AI 챗봇의 경우 학생의 학업 성취도나 성격, 취향 등에 맞춤화된 답변을 줄 수 있다. 세 번째 장점으로는 상시적인 답변이 가능하다는 점이다. AI 챗봇은 365일 24시간 언제든지 원하면 답변이 가능하다. 그러나 아직까지는 인간 선생님의 보조 역할이 적절할 것이다.

그림 4-6 Robot Teachers

(5) Habit Tracker, Habit Forming App(좋은 습관 만들기 앱)

좋은 생활습관을 만들어 주는 애플리케이션이 있다. 자신이 해야 할 일들을 적어두고 패턴을 분석하여 자기 행동 또는 습관을 조정한다. 이러한 습관 형성에 주는 앱 중 한 예로 Tick Tick이라는 앱이 있다. [그림 4-7]과 [그림 4-8]에서 보듯이 좋은 습관 요소가 사전에 잘 정리되어 있어 이 중에서 자신이 형성하고 싶은 좋은 습관들을 몇 가지 선택하는 것이다. 성취한 바를 사람이 직접 적어야 한다는 단점이 존재한다. 따라서 자신의 습관을 선택하면 습관 점수를 자동으로 제공해 주거나 습관을 얼마나 잘하고 있는지를 측정하고 그것을 더 개선하기 위해서 필요한 동영상 등을 제공하는 기능이 필요하다.

■ **그림 4-7** Habit Tracker

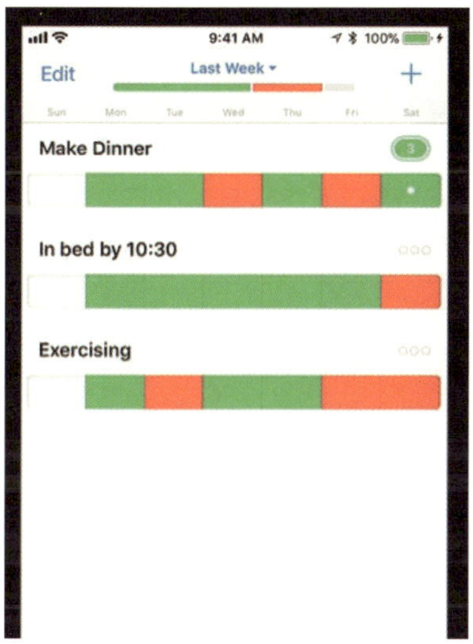

출처: appadvice.com

■ **그림 4-8** Habit Forming App

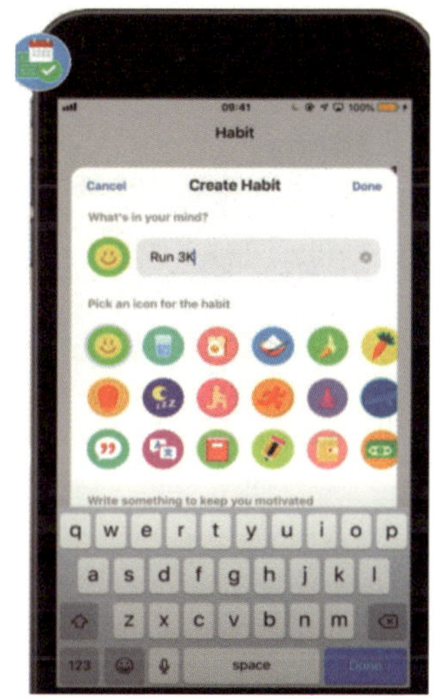

출처: jeangalea.com

(6) AR과 VR(증강현실과 가상현실)

AR(Augmented Reality)과 VR(Virtual Reality)기술을 통해서도 교육 불평등을 해소할 수 있다. 피교육자가 교육 자재나 어떤 장면을 봤을 때 같이 존재하게 되는 어떤 텍스트나 추가적인 교육자료들을 증강현실을 이용해서 겹치게 보여줄 수 있다. 이를 통해 그 지역에서는 획득할 수 없는 교육에 관련된 지식과 노하우, 추가적인 정보를 원격으로 전송받을 수 있어 교육격차를 해소하는 데 도움이 된다.

[그림 4-9]는 Seek XR이라는 것으로 교육자료 위에 AR 형태로 가상의 교육에 관련된 부가정보를 보여준다. [그림 4-10]의 경우 AR 안경을 통해 특정 기술을 배우는 모습을 볼 수 있다. 선진국의 경우 숙련된 전문가가 많아 기술을 배우기 쉽지만, 개도국의 경우 그렇지 않다. 따라서 AR 안경을 통해 원격으로 노하우 등을 담은 콘텐츠를 보여준다면 더 손쉽게 숙련 단계로

그림 4-9 Seek XR

출처: seekxr.com

그림 4-10 RealWear HMT-1

출처: youtube.com/watch?v=P1XQotex_ac

올라갈 수 있다. 실제로 교사와 기술자를 파견하는 데 매달 약 천만 원 이상의 큰 비용이 발생하는 데 비해 AR 콘텐츠는 경제적으로 우수하다.

[그림 4-11]은 Reverse AR이라는 것으로 실제 장면을 찍으면 그것이 VR 형태로 나타나고 관련된 부가정보에 대한 웹사이트를 보여준다. 이것은 BasNet이라는 특정 이미지를 감지하는 기술을 활용하는 것으로 카메라기능을 이용해서 추가적인 정보를 얻을 수 있어 전자상거래에도 활용되고 있다. 이 기술이 교육 불평등지역에서 활용된다면 어떤 상황에 직면하였을 때 그

■ **그림 4-11** Reverse AR

출처: youtube.com/watch?v=oj7Gz4rFn4Q

와 관련된 부가적인 풍부한 정보들을 많이 얻을 수 있어 교육 불평등 해소에 기여할 수 있다.

[그림 4-12]의 Oxford Medical Simulation은 옥스퍼드 의과대학에서 사용하고 있는 것으로 실습을 할 수 없는 환경에서 의료기기를 사용하는 방법

■ **그림 4-12** Oxford Medical Simulation(OMS)

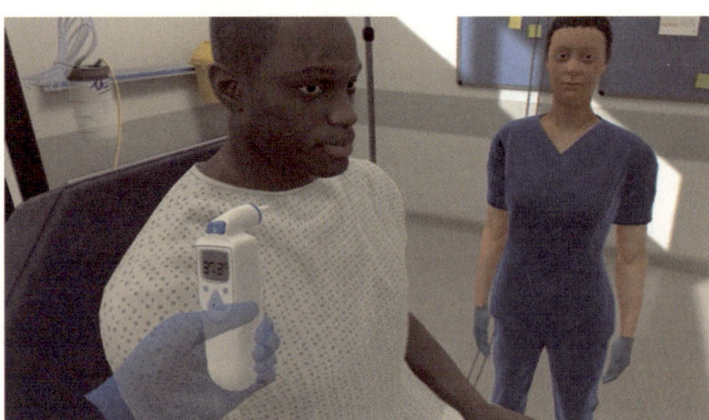

출처: oxfordmedicalsimulation.com/

을 알려주기 위해 제작된 것이다. 학생이 도구를 활용하면 선생이 옆에서 조언을 제공하는 것으로 이루어지는데, HMD와 같은 고가의 장비를 원조의 형태로 제공한다면 이 기술을 개발도상국에서도 활용할 수 있다.

(7) VR 콘텐츠

유튜브에서도 VR 콘텐츠를 볼 수 있지만 [그림 4-13]과 같은 Viveport라는 업체나 [그림 4-14]와 같은 Oculus의 홈페이지를 통해 보다 질 좋고 유용한 VR 콘텐츠를 즐길 수 있다. 또한 경희대학교 오비스홀 203호 연구실에서도 VR 콘텐츠 체험이 가능하다. 또 [그림 4-15]와 같이 유용한 데이터 세트를 모아둔 곳도 있다. Kaggle 에듀케이션이라는 사이트에서는 TED, 대학원교육, MIS 등과 같은 고품질의 교육과 관련된 데이터 세트를 제공한다. [그림 4-16]은 Data.world라는 사이트로 전 세계 재무관리를 비롯한 유용한 학문 관련 데이터들이 모여 있다. [그림 4-15]에서 설명한 캐글은 [그림 4-17]과 같이 각종 전산 관련 교육에 대한 자료가 나타나 있기 때문에 접속

그림 4-13 Viveport

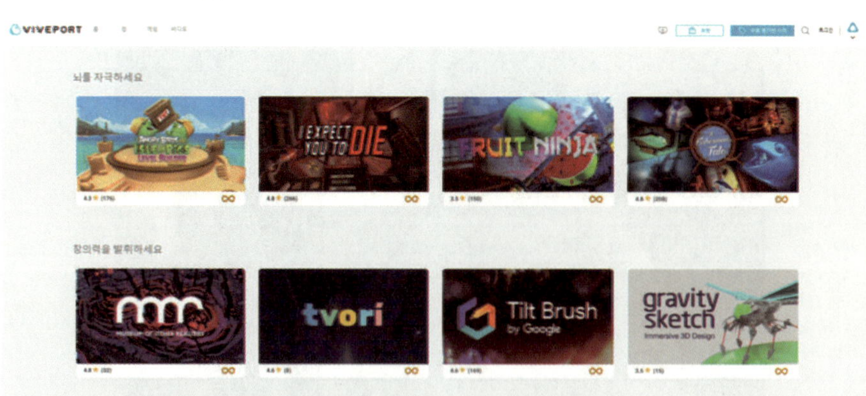

출처: viveport.com/infinity

그림 4-14 Oculus

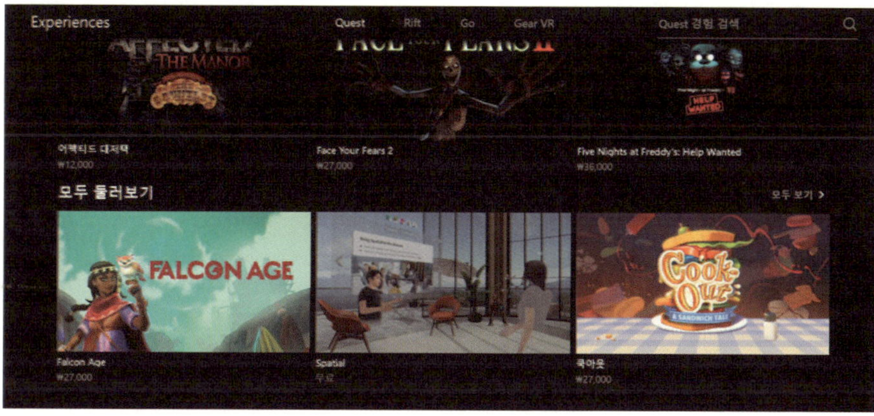

출처: oculus.com/experiences/quest/

그림 4-15 Kaggle

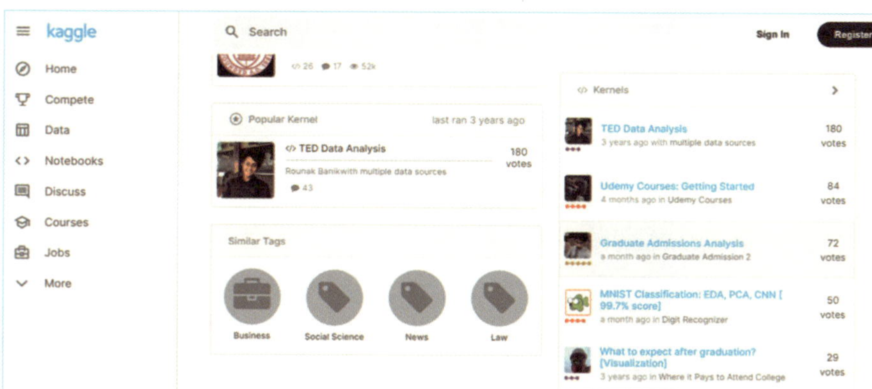

출처: kaggle.com/tags/education

해 보는 것을 추천한다. [그림 4-18]은 교육 관련 빅데이터 연구를 희망할 때 자료를 수집할 수 있는 유용한 사이트이다. 이렇듯 전 세계에 있는 누구나 인터넷과 PC가 구비되어 있다면 IT를 통해 풍부한 교육의 기회를 얻을 수 있다.

그림 4-16 Data.world

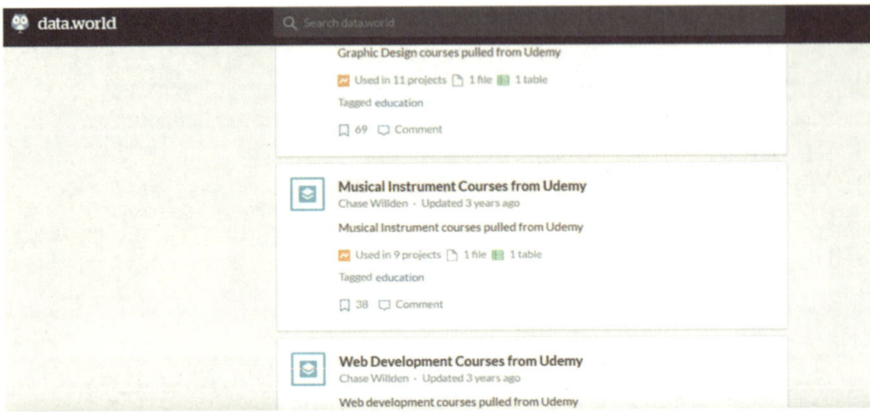

출처: data.world/datasets/education

그림 4-17 Kaggle Courses

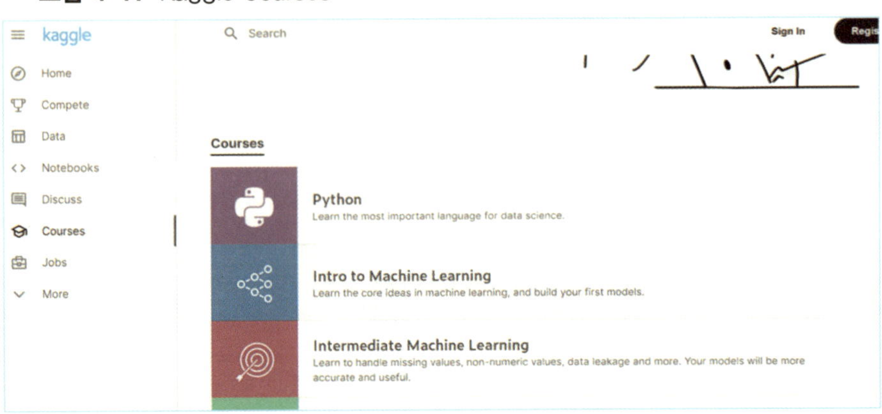

출처: kaggle.com/learn/overview

그림 4-18 DATA.GOV

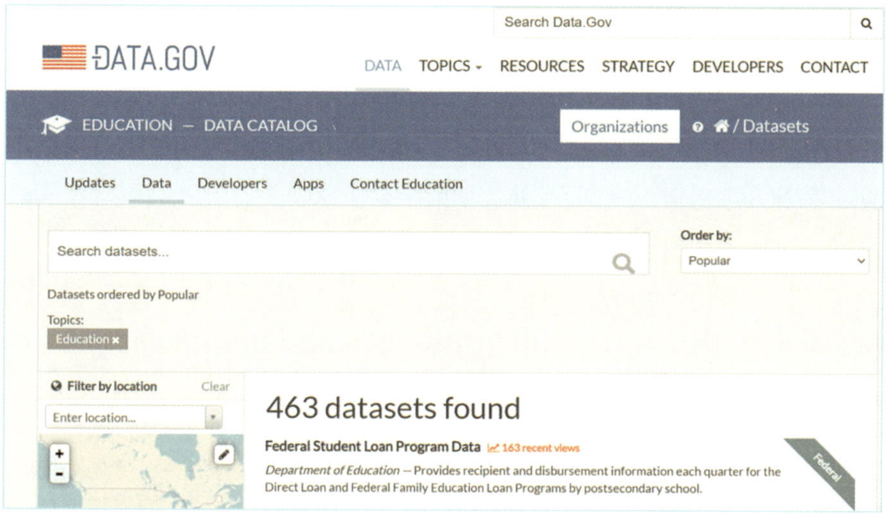

출처: data.gov

4 해당 SDGs 문제를 해결한 기업의 성공 사례

4.1 H2K, '소중한글'

H2K사의 '소중한글' 앱은 한글 읽기학습이 부진한 아동을 위해 진단과 교육 소프트웨어를 제공한다. '소중한글'을 통해 학부모와 부진 아동들은 인공지능기술과 교육 콘텐츠를 바탕으로 읽기 수준을 총 3회에 걸쳐 자동으로 진단하고, 최대 120차시로 구성된 맞춤형 커리큘럼을 생성하여 제공한다. 읽기교육은 한글교육의 첫 시작으로 다른 한글학습을 보완하는 결정적인 역할을 하지만, 읽기 부진 아동 대상의 한글교육은 인천 일부 초등학교를 제외하고는 사교육, 공교육에서 시행되지 않고 있다. H2K는 '소중한글' 앱을 통

해 장애 · 저소득층 · 다문화가정 자녀 등 한글교육에 어려움을 겪는 아동들이 한글학습 부진을 넘어 연쇄적으로 전체적인 학습 부진으로 넘어가지 않게 하는 것에 있어 소셜 임팩트를 창출한다.

KAIST 인공지능 연구팀과 공동 제작하였으며 AI기술 도입 이전 1년 7개월여 동안 8만 명의 아동과 서비스하며 수집한 500만 건의 빅데이터를 학습해 기술이 완성되어 2020년 5월에 새로운 버전이 출시되었다.

4.2 소리를 보는 통로 '소보로'

'소보로(SOVORO)'는 사람의 음성을 컴퓨터가 해석하는 음성인식기술, 즉 STT(Speech-To-Text)를 통해 청각장애인들이 통역사 없이 스마트폰 또는 노트북을 통하여 실시간 통역서비스를 볼 수 있도록 서비스를 제공한다. 소보로는 강의실, 병원, 은행 등 청각장애인들의 일상생활 소통에 문제를 느끼

그림 4-19 STT 음성인식 엔진구조

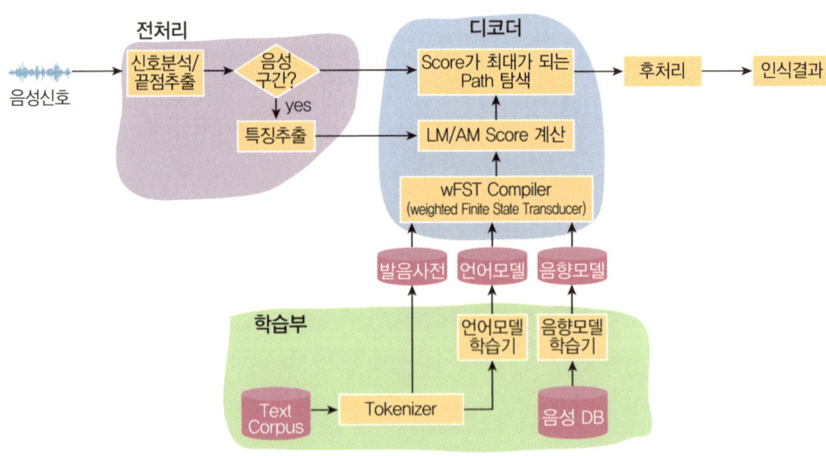

* 전처리: 입력되는 음성에 대해 분석/잡음처리 등을 거쳐 디코더에서 사용되는 특징 생성
* 디코더: 음향모델 및 언어모델 기반으로 입력되는 음성에 대해 인식 수행
* 학습부: 언어모델 훈련 – 학습 대상이 되는 단어 및 문장구조에 기반한 모델 생성과정
  음향모델 훈련 – 학습 대상이 되는 음성(소리)정보에 기반하여 다양한 학습기법에 의한 모델 생성과정

지 않도록 도와준다. 소보로는 청각장애인을 위하여 STT를 적용한 국내 최초 소셜벤처로 청각장애인들이 일상 의사소통과 많은 정보를 접하게 하는 소셜 임팩트를 창출한다.

인공지능 기반 실시간 자동 문자통역기술은 기존의 문자통역서비스보다 편리하고 저렴하기 때문에 교육 · 공공기관을 시작으로 일상 어디에서나 사용될 수 있도록 퍼져나가고 있다. 특히 요즘 인터넷 강의의 확산세에 청각장애인들에게도 교육에 참여할 수 있도록 온라인 강의에 자동 자막서비스를 제공하여 SDGs 세부목표인 4.5 평등한 교육 접근 보장에 힘쓰고 있다.

4.3 인공지능 소셜 로봇 '뮤지오'

'뮤지오(Musio)'는 AKA가 자체 개발한 최첨단 인공지능 엔진 '뮤즈(Muse)'를 탑재한 AI 소셜 로봇이다. 뮤지오는 딥러닝 알고리즘을 바탕으로 대화의 문맥 및 상황을 인지하고 사용자와의 대화 내용을 기억해 사람과 소통할 수 있다. 또한 자체적인 감정체계를 가지고 있어서 표정과 대화를 통해 여러 가지 감정을 표현할 수 있다. 현재 일본에 있는 약 104개의 학교와 기관에서 실제 영어 수업에 뮤지오를 활용하고 있다. 국내에서는 제주도 혁신학교인 무릉 초 · 중학교에 뮤지오 공급계약과 설치를 완료하고 뮤지오를 실제 수업에 도입하려는 시도를 하고 있다.[01]

4.4 온라인 대학 조교 '질 왓슨'

2016년 1월, 조지아 공대 컴퓨터 전공의 고엘 교수가 2015년에 대학원생

01 정한영, "AI 영어학습 소셜 로봇 '뮤지오', 성공적인 첫 한국 진출", 〈인공지능신문〉, 2020. 4. 21.

들과 함께 만든 여성 조교 프로그램인 '질 왓슨(Jill Watson)'을 온라인 수업에 활용하였다. 질 왓슨은 학생이 보낸 질문에 대답하고 쪽지시험이나 토론 주제를 제시하는 등 온라인 게시판에서 학생들과 의사소통했으며, 학생들이 왓슨에게 한 수업과 관련된 질문은 약 1만 개였고, 그 결과 질문의 40%를 질 왓슨이 답변했다. 하지만 그 과정에서 대부분의 학생들은 질 왓슨이 인공지능 컴퓨터라는 사실을 깨닫지 못했다고 한다.[02]

4.5 한국교육학술정보원 '솔라스쿨'

'솔라스쿨(Solar School)'은 부족한 전력과 인터넷환경을 갖춘 나라에 태양광에너지를 활용한 ICT 기반 교실과 인터넷 설비를 구축해 주고, 그에 더해 우수한 ICT 역량을 지닌 국내외 전문가들이 현지 교사들의 ICT 역량을 길러주는 사업이다. 2013년부터 시작한 한국교육학술정보원 솔라스쿨(KERIS Solar School)은 교육부의 정책하에 삼성전자의 지원을 힘입어 전 세계 15개국과 MOU를 맺고, 정부와 기업이 협업하여 글로벌 정보격차 해소와 교육을 통한 개발도상국의 발전에 큰 도움을 주고 있다. 태양열판넬 활용 콘테이너 형태의 ICT 활용 교육환경 구축과 교수학습 기기, 콘텐츠를 공급하는 솔라스쿨을 운영하여 왔다. 가나, 케냐, 에티오피아, 우간다, 모잠비크, 르완다, 탄자니아, 짐바브웨 등이 수혜국이다. 한국교육학술정보원에서는 매년 아프리카 현지 연수와 국내 초청 연수를 진행하고 있는데, 높은 경쟁률을 뚫고 선발된 선생님들은 이 자리에 참석하여 학생들을 위해 학교에서 활용할 수 있는 많은 ICT기술들을 익히게 하고 있다.

02 설성인, "조지아공대, AI조교 '질 왓슨'을 누구도 눈치 채지 못하다니!", 〈채널예스〉, 2017. 6. 20.

참 · 고 · 문 · 헌

https://blog.naver.com/moeblog/221277968113

https://data.world/datasets/education

https://emerj.com/ai-sector-overviews/examples-of-artificial-intelligence-in-education/

https://en.unesco.org/themes/ict-education/mobile-learning

https://oxfordmedicalsimulation.com/

https://www.kaggle.com/tags/education

https://www.keris.or.kr

https://www.oculus.com/experiences/quest/

https://www.viveport.com/infinity

https://www.youtube.com/watch?v=oj7Gz4rFn4Q

https://www.youtube.com/watch?v=P1XQotex_ac

[제5장]

SDGs5 성평등

1. 정의 및 개념
2. 현재의 문제점
3. 문제해결 노력
4. 해당 SDGs 문제를 해결한 성공 사례

제5장

SDGs5 성평등

1 정의 및 개념

지속가능발전목표의 5번째 목표는 성평등과 여성과 여아의 역량강화이다. 성평등은 여성역량 강화와 권익신장을 통해 차별을 종식시키는 것을 목표로 한다. 이는 모든 여성과 여아에 대한 모든 형태의 차별을 철폐하고, 인신매매, 성적 착취 등의 모든 폭력을 철폐하고, 아동결혼, 조혼, 강제결혼 등 모든 형태의 위해행위를 근절하고자 한다. 또한 적절한 공공서비스, 인프라, 사회보장정책의 제공과 가족 내 공동의 책임 도모를 통한 무급 및 가사노동 가치 인정, 정치 · 경제 및 공적인 생활에서 여성의 참여와 리더십의 공평한 기회보장을 목표로 한다.

2 현재의 문제점

2.1 성차별

(1) 성차별의 성격

성차별이 언제부터 있었는가 하는 것은 견해마다 차이가 있다. 그러나 공통적으로 성차별의 역사는 아주 오래전부터 시작되었다는 데 동의한다. 스페인의 동굴에서 발견된 벽화([그림 5-1])를 보면 사냥하는 사람들이 모두 남성으로 표현되어 있다. 또한 여기에 소개되지는 않았지만 사냥을 하고 난 후의 그림도 있는데, 그 그림에는 남성을 중심으로 치마를 입은 여성들이 춤을 추는 것이 표현되어 있다. 이를 통해 이미 이 벽화가 그려질 당시에 남성들은 힘쓰는 일을 많이 하고 여성들은 공동체 내부의 일을 하는 것으로 성역할이 정해져 있는 듯한 모습을 볼 수 있다.

그림 5-1 스페인의 신석기시대 동굴 벽화

출처: cosmosmagazine.com/society/gender-inequality-arose-8000-years-ago/

만약 성차별이 중간부터 생긴 것이라고 한다면 문화적인 요소라고 볼 수 있고, 처음 인간이 존재할 때부터 생겼다면 성차별은 생물학적인 요소로 볼 수 있을 것이다. 문화적인 요소는 하늘에 떠 있는 구름과 같아서 변화를 잘 느낄 수 없지만 시간이 한참 지나면 그 차이를 알 수 있다. 또 문화를 비유할 때 시계의 시침으로 비유하는 경우가 있는데, 시침처럼 변화한 것을 잘 느낄 수 없지만 지속적으로 변한다는 뜻이다. 따라서 만약 성차별이 문화적인 요소라고 한다면 이전에는 성차별이 존재하지 않았는데 이후에 생긴 것일 수도 있는 것이고, 미래에는 성차별이 바뀔 수도 있다는 희망을 가질 수 있는 요소가 될 것이다.

(2) 성차별 정도 측정

UN에서는 각 국가별로 성차별의 정도가 얼마나 심한지 측정하기 위한 객관적인 지표를 만들었다. 이를 측정하는 지표로는 네 가지가 있다.

첫 번째 지표는 산모 사망률과 여성 청소년 출생률이다. 차별이 심한 국가일수록 산모나 여자아이가 질병이나 위험에 직면했을 때 살리려는 노력을 덜 하게 된다. 따라서 남자아이에 비해 여자아이가 청소년에 이르기까지 살아남았을 확률을 성차별의 지표로 삼는다.

두 번째 지표로는 에듀케이션이 있다. 25세를 기준으로 중등학교 이상의 학력을 가진 남성과 여성의 비율이다. 특히 전체 여성들 중 중등학교 이상 졸업자 비율을 본다면 여성들이 중등 이상의 교육을 얼마나 받고 있는지를 알 수 있다.

세 번째는 정치참여다. 정치에 참여하는 여성들이 많아질수록 더 많은 여성의 권익을 위한 입법과 행정이 생긴다. 따라서 성인 남녀 비율 대비 남녀 의석 비율을 보았을 때, 그 두 가지의 비율이 통계적으로 의미 있는 차이가 없다면 성차별이 없는 나라라고 볼 수 있다.

네 번째 지표는 노동시장에서의 여성의 지위이다. 특히 여성의 노동참여율을 통해 성차별 정도를 측정할 수 있다. 이렇게 건강 정도, 교육 정도, 정치참여 정도, 노동시장에서의 참여 정도를 고려하여 성차별 정도를 측정할 수 있다.

(3) 성차별 현황

[그림 5-2]에서 푸른색으로 표현된 곳은 성차별이 상대적으로 적은 지역으로 아메리카지역과 유럽지역과 오세아니아지역, 일본과 한국이 있다. 붉은색의 서부아프리카지역과 중동의 일부 지역들, 아시아의 일부 지역들은 성차별이 심한 지역이다. 또한 인구밀도와 취업의 관계성이 있다는 것이 일본의 연구에서 밝혀졌다. 한편 남성의 경우 인구밀도가 높을수록 리스크의 정도가 떨어지는데, 여성은 인구밀도가 높을수록 리스크가 커진다. 더 도시화가 될수록 남성들은 안전하지만 여성들의 위험은 증가한다는 것이다. 상

그림 5-2 Gender Inequality Index(GII)

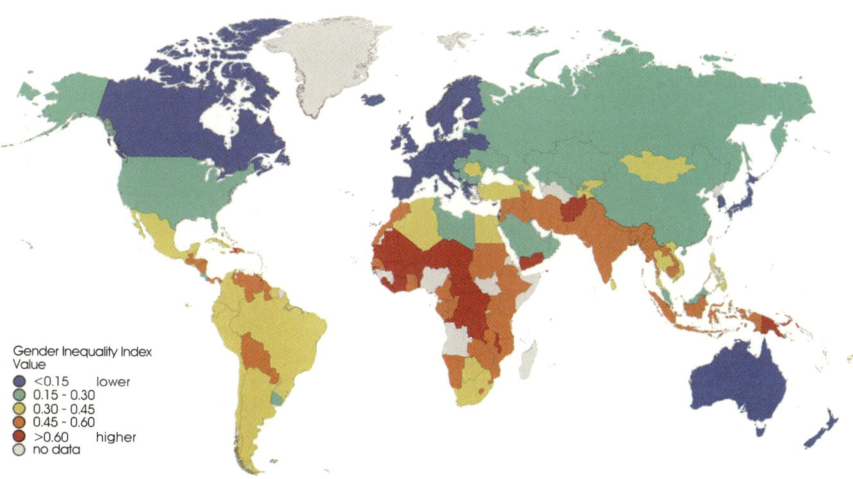

출처: viewsoftheworld.net/?p=5726

대적으로 농촌보다는 도시에서 IT를 사용하기 때문에, IT기술이 더 발전할 수록 성별 취업률의 격차가 벌어질 수 있는 위험이 있다.

(4) 성차별의 원인

한국사회에서는 성차별의 원인으로 남존여비사상이 가장 클 것이다. 그 다음으로는 가정 내에서부터 고착화된 성 역할과 남아선호사상의 잔류, 불평등을 인지하면서도 개선하려는 의지의 부족 등이 원인일 것이다.

그림 5-3 성차별 원인에 대한 응답

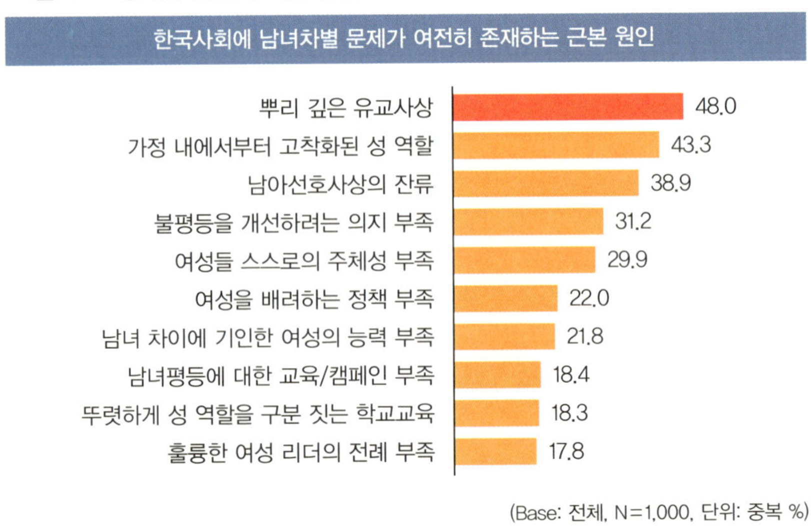

출처: babynews.com

(5) 성차별의 해소 노력

[그림 5-4]는 양성평등을 실현하기 위한 최우선 과제를 남성과 여성에게 각각 물어본 설문 결과이다. 여성의 경우 가사와 육아에 남성의 참여 증대와

임금격차의 감소를 꼽고, 여성에 대한 성폭력을 포함한 폭력이 줄어든다면 양성평등이 실현될 것이라고 응답한 반면, 남성들은 대중매체에서의 성차별적 표현의 감소를 가장 큰 원인으로 꼽고 육아에서 남성참여의 증가와 임금격차 해결을 통해 양성평등이 실현될 것이라고 응답하였다. 남성인 경우는 대중매체의 성적 표현, 여성인 경우 성폭력을 이유로 꼽은 것 외에 남성의 가사육아의 참여와 임금격차 해소라는 점에서는 남성과 여성 모두 공통적인 해결 과제로 꼽았다.

그림 5-4 성평등 실현을 위한 최우선 과제

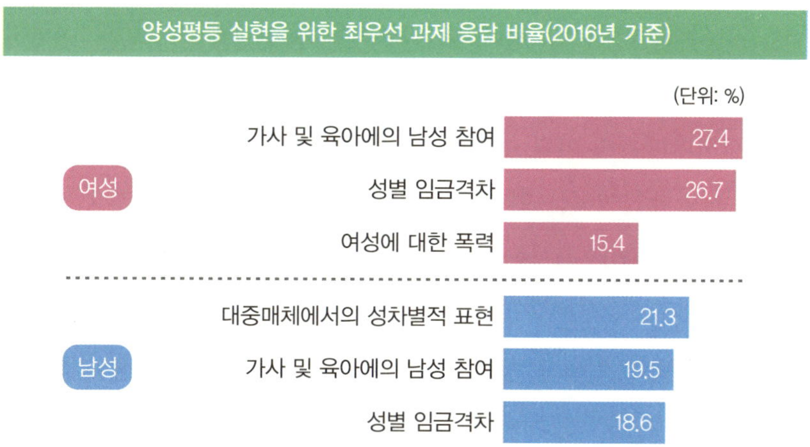

출처: 여성가족부

2.2 IT에서의 성차별

(1) 아마존의 AI 기반 채용 프로그램

AI의 경우 과거의 데이터로 학습을 하기 때문에 학습데이터가 굉장히 중요하다. 그러나 아마존의 과거 10년 동안의 채용데이터는 주로 남성으로, 이

데이터를 통해 학습한 AI가 여성보다 남성에게 좋은 점수를 부여했다. 따라서 성별에 따라 차별이 발생하여 2018년에 아마존은 이 채용 프로그램을 폐기하였다.

(2) 음성인식장치

[그림 5-5]에 나타나 있듯이 음성인식장치에서도 성차별이 존재한다. 비서나 서포트하는 존재는 여성이라는 편견에 기반한 것인데, 구글 '어시스턴트'의 경우 디폴트 목소리를 여성 목소리로 설정한다. 이것이 문제가 되어 2018년부터는 남성의 목소리가 추가되었다. 마이크로소프트의 '코타나'는 Halo라는 게임의 여성 캐릭터의 이름에서 따온 것이며, 애플에서 만든 '시리'의 경우 시리라는 단어의 어원이 승리를 이끄는 아름다운 여성이다. 특히 시리의 경우 한국어에서는 여성의 목소리만이 존재한다. 삼성 '빅스비'의 경우는 남성의 목소리도 존재하는데, 여성의 목소리는 명랑하고 쾌활한 느낌으로 표현한 반면, 남성의 목소리는 적극적이고 자신감 있는 목소리로 표현하였다. 적극적이고 자신감 있는 것은 남성이고 그렇지 않은 것은 여성이라고 표현한 점에서 차별적 요소가 존재한다. 아마존에서 만든 '알렉사' 역시 여성성을 가진다. SKT에서 만든 '누구'를 호출할 때에도 아리아, 팅커벨, 레베카, 크리스탈 등으로 부르는데 이 호칭 모두가 20대 중후반의 여성 비서를 가정하고 있다. 또한 KT에서 만든 '기가지니'에서도 기가지니 혹은 자기야로 호출하는데 젊은 여성의 목소리가 나온다. 네이버 '프렌즈'에서도 자사 캐릭터 중에서도 여성 캐릭터인 샐리가 디폴트로 설정되어 있다. 카카오에서 나온 '미니'의 경우에는 헤이 카카오야 혹은 카카오라고 부르는데 그렇게 이름을 정한 이유로 비서 같은 느낌이 아니고 싶어 여성적인 이름을 배제했다라는 점에서 비서는 여성이라는 편견이 자리 잡고 있다는 것을 보여준다.

그림 5-5 음성인식장치의 성차별 요소

〈음성인식장치의 목소리 현황과 특성〉

구분	제조사(상품명)	호출명	특성(기업 자체 설명)
젠더중립표방	구글 '어시스턴트'	어시스턴트	여성의 목소리를 디폴트로 출시
			2018년 5월에 남성 목소리 추가
	마이크로소프트 '코타나'	코타나	Halo라는 게임의 여성 캐릭터 이름을 따서 지음
목소리 성별 선택가능	애플 '시리'	시리	'승리를 이끄는 아름다운 여성'이라는 의미
			한국어는 여성 목소리만 선택가능
	삼성 '빅스비'	빅스비	'명랑하고 쾌활한 여성', '적극적이고 자신감 넘치는 남성'
여성 목소리	아마존 '알렉사'	알렉사	'여성의 특성'을 갖고 있음
	SKT '누구'	아리아, 팅커벨, 레베카, 크리스탈	'20대 중후반의 여성 비서' 가정
	KT '기가지니'	기가지니, 자기야	젊은 여성
	네이버 '프렌즈'	샐리, 브라운	자사 캐릭터 가운데 여성을 나타내는 '샐리'가 디폴트
	카카오 '미니'	헤이 카카오, 카카오야	비서 같은 느낌이 아니고 싶어 여성적인 이름을 배제

출처: hani.co.kr/arti/society/women/9059

(3) 디지털 성별 격차

디지털 성별 격차(Digital Gender Gap)란 남성과 여성 간 IT 혜택에 차이가 있다는 것을 이야기한다. 개발도상국일수록 빈민의 다수가 여성인데, 개발도상국일수록 선진국에 비해 IT를 사용할 수 있는 상황이 줄어든다. 이러한 상황이 개도국에서의 디지털 성별 격차를 만들어내는 요인이다. 또한 여성들의 IT 스킬이 수반되는 직종에의 상대적으로 낮은 취업률 또한 원인으로 꼽힌다.

[그림 5-6]과 같이 IT에 대한 준비도와 스킬의 역량이 만나서 사용의 정

도를 결정하고, 이것이 결과로 나타내는데, 여성의 경우 상대적으로 스킬이 부족한 것으로 나타난다. 따라서 ICT에 대한 이해도가 수반되더라도 스킬이 부족한 경우 결과적으로 남성과의 차이를 보이는 것이다. 또한 인터넷에서 음란퇴폐 사이트에 상당히 많은 여성들의 모습이 보이는 것 역시 성차별이 존재한다고 볼 수 있다.

그림 5-6 Digital Gender Gap

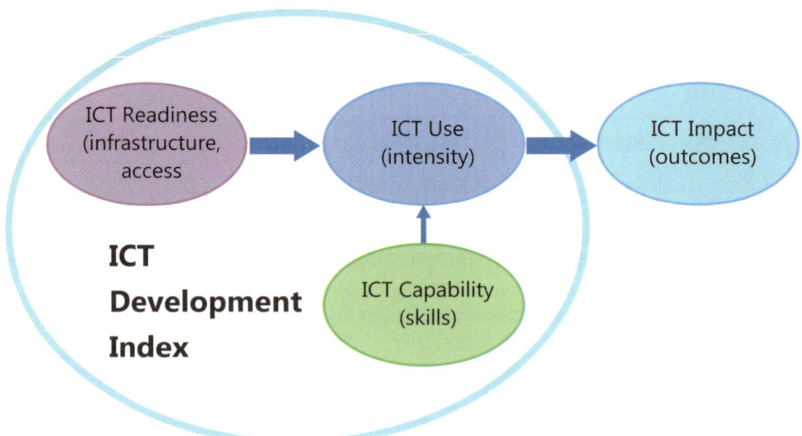

출처: ITV

(4) 인터넷 사용에서의 성별 격차

인터넷 사용에서도 성별 격차(Gender Gap)가 존재한다. 그중 아랍지역과 아프리카지역은 [그림 5-7]에 보이듯이 인터넷을 사용하는 남성과 여성이 비율이 각각 20% 이상, 23% 차이가 날 정도로 심각하다. 상대적으로 아시아나 유럽의 경우에는 인터넷 사용에서의 성별 격차가 덜한 편에 속한다. 특히 모바일 인터넷의 경우에도 [그림 5-8]처럼 아프리카와 중동지역에서의 심각성이 두드러지며 남부아시아 인도지역에서 강하게 등장한다. 따라서 여

■ **그림 5-7** 인터넷 사용에서의 Gender Gap

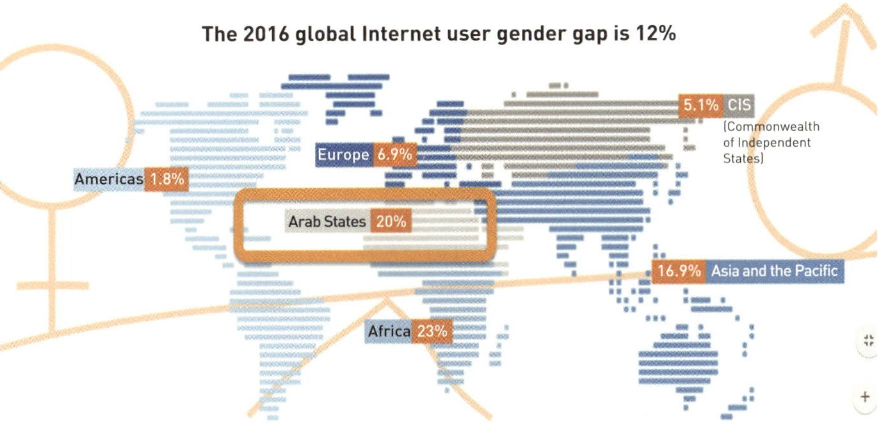

출처: ictvietnam.vn

■ **그림 5-8** 개도국에서의 모바일 인터넷에서의 성차별 정도

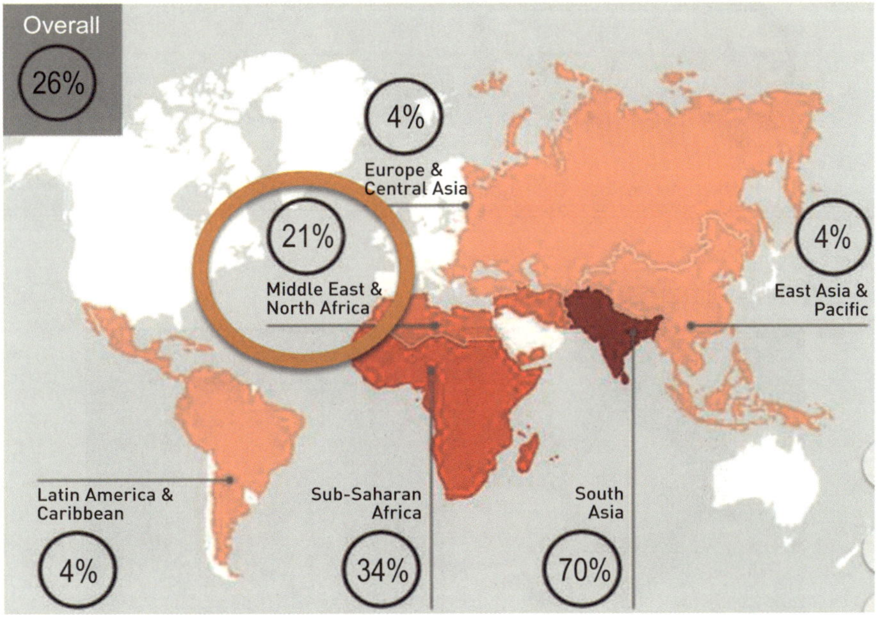

출처: unescwa.org/sites/www.unescwa.org/files/events/files/opening_sukaina_egm_goal_5_and_ict.pdf

성들이 모바일을 잘 사용하지 못하는 지역에서는 원격교육들이 잘 활용되지 못하기 때문에 교육의 불평등을 야기함으로써 여성들에 대한 도움이 필요하다.

(5) AI Portrait Arts에서의 성차별

AI의 경우 판별형 AI와 새로운 창작물을 만들어내는 생성형 AI가 존재한다. 그중에서 생성형 AI에 주로 사용되는 GAN이라는 기술이 있는데, [그림 5-9]와 [그림 5-10]과 같이 사진을 분석해 여러 가지 형태의 초상화를 제작

그림 5-9 알고리즘이 얼굴을 분석해 초상화를 만드는 과정

출처: it.chosun.com/site/data/html_dir/2019/07/23/2019072300946.html

그림 5-10 알고리즘을 통해 만든 초상화

출처: it.chosun.com/site/data/html_dir/2019/07/23/2019072300946.html

해 준다. 그런데 유색인종 여성이 이 AI에 본인의 사진을 넣었더니 [그림 5-11]처럼 백인으로 변환을 했다. 이것은 특정 인종을 우월하게 인식하는 인종차별적 요소라고 볼 수 있는데 특히 유색인종 여성에게 자주 발생한다. [그림 5-12]의 경우에도 흑인 여성의 사진을 고릴라로 인식을 하는 모습이 나타난다. 다른 사진들은 모두 정확하게 판별하였으나 흑인 여성에 대해서만

그림 5-11 원본과 AI가 생성한 그림

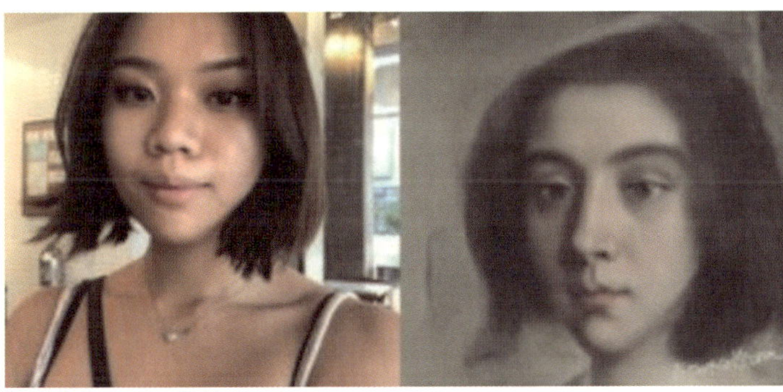

출처: vice.com/en_us/article/8xzwgx/racial-bias-in-ai-isnt-getting-better-and-neither-are-researchers-excuses

그림 5-12 유색인종 여성에 대한 AI의 분석

출처: wsj.com(2015. 7. 1)

부정확하게 인식한 것이다. 이러한 현상이 일어나는 이유는 학습데이터가 주로 백인, 남성 위주로 되어 있기 때문이다. 이러한 문제를 해결하기 위해서는 유색인종 여성의 학습데이터를 더 많이 학습시켜야 하나, 주된 고객이 백인과 남성이기 때문에 유색인종 여성에 대한 정확도 향상에 큰 노력을 기울이지 않는다.

(6) Gloat

Gloat이란 상담을 통해 직장을 알선해 주는 AI Bot이다. [그림 5-13]을 보면 여성의 모습을 통해 어필을 한다. 남성의 모습으로 어필하지 않는 것도 성차별적인 편견에 의한 것이다.

그림 5-13 여성의 모습으로 어필하는 Gloat AI

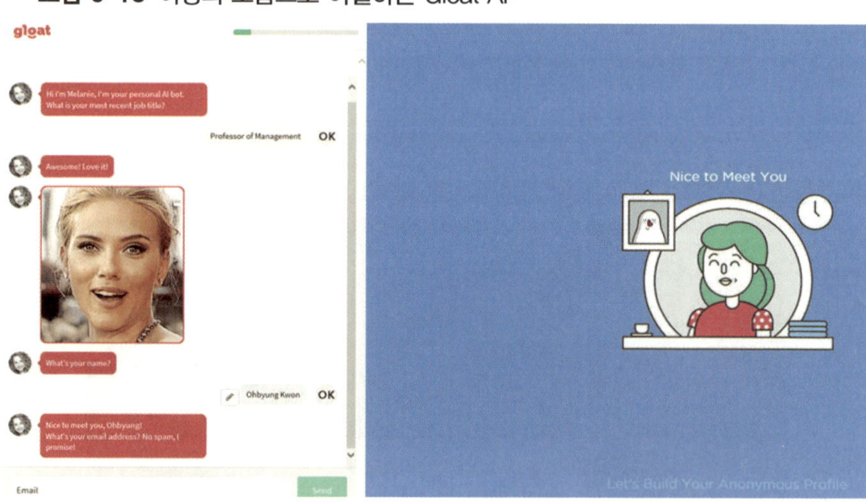

출처: gloat.com

(7) 로봇산업에서의 성차별

유럽의 경우 여성이 분석적이거나 상호작용적이거나 물리적 힘이 필요한 노동에 상대적으로 덜 투입된다는 결과가 있다. 또한 중 · 고 수준의 기술을 가진 남성이 로봇의 혜택을 더 많이 받는다는 결과가 있다. 이것은 자동화의 혜택을 자동화의 영향이 큰 직군에서 더 많이 종사하는 남성에게 더 많은 성차별이 존재한다는 것을 의미한다. 그러나 [그림 5-14]에서 보듯이 업종별 인구 10,000명당 투입된 로봇의 수를 통해 분석한 결과 전기 · 광업 · 건설 · 교육 · 섬유 등의 산업보다 금속 · 재료 · 플라스틱 · 화학 · 물류 등 남성이 많이 근무하는 직종에 로봇이 많이 투입된 것으로 나타나 로봇화가 이루어질 경우 남성적 직종에 위험을 가져와 오히려 성차별을 완화할 수 있다는 분석 또한 존재한다.

그림 5-14 업종별 인구 10,000명당 투입된 로봇의 수

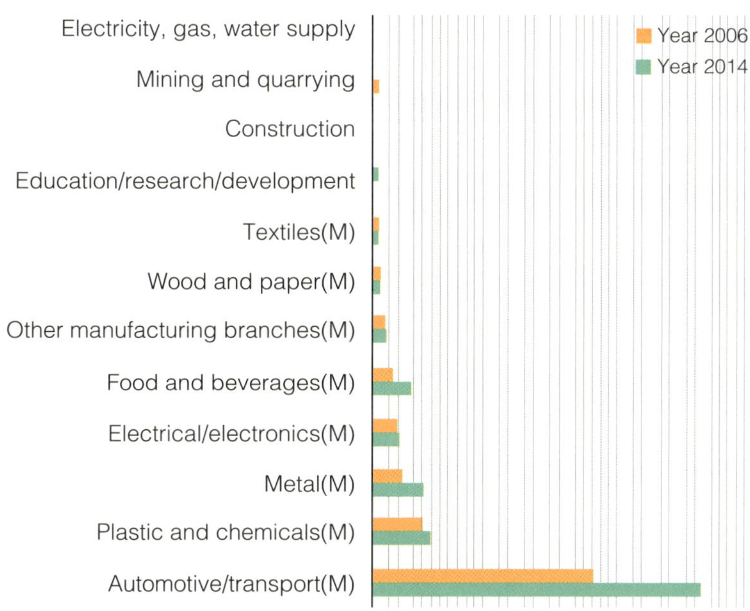

출처: weforum.org/agenda/2020/07/robots-gender-pay-gap-europe/

3 문제해결 노력

3.1 기존 노력

(1) 2020 Gender Summit

과학기술분야에서의 성차별 요소를 없애기 위해 2020년에 서울에서 Gender Summit이 열렸다.

3.2 4차산업혁명기술 활용 노력

(1) 인간의 개입 정도 완화

AI기술의 경우 학습 시 사람에 의한 판단의 정도를 완화시켜서 간접적으로 성차별을 완화하려는 노력이 있다. 학습 시 사람이 판정을 할 경우 머릿속에 있는 편견으로 인해 남성에게 유리한 편견이 개입될 수 있기 때문에 이것을 완전히 배제한 상황에서 평가하도록 하는 것이다.

(2) 성차별과 인종차별을 감지하는 알고리즘 개발

펜실베이니아 주립대학과 컬럼비아 대학의 공동연구로 성차별이나 인종차별적인 반응에 대해 빠르게 감지하는 알고리즘을 개발했다. 성별 · 민족별 채용 결과, 임금, 대출 심사 결과를 종속변수로 활용하여 성차별과 인종차별을 감지한다. 예를 들어, 남성의 임금이 여성의 임금보다 높은 경우, 능력에 의한 것인지 성차별에 의한 것인지를 감지하기 위해 여성적 특성을 갖는 남

그림 5-15 성차별이나 인종차별적 반응을 찾는 알고리즘 개발

출처: phys.org/news/2019-07-artificial-intelligence-discrimination.html

성과 여성, 남성으로 대조군을 설정하여 임금을 비교한다. 여성적인 특징을 가지는 남성의 임금이 일반적인 남성의 임금과 큰 차이가 없다면 여성과 남성의 임금격차는 성차별 때문일 것이다.

(3) 성차별적 요소가 있는 이미지 삭제

Image Net이라는 사이트에서 성차별적인 요소가 있는 이미지 60만 건을 삭제했다. [그림 5-16]은 문제가 되었던 대표적인 이미지로 여성의 경우 뉴스리더로, 남성의 경우 경제전문가로 분석되었다. 여성은 수동적인 입장으로 남성은 전문적이며 적극적인 입장으로 분석한 것이다. 의도적인 결과는 아니지만 데이터의 편향(bias)이나 알고리즘의 편향으로 인한 결과로, Image Net에서는 문제요소가 있는 사진을 모두 삭제하였다.

그림 5-16 차별적 요소가 있는 이미지의 예

출처: diyphotography.net(2019. 9. 25)

4 해당 SDGs 문제를 해결한 성공 사례

4.1 킷킷스쿨

미국 실리콘밸리의 한인기업인 에누마는 코로나19로 등교가 중단된 개발도상국 아동의 온라인교육을 위해 교육 애플리케이션인 '킷킷스쿨'을 KOICA와 함께 무료 배포했다. 킷킷스쿨은 개발협력분야의 스타트업, 사회적 벤처 등을 지원하는 코이카 혁신기술프로그램(CTS)[01]에 의해 개발된 프로그램이다. 2019년 세계 최대 비영리 벤처재단 '엑스프라이즈'의 국제대회 '글로벌 러닝 엑스프라이즈(Global Learning XPRIZE)'에서 이 앱으로 공동 우승했고, 6월 3일에는 유엔 주최 과학기술혁신(STI) 포럼의 15개 최종 우승

01 https://www.koica.go.kr/koica_kr/960/subview.do

솔루션에 선정되기도 했다. 영어와 수학 또는 아프리카 공용어인 스와힐리어와 수학을 배울 수 있는 앱으로 탄자니아, 우간다, 케냐, 방글라데시, 르완다에서 활용되고 있다. 개발도상국 교육 현장에서 일하는 국제기구, 국제개발 NGO(비정부기구), 학교, 기타 교육기관은 킷킷스쿨 홈페이지에서 내려 받아서 활용할 수 있다. ICT 아동교육을 통한 조기 성차별 예방 및 여성 · 아동교육 기회 확대에 이바지하고 있다.

4.2 여성안심앱 전국 확대 시행

늦은 밤 귀가하는 여성과 혼자 사는 여성을 노리는 강력범죄를 줄이기 위해 서울과 경기도 안양에만 있는 '여성안심앱'서비스를 전국으로 확대하기로 했다. 국토교통부와 여성가족부는 국토교통부의 스마트시티 통합 플랫폼과 호신용 애플리케이션인 여성안심앱을 연계하는 '스마트도시 안전망 구축 업무협약'을 맺었다. 위급 상황 시 스마트폰을 흔들거나 단축키를 누르면 주변

그림 5-17 여성안심서비스 개념도

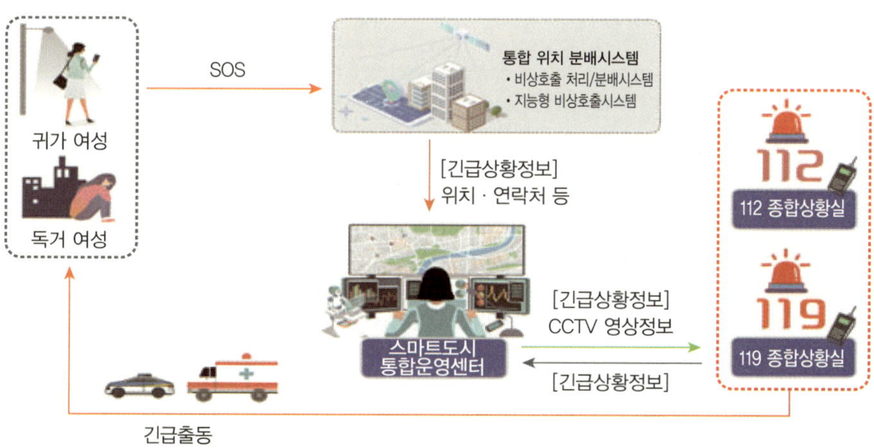

출처: 국토교통부

CCTV가 피해 상황을 파악하고 경찰 등에 연계한다.

기존 앱은 서울시민이 서울을 벗어나면 앱을 사용할 수 없는 단점이 있지만 서울시와 안양시에서 여성안심앱 연계 시범사업을 벌이고 2021년 하반기 중 앱서비스를 전국 지자체를 통해 제공할 계획이다. 앞으로는 전국 어디서나 위험에 처한 여성의 위치정보를 스마트시티센터에서 현장 CCTV 영상정보를 통해 확인하고, 경찰서 · 소방서 등과 신속히 공조 · 조치하게 된다.

참 · 고 · 문 · 헌

장미(2019), "렘브란트가 그린 내 얼굴, AI가 보여준다", 〈조선일보〉 (http://it.chosun.com/site/data/html_dir/2019/07/23/2019072300946.html)

Dyani Lewis(2019), Gender inequality arose 8000 years ago (https://cosmosmagazine.com/society/gender-inequality-arose-8000-years-ago/)

Edward Ongweso Jr.(2019), Racial Bias in AI Isn't Getting Better and Neither Are Researchers' Excuses (https://www.vice.com/en_us/article/8xzwgx/racial-bias-in-ai-isnt-getting-better-and-neither-are-researchers-excuses)

Pennsylvania State University(2019), Using artificial intelligence to detect discrimination (https://phys.org/news/2019-07-artificial-intelligence-discrimination.html)

world economic forum(2020), Robots and the gender pay gap in Europe (https://www.weforum.org/agenda/2020/07/robots-gender-pay-gap-europe/)

https://www.gloat.com/

http://www.hani.co.kr/arti/society/women/9059

https://www.unescwa.org/sites/www.unescwa.org/files/events/files/opening_sukaina_egm_goal_5_and_ict.pdf

http://www.viewsoftheworld.net/?p=5726

제6장

SDGs6 물과 위생

1. 정의 및 개념
2. 현재의 문제점
3. 문제해결 노력
4. 해당 SDGs 문제를 해결한 기업의 성공 사례

제6장 SDGs6 물과 위생

1 정의 및 개념

1.1 정의

물과 위생은 '모두를 위한 물과 위생의 이용가능성과 지속가능한 관리 보장'을 위한 노력을 말한다. 깨끗하고 이용가능한 물은 건전한 생태계와 인류 건강에 필수적이다. 현재 이를 위한 충분한 양의 담수가 지구상에 존재하지만 경제난 또는 열악한 사회기반시설로 인해 어린이들을 포함한 수백만의 사람들이 물 부족과 위생 문제로 인해 질병으로 매년 사망하고 있다. 매일 약 천 명에 가까운 아이들이 수인성 질병과 위생과 관련한 설사병으로 사망하고 있으며, 의료시설 4개 중 1개는 기본적인 배수시설조차 없는 상황이다.

물 부족과 수질 악화, 불충분한 위생시설은 전 세계 빈곤 가정의 식량안보와 생계수단 및 교육 기회에 부정적인 영향을 준다. 현재 20억 명 이상의 사람들이 담수 고갈의 위험을 안고 살고 있으며, 2050년까지 최소한 4명 중 1명은 만성적이고 반복적인 물 부족의 영향을 받으며 살게 된다. 따라서 수질

환경 향상 및 공급 접근성을 개선하기 위해 사하라 사막 이남 아프리카, 중앙아시아, 남아시아, 동부아시아 및 동남아시아의 여러 개발도상국에서는 지역의 수생태계 및 위생시설관리에 대한 투자를 확대하는 등 노력이 필요하다.

1.2 물 문제: 수질오염

물 문제는 크게 수질오염에 대한 문제와 식수용 물 부족의 문제로 나뉜다. 먼저 수질오염에 대한 문제를 볼 때, 2015년 자료에 따르면 오염된 물을 음용함으로써 전 세계 약 1,800만 명이 사망하고 있다. 또한 WHO 최근 통계에 따르면 전 세계 60억 인구 중 1/3인 20억 인구가 오염된 식수를 사용하고 있다. [그림 6-1]은 수질오염으로 인해 죽은 물고기떼의 모습이다. 이러한 수질오염의 주요 원인을 살펴보면 먼저 생활하수와 공장폐수의 발생과 합성세제로 인한 것이다. 합성세제에 들어있는 질소와 인이 물에 녹아 폐수가 되

그림 6-1 수질오염으로 인한 물고기떼 죽음

출처: yonginilbo.com/news/

는데 질소와 인은 플랑크톤이 양분을 섭취하는 원인이 된다. 따라서 플랑크톤이 과잉 번식하면서 물속의 산소가 부족해지고 유독성 물질이 발생하여 물고기가 죽고 녹조 및 적조현상이 발생한다. 이에 따라 식수가 오염되고 오염된 식수를 마시게 되면서 질병과 사망이 발생한다. 대표적인 수질오염 피해 사례는 다음과 같다.

(1) 일본 신즈강(1910년)

1910년 일본 신즈강에 카드뮴이 강에 흘러들어감으로 인해서 주변에 있는 사람들이 이유를 알 수 없는 병에 걸렸다. [그림 6-2]처럼 골연화증, 신장 장애, 관절통, 근육통이 나타나거나 급기야 [그림 6-3]처럼 허리가 휘는 상황까지 발생했다. 처음에는 원인을 알 수 없었는데 카드뮴으로 인한 것으로 밝혀지며 그 질병을 이타이이타이병으로 이름 붙였고 약 120명이 사망했다.

그림 6-2 이타이이타이병 증상

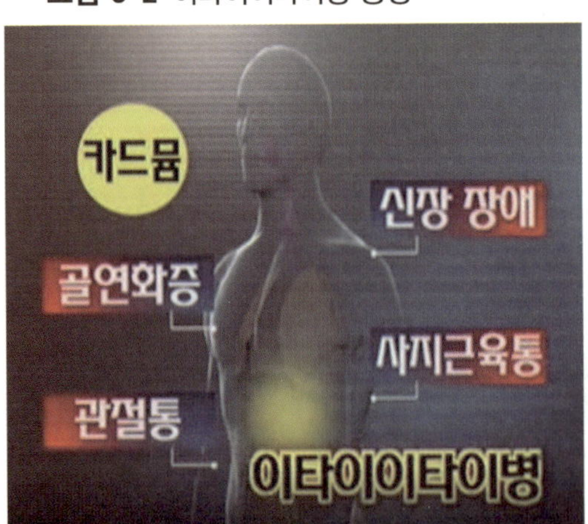

출처: SBS News

그림 6-3 이타이이타이병

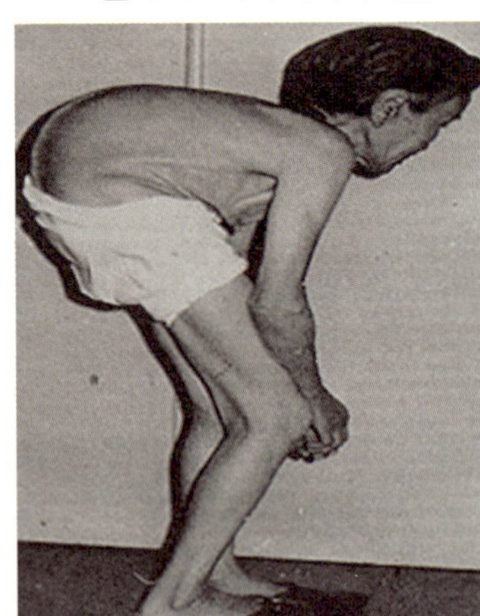

출처: 〈매일신문〉

(2) 미국 루이지애나주(1910년)

미국 루이지애나주에서는 [그림 6-4]처럼 기름유출로 인해 기름띠가 형성되면서 생태계가 교란되었다. 사진은 강변의 모습으로 기름이 유출되면서 기름띠가 형성되었고, 그 결과 산소가 차단되면서 바다, 강 속에 있는 물고기 등 생명체가 죽었다.

그림 6-4 루이지애나주 기름 유출

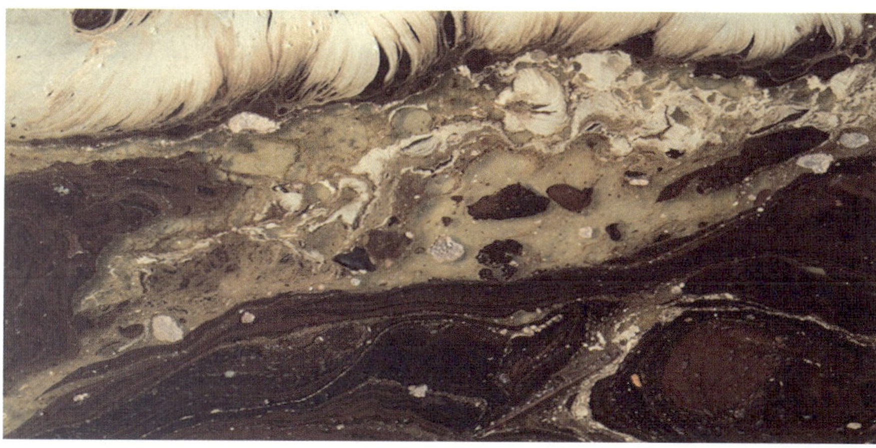

출처: smartincome.tistory

(3) 미국 콜로라도주(2015년)

미국 콜로라도주에 있는 한 금광에서 [그림 6-5]처럼 폐기물이 유출되어 사진처럼 빨간 물들이 흘러나왔다. 이러한 많은 폐기물들이 땅속에 스며들면서 수질오염의 근본이 되었다.

그림 6-5 콜로라도 금광에서의 폐기물 유출

출처: smartincome.tistory

(4) 인도네시아 찌따룸강

인도네시아 찌따룸강(Batang air Citarum)은 세계은행이 발표한 세상에서 가장 더러운 강이라고 일컫고 있다. 인도네시아 서부 자바지역의 찌따룸강 물은 아주 더러운 갈색이며 독성으로 가득 차 있다. 찌따룸강은 지류가 300km에 달하는 인도네시아에서 가장 긴 강으로 인도네시아 수도인 자카르타를 포함 반둥(Bandung)이라는 대도시에도 파이프를 통해 생활용수로 사용되고 있는 것이 현실이다. 약 2,800만 인구가 이 강물을 이용해 요리, 목욕, 세탁 등 생활용수로 활용하고 있으며, 양식장으로도 운영되고 있다. 농사를 위하여 40만 헥타르의 논에 관개하며, 2기가와트(GW)의 수력발전소를 가동하기 위한 저수지를 유지하기 위해 활용되고 있는 인도네시아에서 절대적으로 필요한 수자원이라 할 수 있다.

그림 6-6 인도네시아 찌따룸강(Batang air Citarum)

출처: channelnewsasia

1.3 물 문제: 해양오염

해양에서도 오염이 발생되는데 그중 하나는 플라스틱이다. [그림 6-7]은 위성사진으로 육지에서 강을 통해서 버려지는 많은 플라스틱 등 부유물들이 얼마나 많이 있는지 알 수 있다. 하얗게 표시되는 부분이 플라스틱이 있는 부분으로 이렇게 북반구와 남반구의 특정 위도지역에 많은 부유물들이 있다는 것을 알 수 있다. 이를 통해 해양오염이 생각보다 많이 진척되고 있는 것을 확인할 수 있다. [그림 6-8]은 양쯔강에서 나온 플라스틱 쓰레기를 보여준다. 플라스틱 쓰레기의 55%가 양쯔강에서 유입된다고 한다.

그림 6-7 플라스틱 분포 위성사진

출처: icis.com

그림 6-8 양쯔강의 플라스틱 쓰레기

출처: circular-solutions.eu(2020. 2. 9)

2 현재의 문제점

2.1 수질오염

물은 인간이 어떠한 처리행위를 하지 않아도 공기나 물에 포함되어 있는 오염물질이 스스로 정화되는 자정작용이 있다. 따라서 어느 정도 오염원이 들어오면 물이 스스로 정화시키지만, 정화의 정도를 넘어서는 오염원이 들어오면 결국 수질오염으로 이어진다. 이때 한번 오염된 물을 정화시키려면 엄청난 양의 물이 필요하다. [그림 6-9]는 물을 정화시키기 위한 물의 양을 보여준다. 기름 30ml를 정화시키려면 욕조 300리터 3통분에 해당되는 물이 필요하며, 된장찌개 200ml는 욕조 300리터 5통분, 튀김기름 500ml는 욕조 300리터 330통분의 물이 필요하다. 따라서 한번 오염된 물을 다시 원상태로 되돌리는 것은 너무 어려운 일이기에 물이 자연적으로 자정작용에 의해서 정화시킬 수 있을 정도의 양만 소비하고 내보내야 한다.

그림 6-9 오염물질을 정화하는 데 필요한 물의 양

출처: gramsnews.co.kr

2.2 수질오염의 원인

그러면 수질오염의 원인은 무엇일까? 자연적으로 발생한 것인지 아니면 인간에 의하여 발생한 것인지 살펴보면 대부분은 인재(人災)로, 인간에 의한 것이 많다. 보통 관리 부주의, 교통사고, 유류유출, 화학물질이 주된 이유이다. [그림 6-10]을 통해 수질오염 발생건수를 봤을 때, 전체적으로 약간 주춤하다가 2013년 급격히 증가하는 것을 볼 수 있다. 관리 부주의가 가장 큰

그림 6-10 수질오염의 원인

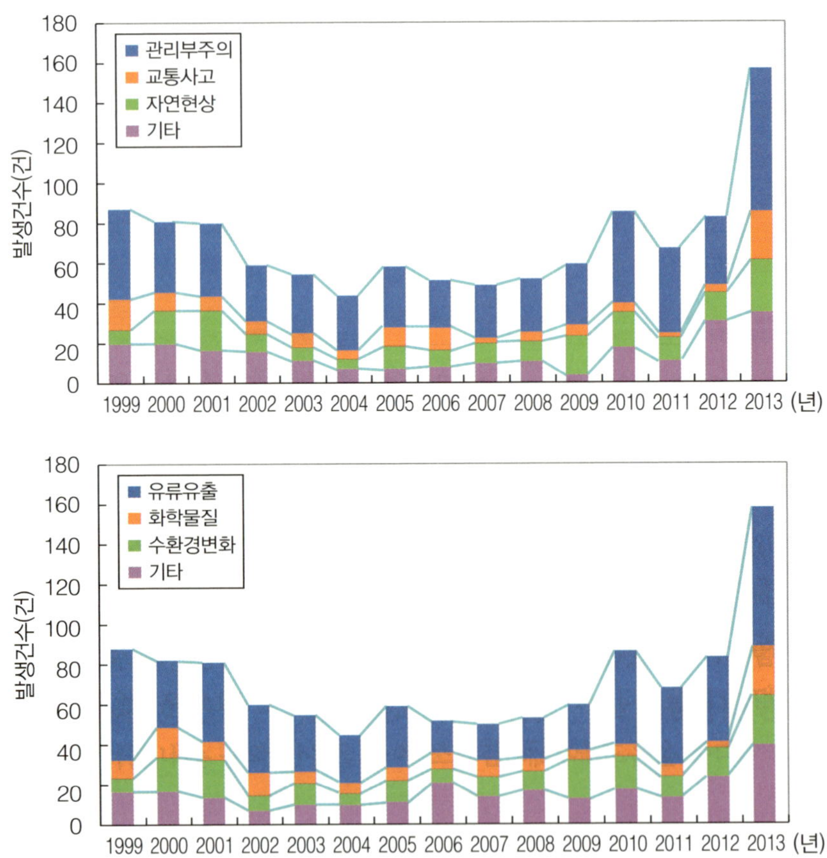

출처: 환경부

원인이었으며 그 다음이 교통사고이다. [그림 6-10]의 아래쪽 그래프 역시 마찬가지로 발생건수가 줄어들다가 증가하는 모습을 보인다. 사고의 대부분은 유류유출, 화학물질에 의한 것으로 볼 수 있고 이것은 자연에 의한 것이 아니라 인간에 의한 것임을 확인할 수 있다. 즉 인재에 의해 수질오염이 발생되고 있다.

2.3 식수원 부족

마실 수 있는 물의 양이 부족한 상황이다. [그림 6-11]은 미국의 한 가정의 모습으로, 마실 물로 아기를 목욕시키는 모습을 확인할 수 있다. 물론 물 자체의 오염이 심각해서 그런 경우도 있지만 마실 물을 다른 곳에 사용하는 것은 식수원 부족의 원인이 된다.

그림 6-11 마실 물로 목욕하는 아이

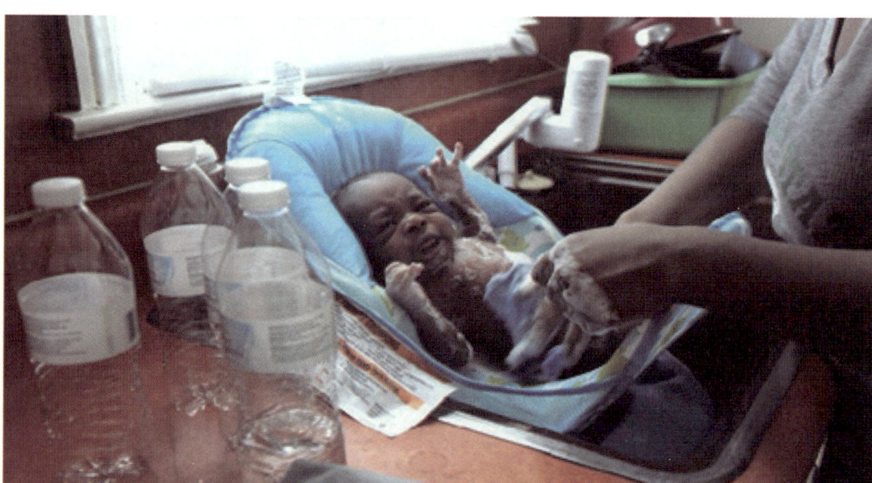

[그림 6-12]는 전 세계 물 부족 현황과 물 부족 지수를 보여준다. 색이 진할수록 물 부족현상을 심하게 겪고 있는 나라로, 북부아프리카, 중동지역, 중아시아지역, 몽골, 한국과 일본이 속한다. 즉 물 부족의 정도가 상당한 곳임을 알 수 있다. 특히 아시아와 북아프리카지역에 유독 물 부족 문제가 심하다는 것을 알 수 있다. 그림의 아래쪽을 보면 세계 주요 국가의 물 부족 지수가 나타나 있는데 사우디아라비아와 리비아가 가장 큰 수치를 보인다. 물론 사막기후가 원인일 수도 있지만 이런 물 부족 지수에 대해서 지속적인 모니터링 및 관리가 필요하다.

그림 6-12 국가별 물 부족 현황 및 물 부족 지수

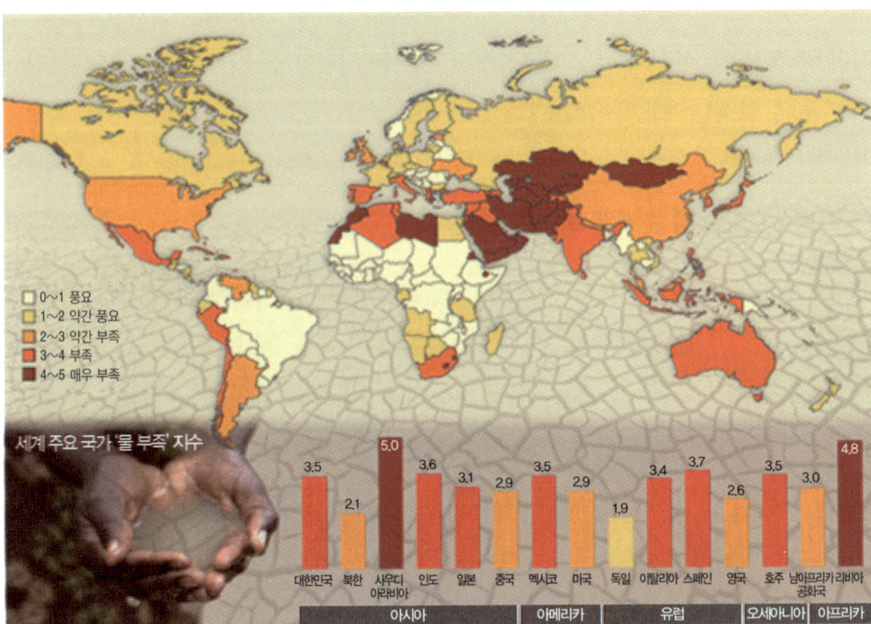

출처: 세계자원연구소

2.4 인도네시아 찌따룸강의 오염 원인

인도네시아의 자바섬을 잇는 전략적 요충지에 흐르고 있는 찌따룸강(Batang air Citarum)은 세계에서 가장 오염된 강이다. 그 이유는 첫째로 인도네시아 사회의 환경 문제에 대한 둔감한 인식, 둘째, 정부 차원의 관리 및 규제 허술, 셋째, 대도시 및 주요 공단 근처에 위치, 넷째, 강물의 규모에 비해 미비한 하수처리시설 등을 꼽을 수 있다. 심각한 오염으로 인해 세계언론은 인도네시아 찌따룸강에 주목하고 있으며, 인도네시아 정부 당국은 이를 개선하기 위한 대책을 강구 중이지만 정부정책을 실행에 옮길 실행계획의 이행 역량이 매우 열악하다.

3 문제해결 노력

3.1 기존 노력

수질오염 해소를 위한 기존의 노력들을 살펴보겠다. 우선 플라스틱의 소비를 줄이는 것이 중요하다. 왜냐하면 플라스틱은 플랑크톤을 과잉 번식시켜 해양자원에 피해를 주어 수질오염이나 해양오염의 큰 원인이 되기 때문이다. 따라서 플라스틱의 소비를 줄이고, 정화가 잘 되지 않는 화학세제의 사용을 줄이는 것도 방법이다. 또한 자동차에 기름, 프레온가스를 노출시키지 않는 등의 노력을 할 수 있다.

실천원칙의 한 가지 예로 [그림 6-13]과 같은 친환경 세탁을 들 수 있다. 친환경세제를 만들어 쓰고, 친환경마크가 부착된 제품을 사용하는 것이 친환경세탁이다. 또한 가정에서 할 수 있는 노력으로 청소 또는 세탁을 할 때 물을 절약하고, 플라스틱이나 주방세제 및 합성세제는 가능한 소량을 사용한다. 또한 주방쓰레기를 하수구에 버리지 말고, 폐식용유는 씻기 전 먼저 종이로 닦아 물에 흘러들어가는 것을 최대한 방지할 수 있다. 마지막으로 적어도 1년에 한 번씩 정화조를 청소하는 방법을 들 수 있다.

그림 6-13 친환경세탁

3.2 4차산업혁명기술 활용 노력

물 문제해결을 위해 4차산업혁명기술이 어떤 기여를 할 수 있을까? 빅데이터, 인공지능기술이 많은 기여를 하고 있다.

(1) 이스라엘 유틸리스의 위성 이미지 분석

[그림 6-14]는 위성 이미지를 분석해서 파이프에서 물이 누수되는 것을 감지하는 것을 보여준다. 이스라엘의 유틸리스(Utilis)사가 만든 것으로 위성 사진을 찍으면 누수가 되는 곳을 이미지로 찾아낸다. 분당 85ml에서 246ml

정도의 세밀한 누수까지도 감지된다. 이스라엘의 경우 관개농업을 하고 물 관리가 중요한 곳이기 때문에 이런 기술을 사용한 것으로 생각된다. 관개시설 주변에 보면 물 펌프가 많은데 누수되는 곳이 많다. 그런 곳의 위성사진을 보면 물이 흐르기 때문에 땅이 젖어 이미지에 변화를 일으킨다. 따라서 변화가 감지되는, 즉 누수가 되는 곳을 푸른색 점으로 찍어 파악할 수 있다. 이를 통해 필요한 곳을 수리함으로 쓸데없이 물이 낭비되는 것을 막을 수 있다.

그림 6-14 유틸리스의 위성 이미지 분석

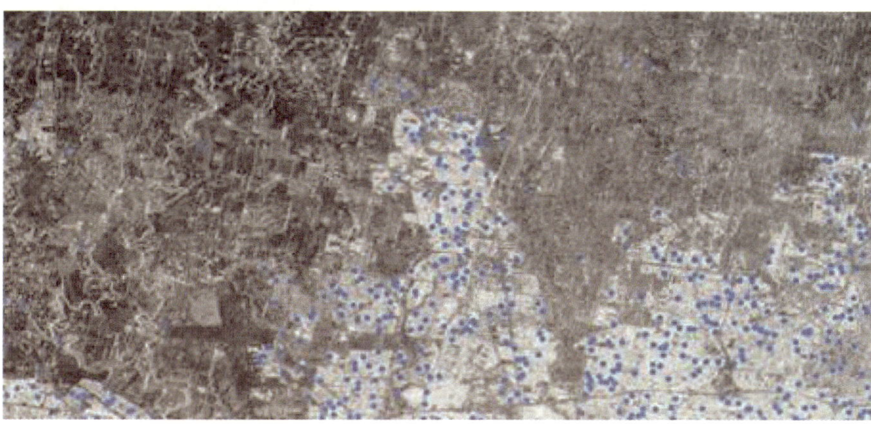

출처: itnews

(2) 샌프란시스코 워터마크 소프트웨어의 빌 익스플레이너(Bill Explainer)

사람들은 자신들이 모르는 사이에 물을 낭비하는 경우가 많다. 대부분의 경우 가정에 물이 얼마나 누수가 되었는지 정확하게 측정할 수 없다. 그런데 [그림 6-15]처럼 물 사용량에 대한 고지서를 보면 고객이 어디에서 언제 누수가 되었는지 알 수 있다. 워터마크 소프트웨어(Watermark Software)가

고객의 물 사용량 데이터를 분석하여 누수가 되는 가구를 탐지한다. 평수나 가구 수, 과거 물 사용량 데이터에 기반하여 갑자기 물 사용량이 많아지는 등 이상치가 존재하면 신속하게 감지하여 가정에서 알려준다. 이를 통해 어디에서 물이 얼마나 낭비되고 있는지 파악하여 물 낭비를 줄일 수 있다.

그림 6-15 물 사용량 고지서

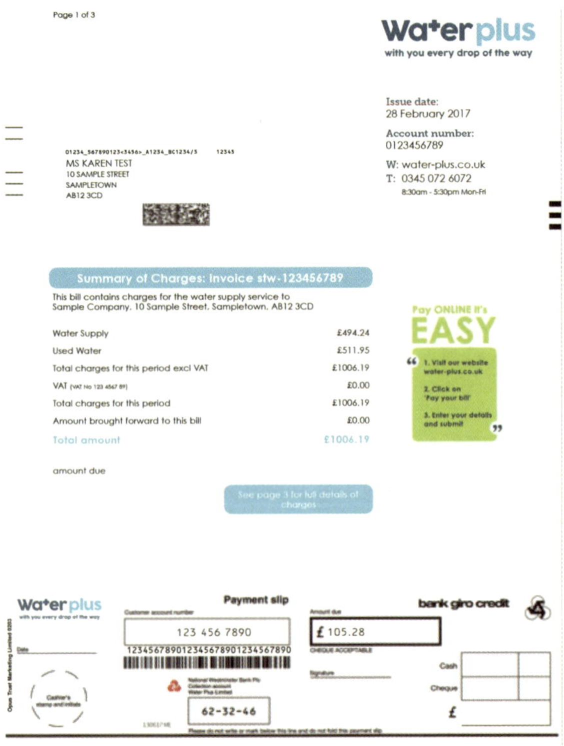
Page 1 of 3

Waterplus
with you every drop of the way

Issue date:
28 February 2017
Account number:
0123456789
W: water-plus.co.uk
T: 0345 072 6072
8:30am - 5:30pm Mon-Fri

MS KAREN TEST
10 SAMPLE STREET
SAMPLETOWN
AB12 3CD

Summary of Charges: Invoice stw-123456789

This bill contains charges for the water supply service to Sample Company, 10 Sample Street, Sampletown, AB12 3CD

Water Supply	£494.24
Used Water	£511.95
Total charges for this period excl VAT	£1006.19
VAT	£0.00
Total charges for this period	£1006.19
Amount brought forward to this bill	£0.00
Total amount	£1006.19

amount due

See page 3 for full details of charges

Pay ONLINE it's EASY
1. Visit our website water-plus.co.uk
2. Click on 'Pay your bill'
3. Enter your details and submit

Waterplus
Payment slip
bank giro credit
123 456 7890
£ 105.28
123456789012345678901234567890
62-32-46
Cash
Cheque
£
>01234567< 012345678910 < 123456+< 12 X

출처: waterplus

(3) 마이크로소프트의 클린워터 인공지능

클린워터 인공지능(Clean Water AI)은 마이크로소프트(Microsoft)에서 개발 및 지원하고 있다. 수질오염에 관련된 기술로 현미경에 나타난 이미지 속에 존재하는 것을 보고 어떤 박테리아인지 찾아낸다. [그림 6-16]을 보면 현미경은 전자현미경으로 미세한 것까지 파악가능하다. 박테리아별로 길거나 짧거나 두껍거나 등의 모습이 다르게 나타나는데 그걸로 어떤 박테리아인지 감지할 수 있다. 또한 단위 면적당 얼마나 많은 박테리아가 등장하는지 측정하고 어떤 종류의 박테리아가 얼마나 많이 있는지 파악할 수 있다. 그로 인해 인체에 얼마나 유해한지 실시간으로 감지할 수 있다.

그림 6-16 클린워터 인공지능 사용을 위한 현미경

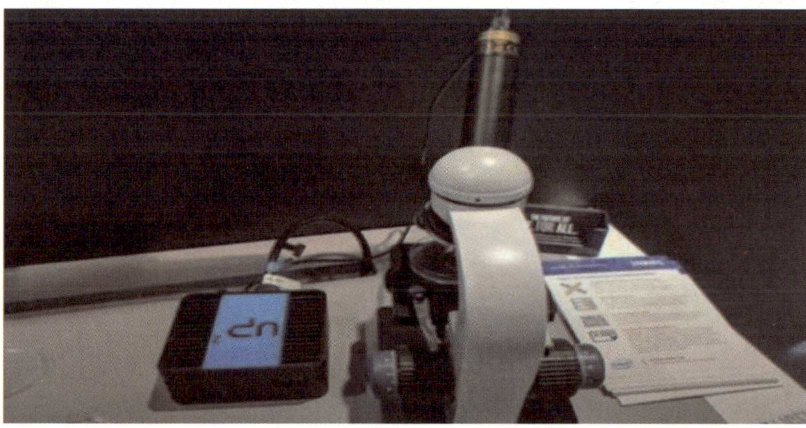

출처: 유튜브

이러한 클린워터 인공지능은 [그림 6-17]처럼 우분투(Ubuntu)에서 작동된다. 이미지에 보이는 부분들을 보아 어떤 박테리아인지 종류별로 감지할 수 있다. 현재 이미지 데이터를 이용해서 이미지의 특성을 판별할 수 있는 딥러닝 알고리즘이 많이 개발되어 있다. 특히 CNN 계열의 알고리즘이 많이 있는데 이미지 내에서의 특정한 내용 및 특성을 많이 파악할 수 있다. 현재 클린워터 인공지능은 보급형을 원해서 500달러 정도로 현미경과 감지시스템까지 납품하고 있고 앞으로는 성능을 높이는 쪽으로 연구할 계획이다.

그림 6-17 클린워터 인공지능 작동

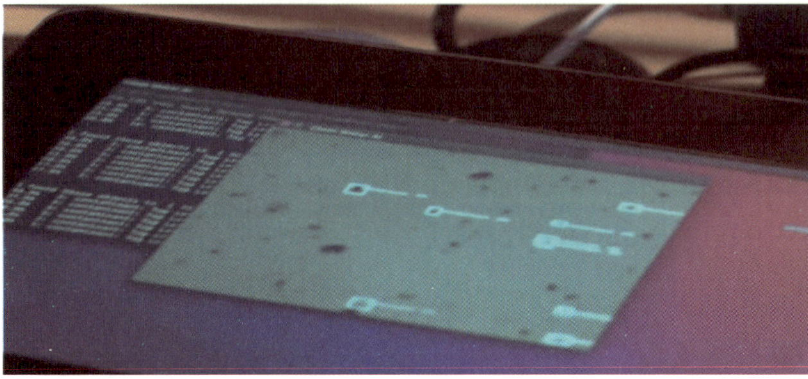

출처: Microsoft.com

(4) 사일로닷에이아이와 램볼의 수질 예측시스템

사일로닷에이아이(Silo.AI)는 상수시설 관리회사인 램볼(Ramboll)과 협력하고 있다. 램볼은 덴마크가 본사인 다국적기업으로 전 세계적으로 상수도시설을 구축하고 있다. 사일로닷에이아이는 램볼에서 제공하는 시계열데이터에 머신러닝을 이용해서 수질을 예측하는 시스템을 개발했다. 시간대별로 물이 어떻게 흐르는지 물속에 있는 내용이 무엇인지 데이터를 활용해 수질이 어떻게 변할 것인지 예측하는 인공지능, 빅데이터시스템이다. 문제가 될 것으로 예측된다면 약품을 풀거나 오염이 되는 원인을 사전에 제거함으로써 깨끗한 물을 유지하기 위해 노력하고 있다. 물 문제를 해결하는 기술은 대부분 빅데이터, 인공지능이다. 핵심은 이미지 관련 데이터 분석임을 알 수 있기에 이미지를 분석하는 인공지능, 빅데이터에 대한 이해가 요구된다.

인공지능기술을 이용할 때 기대효과 도출 측면에서 미국은 물관리를 위해 매년 1인당 300달러씩 지출한다. 미국 전체 인구를 고려했을 때 수질관리를 위해 많은 돈이 지출되고 있는 것을 알 수 있다. 최근 기사에 의하면 인공지능으로 전체 물관리 지출의 20~30%를 감소할 수 있다고 한다. 이러면 미국인 1인당 100달러 정도씩을 절감할 수 있을 것으로 기대할 수 있다. 또한 인공지능은 비상상태를 신속하게 감지하고 터빈의 작동 적정 시기를 최적화시켜 수력발전소의 운영 효율을 증가시킬 수 있다. 미국은 2030년까지 수질관리를 위한 인공지능개발에 63억 달러 정도 투자할 예정이라고 한다.

(5) 물 문제해결을 위한 해저 드론

[그림 6-18]과 같은 해저 드론은 해저에서의 상황들과 해저 쓰레기, 해저 생태계 감지를 위해 개발되었다. 한 번 충전하면 해저에서 2시간 정도 사용 가능하다. 따라서 해저의 상태를 실시간으로 확인가능하고, 음파측정으로 해저 지형 등을 매핑할 수 있으며, 해저에서 보내온 이미지로 인공지능, 빅데이터 분석이 가능하다. 이로 인해 해양에 쓰레기가 얼마나 많이 있는지 생태계가 어떻게 구축되어 있는지 파악할 수 있다.

그림 6-18 물고기 모양 해저 드론

출처: m.blog.naver.com/PostView.nhn?blogId=hoochoo402&logNo=221011295311&proxyReferer=https:%2F%2Fwww.google.com%2F

(6) 물 문제해결을 위한 디지털트윈

수질오염의 대형사고는 선박에서 기름이 유출될 때 발생한다. 그러면 기름은 왜 유출될까? 선박끼리 충돌하거나 혹은 좌초가 되었을 때 배에 구멍이 생기며 기름이 유출된다. 그렇다면 이를 사전에 예측하고, 충격이 발생했을 때 실시간 임팩트를 측정할 수 있다면 최악의 상황을 방지할 수 있다. 이런 상황을 위해 선박과 똑같은 모델이 원격에 있는 서버에 존재하는, 즉 선박의 디지털트윈(Digital Twin)을 사용할 수 있다.

사이버공간에 배와 똑같은 데이터와 배에서 발생하는 센서데이터가 실시간으로 서버에 전달되고, 원격의 서버에서는 배 운영 현황을 파악할 수 있다. 원격에 있는 클라우드를 이용해 데이터 분석을 하여 실시간으로 문제를 파악하고 예방가능하다. 클라우드에는 과거의 선박데이터를 통해 어떤 패턴의 데이터가 나타나면 어떤 문제가 발생할 수 있는지 학습된 결과물이 있어 이를 파악할 수 있다. 이런 지식의 도움을 받아 원격의 선박데이터에 적용해 실시간으로 문제 파악 및 대응이 가능하며 기름 유출 등의 수질오염 위험을 감소시킬 수 있다.

그림 6-19 선박 디지털트윈

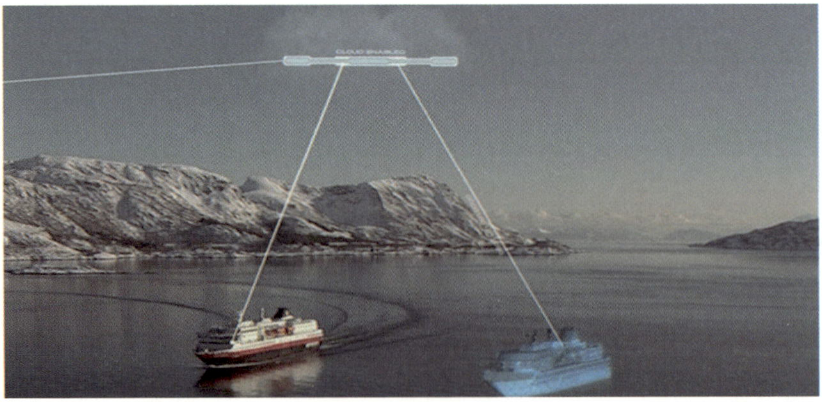

출처: mfame.guru

(7) 지능형 관개시스템 워터비

전 세계적으로 작물을 재배하기 위해서 약 2,500조 리터의 물을 사용하지만 관개시스템의 비효율로 약 60%의 물이 낭비된다고 한다. 아일랜드는 이를 방지하기 위해 지그비(ZigBee) 센서 네트워크를 활용하여 지능형 관개시스템 워터비(WaterBee)를 도입했다. 지그비 센서 네트워크를 통해 작물에 관한 데이터를 중앙 웹서버에 전송하고, 중앙에서는 전송된 데이터를 분석하여 현재 상황에 필요한 정보를 재배자의 스마트폰 등으로 전송한다. 이를 통해 낮은 비용을 들여 높은 효율로 수자원을 활용할 수 있으며 토지 단위당 수익성 증대를 기대할 수 있다.[01]

그림 6-20 워터비 관개시스템

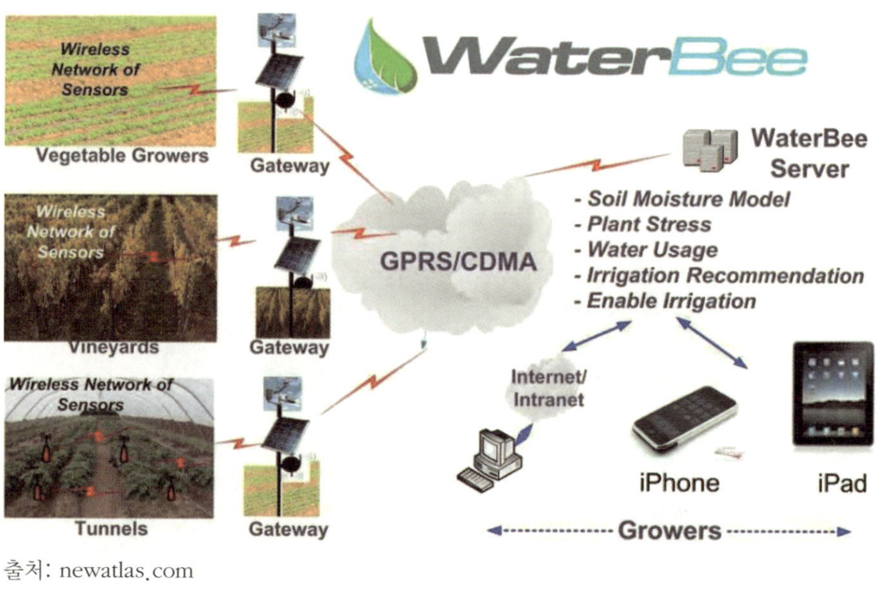

출처: newatlas.com

01 David Szondy, "WaterBee puts crop irrigation on a smartphone", 〈New Atlas〉 (2013. 7. 17.)

4 해당 SDGs 문제를 해결한 기업의 성공 사례

4.1 에코피스의 담수시설관리 및 정화

에코피스(ECOPEACE)는 담수시설 수질을 전문적으로 관리하는 정화회사이다. 상수원, 호수, 댐, 저수지, 연못, 골프장 폰드 등 물을 가두어 두는 시설을 대상으로 하며 산업화 및 환경 유해물질 사용 증가로 발생하는 수질오염을 해결하기 위한 기업이다. [그림 6-21]은 기업에서 사용하고 있는 제품으로 각각 왼쪽부터 순서대로 ECO-BEE, ECO-SHIP, ECO-WING, ECO-BOT(수상 태양광발전소 수질관리시스템)이다. ECO-BEE는 수면 위의 오염수를 효과적으로 제거하고, ECO-SHIP은 배의 유입부를 통해 녹조 및 오염수를 흡입하고 필터링한다. ECO-WING은 담수시설 등에서 수질오염을 사전에 방지하기 위해서 사용하는 장비로 지속적인 물순환과 자정작용

그림 6-21 에코피스의 수질관리 솔루션 제품

출처: eco-peace.co.kr

을 통해 수질 복원이 가능하게 한다. ECO-BOT은 무인 녹조 제거 장비로 녹조 발생 위험지역을 스스로 이동하면서 수질을 측정하고 분석하여 수질 정화 및 녹조 제거 작업을 동시에 시행한다. 이처럼 인공지능, 빅데이터, 드론기술을 활용하여 정화기술을 연구하고 개발하며 수질오염을 줄이기 위해 노력하고 있는 상황이다.

4.2 인도네시아 Onlimo시스템 구축과 운영을 통한 지속가능 수질관리 체계 마련: 인도네시아 기술평가응용원

인도네시아 연구기술혁신부 산하 출연연에 해당하는 기술평가응용원(https://www.bppt.go.id/)은 인도네시아 자카르타 물환경 문제점 해결을 위한 수질환경 관련 기술 평가시스템 구축을 도입함으로써 수질 포함 물환경과 관련한 수처리시설 및 요소 제품과 관련된 기술 평가시스템 구축과 구축된 시스템(Onlimo, www.onlimo.bppt.go.id)을 바탕으로 수계 특성에 맞는 적정기술 보급방안 컨설팅을 기반으로 수질 물환경 관련 정책 실행을 위한 이행계획 수립을 지원하였다. 수질 측정 및 분석 장치 구축 및 정도검사를 통한 관리체계 마련이 가능하며 사전 조사를 통한 기존 수질 분석 장비 현황 파악과 체계적인 분석시스템을 위한 추가적인 장비 구축과 구축된 장비의 주기적인 정도검사시스템 구축을 통하여 지속적인 장비관리체계가 지원된다.

수질 측정방법 표준화 및 관련 교육 프로그램 개발을 통하여 수질 측정 및 분석과 관련된 방법의 표준화방안을 도출하여 체계적인 분석 및 평가시스템 구축과 구축된 표준화방법을 바탕으로 관련 종사자들의 지속적인 교육프로그램 개발 및 지속적인 관리방안 구축으로 숙련도 확보도 가능하다. 수질 물관리 시험 평가 규격개발 측면에서 표준화방법에 기반하여 국가 및 공인기관을 통한 시험 평가 규격을 개발하여 체계적인 물환경관리 및 인증제도 운영방안 마련도 지원한다.

그림 6-22 Onlimo시스템 구성도

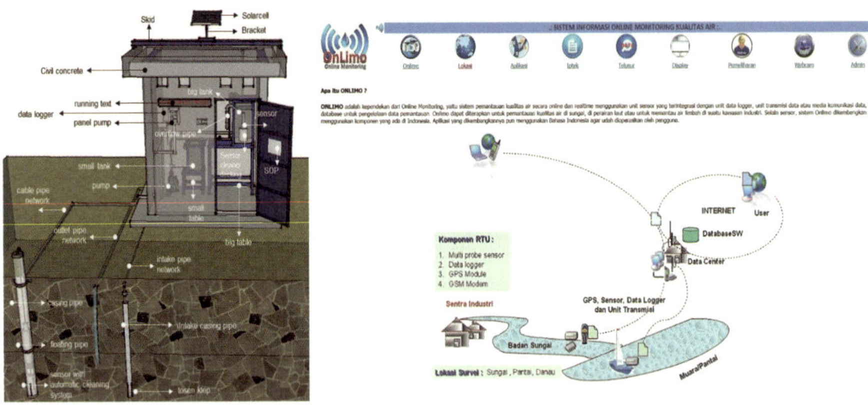

출처: onlimo.bppt.go.id

그림 6-23 Onlimo시스템의 인도네시아 실행 사례

출처: onlimo.bppt.go.id

참 · 고 · 문 · 헌

ICIS(2018), Plastic Waste Crisis Will Reverse Petchems Globalisation – Asian Chemical Connections (https://www.icis.com/asian-chemical-connections/2018/06/plastic-waste-crisis-will-reverse-petchems-globalisation)

Itnews(2016), Victoria trials satellite scans to detect water leaks from space (https://www.itnews.com.au/news/victoria-trials-satellite-scans-to-detect-water-leaks-from-space-416960)

Innovyze(2020), AI in Water: 10 Ways AI is Changing the Water Industry (https://www.innovyze.com/en-us/blog/ai-in-water-10-ways-ai-is-changing-the-water-industry)

SBS News(2004. 6), 국내 첫 '이타이 이타이병' 집단 의심 환자 발생 (https://news.sbs.co.kr/news/endPage.do?news_id=N0311614090)

Smartincome(2015. 10), 세계 최악의 수질오염 사례 20가지 (https://smartincome.tistory.com/145)

https://news.kotra.or.kr/user/globalBbs/kotranews/782/globalBbsDataView.do?setIdx=243&dataIdx=165803

https://www.bppt.go.id/

https://onlimo.bppt.go.id

[제 7 장]

SDGs7 에너지와 환경

1. 개념 및 배경
2. 현재의 문제점
3. 문제해결 노력
4. 해당 SDGs 문제를 해결한 기업의 성공 사례

제 7 장 SDGs7 에너지와 환경

1 개념 및 배경

1.1 정의

깨끗한 에너지는 '적정한 가격에 신뢰할 수 있고 지속가능한 현대적인 에너지에 대한 접근 보장'을 위한 노력을 말한다. 에너지는 오늘날 세계가 직면하는 주요한 도전과 기회의 핵심이다. 에너지는 일자리, 안보, 기후변화, 식량생산 또는 소득 증대를 위해서 필수적으로 이용된다. 또한 이 목표를 이루기 위해 노력하는 것은 다른 지속가능발전목표와 연계되기 때문에 특히 중요하다고 할 수 있다. 에너지의 보편화와 효율 증대, 새로운 경제와 일자리창출을 통한 재생에너지의 사용 증가에 초점을 맞추는 것이 핵심이며, 이를 통해 지속가능하고 포용적인 지역사회를 만들고 기후변화와 같은 환경문제에 대응할 수 있다. 아직 세계인구의 13%는 여전히 전기 사용 환경에 접근하지 못하고 있으며, 30억 명의 사람들이 요리와 난방을 위해 목재나 석탄, 숯 등에 의존하고 있다. 또한 가연성 연료로 인한 실내 공기오염으로

2012년 430만 명이 사망했으며, 여성 및 소녀는 10명당 6명이 사망했다. 따라서 청정연료와 기술의 접근성을 더욱 높여야 하며, 건물, 운송 및 산업의 최종에너지로 재생에너지를 통합하기 위해 더 많은 발전을 이루어야 한다.

1.2 에너지 지속가능성

(1) 전 세계 재생에너지 발전 신규 설치 추이

전 세계적으로 온실가스를 줄이기 위해 재생에너지의 보급을 확대하고 있다. [그림 7-1]은 2013년에서 2019년 사이 전 세계 재생에너지 발전 설치 추이이다. 전체적으로 태양광, 태양열 관련된 것이 증가하고 있다. 풍력발전은 조금 증가하다가 최근에 정체되었고 수소에너지는 감소했다. 전체적으로

그림 7-1 전 세계 재생에너지 누적설비용량

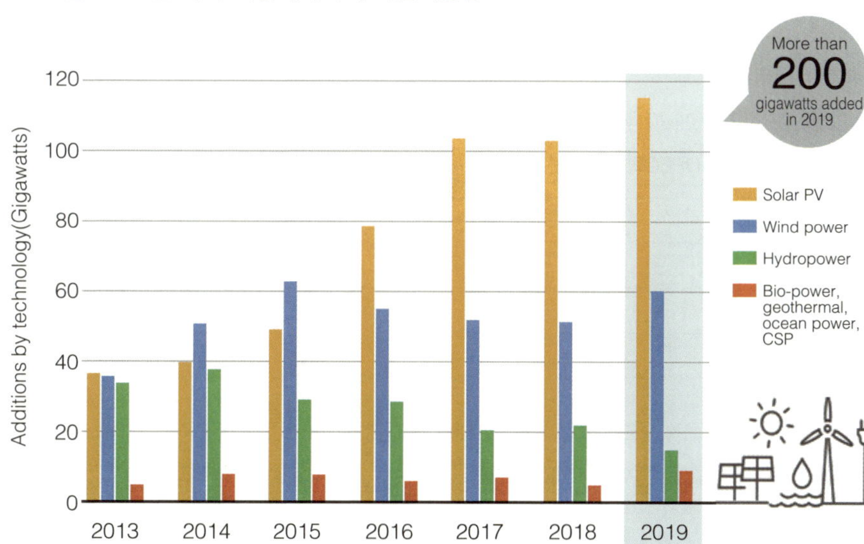

출처: REN21

전력 발전량 자체는 증가하고 있지만 태양열이나 태양광으로 집중되는 것을 확인할 수 있다.

(2) 지역에 따른 유형별 석유 · 가스 생산량 전망

전통적으로 전력발전에 사용되는 것은 석탄, 석유 등의 화석연료였다. [그림 7-2]는 지역에 따른 유형별 석유 · 가스 생산량 전망을 보여주는데 OPEC과 러시아지역과 비OPEC지역을 비교할 수 있다. 이 두 지역은 전체적으로 석유가스의 생산량 자체가 정체되고 있다.

OPEC 러시아지역은 전체적으로 전통원유의 생산량 자체가 정체되는 양상이며 비OPEC지역에서는 전통원유의 생산이 점점 줄어들고 있다. 최근 OPEC 국가의 경우 원유 생산에 많은 것을 의존했지만 앞으로 그 생산이 정체될 가능성이 높기 때문에 신재생에너지를 통해 발전하는 노력을 기울이고 있다. 연근해원유도 전통원유처럼 OPEC과 러시아에서는 정체되고 비OPEC 지역에서는 감소하고 있다. 반면 심해원유의 생상은 점점 늘어나고 있다. 이

그림 7-2 지역에 따른 유형별 석유 · 가스 생산량 전망

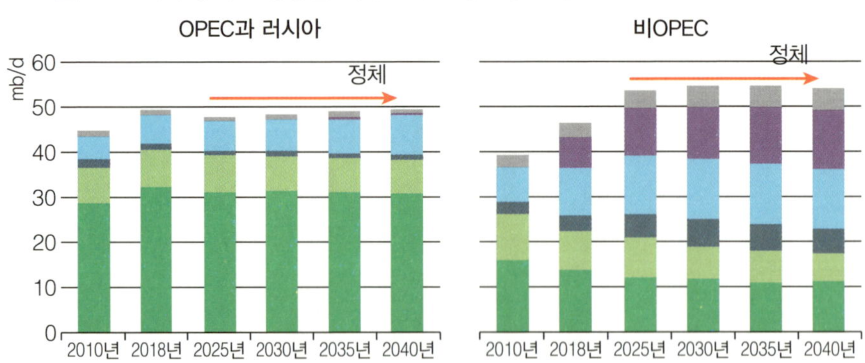

출처: 전기저널, 세계에너지전망

원인으로 하나는 이전에는 심해원유를 시추할 수 있는 기술이 부족했지만 이제는 시추할 수 있는 기술이 발전되어서 생산량이 증가했을 수 있다. 또 다른 원인으로 연근해원유나 전통원유의 매장량이 점차 적어지면서 할 수 없이 심해원유 쪽으로 접근했을 수 있다. 천연가스와 특히 타이트오일의 생산도 많이 늘어날 것으로 예측된다.

(3) 지역에 따른 유형별 석유 · 가스 생산량 전망

신재생에너지 중 태양광 생산이 크게 증가할 것으로 예측되는 상황이다. [그림 7-3]은 전 세계 태양광 모듈 생산 추이를 보여준다. 최근에는 중국이 압도적으로 생산하는 중이다. 독일 프라운호퍼연구소 데이터에 의하면 태양광 모듈 생산은 유럽과 일본, 미국은 매우 적고 대부분 중국이 차지하고 있다는 사실을 파악할 수 있다. 즉 절반 이상을 중국이 가져갈 것으로 예측된다.

그림 7-3 지역별 태양광 모듈 생산 추이

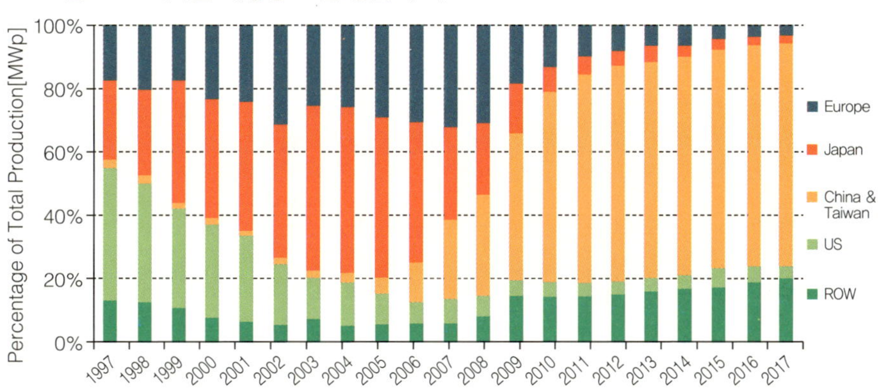

출처: Fraunhofer ISE(2019, 독일 프라운호퍼연구소)

(4) 산유국들의 신재생에너지 이동 추세

산유국들이 전통적인 원유 생산이 정체되거나 감소될 것으로 예상되기 때문에 [표 7-1]처럼 신재생에너지로 이동하는 추세이다. 사우디아라비아 같은 경우 2023년에는 9.5GW를 신재생에너지로 충당할 것이며, 2040년이 되면 총에너지의 40%를 신재생에너지로 이전시키는 목표를 가지고 있다. 아랍에미리트연방 역시 2050년까지 신재생에너지가 전체 발전량 중 44%를 차지하게 할 것이며, 2050년에는 75%로 확대할 것이라는 아랍에미리트연방 Vision 2021을 발표했다. 쿠웨이트, 카타르, 오만 각각 신재생에너지의 비율을 15%, 20%, 30%로 늘릴 것을 밝혔다. 이처럼 산유국들이 신재생에너지 보급을 높이려는 국가적 노력들을 확인할 수 있다.

| 표 7-1 | 중동 산유국들의 재생에너지 보급 계획

구분	재생에너지 보급목표	주요 계획
사우디아라비아	• 2023년 9.5GW(사우디 비전 2030) • 2040년 총에너지의 40% 보급 * 총 54GW(태양열 25GW, 태양광 16GW, 풍력 9GW 등)	• National Renewable Energy(2017) • NIDLP(2019)
아랍에미리트연방 (UAE)	• 2050년 발전량 중 44% 비중목표 * 無탄소 발전원(재생에너지, 원자력) 비중을 2030년 25%, 2050년 75%로 확대 (UAE Vision 2021)	• 청정에너지전략 2050 (2015)
쿠웨이트	• 2030년 발전량 중 15% 공급(11GW)	
카타르	• 2020년 발전량 중 2%, 2030년 20%(태양광 각각 2GW, 10GW) 보급목표	• 태양광산업 밸류체인 구축
오만	• 2030년 발전량 중 30% * 태양광 21%, 풍력 6.5%, 폐기물 2.5%	

출처: POSRI 이슈리포트(2019)

(5) 2010~2040년 세계 에너지 비중 변화

2010년부터 2040년까지 세계 에너지 비중이 어떻게 변화될까? [그림 7-4]를 보면 석탄이나 석유와 같은 전통적인 에너지원은 감소될 것이며, 태양광과 풍력을 중심으로 증가할 것을 알 수 있다. 2018년도와 2040년을 비교했을 때 석탄은 38%에서 25%로 대폭 감소한다. 석유는 3%에서 1%로 감소, 원자력은 10%에서 8%로 감소한다. 수력과 천연가스는 다소 비슷한 것으로 볼 수 있다. 그 대신 태양광은 2%에서 11%로, 풍력발전도 5%에서 13%로 2배 이상 크게 증가할 것으로 보인다. 이렇게 전 세계적으로 화석연료를 사용한 발전을 줄이고 태양광과 풍력으로 이전하고 있는 것을 알 수 있다.

그림 7-4 전 세계 전원별 발전량 비중 변화

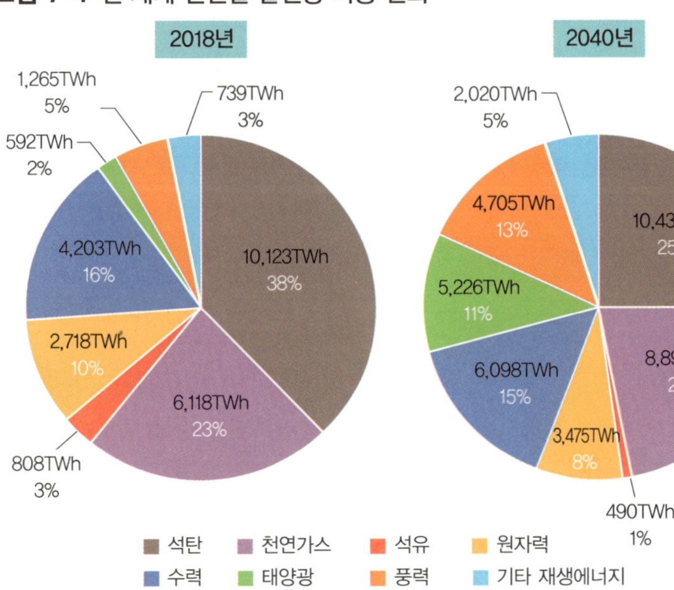

출처: 2019 전기저널

2 현재의 문제점

2.1 에너지와 환경

에너지 및 전력을 생산하면 화석연료 소비가 증가하게 되어 이는 환경오염을 야기한다. 특히 발전소는 이산화탄소나 기타 오염원이 배출되는 대표적인 장소이다. 이는 오존을 파괴하고 가뭄을 야기하며, 폐질환, 심장질환을 증가시킨다. 따라서 에너지는 환경적 지속가능성에 매우 큰 영향을 준다. 대기오염, 기후변화, 원자력발전 폐기물, 댐건설, 산림황폐화, 사고위험 등은 에너지가 야기하는 심각한 환경 문제다. 특히 에너지는 기후변화의 주범으로 전 세계 온실가스 배출량의 약 60%를 차지하고 있으며, 가연성 연료로 인한 실내 공기오염으로 2012년 430만 명이 사망했으며, 여성 및 소녀는 10명당 6명이 사망했다. 한편 세계인구의 13%는 여전히 전기 사용 환경에 접근하지 못하고 있으며, 30억 명의 사람들은 아직까지도 요리와 난방을 위해 목재, 석탄, 숯, 동물성 폐기물에 의존하는 상황이다.

2.2 Red AI

인공지능은 이전부터 'Red AI'라는 이름이 붙었다. 인공지능은 그 자체가 성능을 내려면 많은 학습데이터가 필요하고 많은 시간이 소모된다. 오랜 시간 학습을 하는 동안 계속 컴퓨터가 돌아가며 전력소모가 많아진다. 따라서 성능이 좋은 AI가 될수록 전력을 많이 소모하기 때문에 Red AI라는 이름으로 불리게 되었다. 그래서 최근 노력은 AI가 전력 전송의 효율이나 빌딩의 에너지 효율성에 기여함에도 불구하고 AI가 스스로 친환경(Green)적이야 한다는 연구를 하게 되었다. 즉 전력을 최적으로 사용할 수 있어야 한다는 연구를 하게 되었다. 그래서 이 연구에 붙은 이름이 'Green AI'이다. Green AI를 연구하면서 딥러닝 민주화라는 개념이 등장했다. 이미 딥러닝 알고리즘이 많이 개발되어 있고, 현재 개발된 딥러닝으로 많은 응용영역을 가진다. 하지만 사람들이 욕심을 부려 조금 더 정확한 알고리즘 개발을 위하여 계속해서 학습을 하고 그에 따라 천문학적인 전력소모를 하게 된다.

[그림 7-5]는 딥러닝 정확도에 따른 비용변화 그래프이다. 딥러닝 정확도를 x축으로 하고, 비용을 y축으로 한다면 딥러닝 정확도를 높일수록 전력의 소모량이 급격히 올라간다는 것을 확인할 수 있다. 물론 딥러닝 정확도가 올라갈수록 부정확성에 의한 서비스비용은 줄어든다. 두 가지의 상반된 비용이 균형점을 가짐으로써 나름대로 어떤 두 가지의 비용이 합산되었을 때 합산함수가 만들어진다. 그때 가장 비용 최적점이 어딘지를 찾아 거기에 적합한 정확도만큼을 유지하는 것이 가장 최적이라고 할 수 있다. 그럼에도 불구하고 최근 딥러닝은 계속 정확도를 높이려고 한다. 어느 수준의 적합한 정확도를 찾아 그 수준을 유리하는 것이 딥러닝 민주화로, 계속해서 정확도를 높이는 것은 최적이라고 할 수 없다.

그림 7-5 딥러닝 민주화

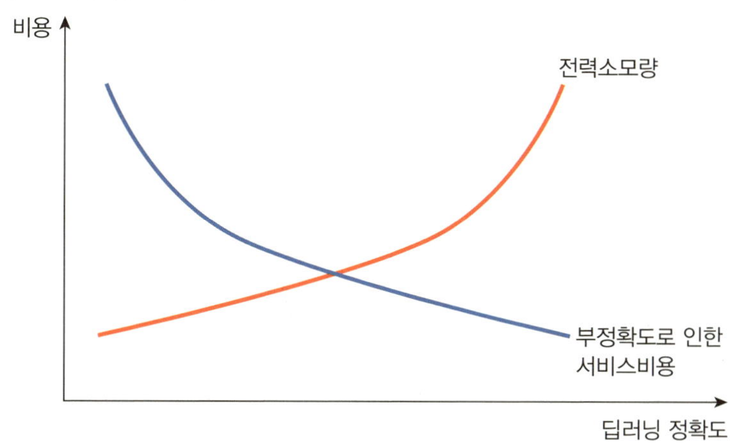

3 문제해결 노력

3.1 기존 노력

영국 글래스고(Glasgow)의 도시 에너지 절감을 위한 노력을 살펴보자. [그림 7-6]은 영국의 도시 글래스고이다. 이 지역은 스마트시티지원금을 받은 후 에너지 절감을 실현하고 있다. 특히 2014년 공공장소에 설치된 카메라와 센서데이터가 큰 역할을 한다. 대표적으로 '인공지능 가로등'이 있는데, 가로등에 센서가 부착되어 있고 이를 통해 차량 및 사람들의 이동을 실시간으로 파악한다. 따라서 차가 많이 다닐 때는 가로등의 불을 밝게 하고 차가 거의 없을 때는 불빛을 줄여서 에너지 소비를 68%나 절약할 수 있었다. 또한 시민들의 에너지 사용량을 줄이기 위해 '도시에너지관리서비스'를 시행했다. 각 구역별로 실시간 에너지 사용정보 및 요금정보를 제공하여 사용자가 자신의 에너지 사용 정도를 타인과 비교하여 스스로 에너지를 줄이도록 유

그림 7-6 영국 글래스고(Glasgow) 스마트시티

출처: buildup.eu/en

도할 수 있었다. 이를 적용하고 6개월 후, 무려 4억 9,000만 원이나 절감했다고 한다.

3.2 4차산업혁명기술 활용 노력

(1) 자가 성장 기상 네트워크

전력 전송의 효율을 위해 자가 성장 기상 네트워크를 인공지능(AI)이 구축할 수 있다. 특히 [그림 7-7]처럼 미국이나 인도, 캐나다, 중국 등 면적이 큰 나라에서는 한 곳에서 다른 곳으로 전력을 이동시킬 수 있는 라우터가 여러 가지 종류가 있다. 어떤 라우터로 얼마만큼의 전력을 전송시킬지 결정하는 것은 중요한 일이다. 이때 온도, 태양열, 풍속, 풍량 등의 환경적인 요인이 전력 전송 효율에 영향을 준다. 이에 따라 온도, 태양열, 풍속, 풍량 등의 환경요인과 그때의 전력 효율 데이터를 수집해 전력 전송에 이용할 수 있다. 과거데이터를 이용해 빅데이터 분석 알고리즘 생성 후 실시간으로 어떤 지

그림 7-7 전력 전송 모습

출처: anl.gov(2019. 6. 14)

역의 환경데이터를 센서로 받아들여, 그에 따른 최적의 전력 전송방법 및 전력량을 파악할 수 있게 된다. 즉 상황에 맞는 최적의 전력 전송방법을 찾을 수 있다. 그 결과 전력 전송량을 15~30%로 올려 전력 전송의 효율을 높일 수 있었다.

(2) 스마트빌딩에서 IoT 및 AI의 역할

한국에서도 송도, 서울 DMC, 광주, 대구 전주 등에서 스마트시티 프로젝트가 진행되고 그중 핵심적인 것이 스마트빌딩이다. 스마트빌딩은 빌딩의 에너지관리시스템(BEMS)으로 알려져 있는데, 최근 인공지능기술이 발달하면서 스마트빌딩에 대한 가능성이 높아지고 있다. 스마트빌딩의 핵심은 사물인터넷(IoT)과 인공지능이다. 어떠한 공간 내에 다양한 센서들이 장착되어 무선으로 데이터를 주고받으며, 원격에 있는 데이터 소스에서 인공지능이 돌아가면서 전체적으로 에너지 효율을 높이기 위한 의사결정을 내려 현장에 있는 기계들을 컨트롤하는 구조이다. 이를 통해 건물 내에 있는 공간마다의 에너지 소모 자체를 모니터링할 수 있고, 에너지가 얼마나 소요될지 예측하고 최적화할 수 있다. 어떤 공간은 창문을 닫거나 히터를 끄는 등 상황에 맞게 컨트롤할 수 있다. 또한 건물시설을 유지 · 보전하거나 입주자 쾌적성을 유지하는 것을 사람의 도움을 받지 않고 건물이 스스로 통제할 수 있게 된다.

(3) VR을 활용한 에너지 절감

사람들이 이곳저곳을 돌아다니지 않으면 에너지를 절감할 수 있다. 따라서 가급적 비대면으로 기본적인 일을 처리할 수 있으면 에너지 절약에 도움이 된다. 이때 비대면으로 몰입감 있게 사람들끼리 협동할 수 있게 도와주는 것이 바로 VR(가상현실), AR(증강현실)이다.

1) 비대면 재활훈련(영국)

[그림 7-8]의 왼쪽 위의 사진 속 모니터 화면은 영국의 비대면 재활훈련의 예를 보여준다. 가상현실 안에 존재하는 사람들은 원격에 따로 존재하지만 마치 한 공간에 있는 것처럼 화면에 나타난다. 가상공간에서 손을 들거나 다리를 움직이는 등 재활훈련을 할 수 있다.

2) 비대면 쇼핑(이케아)

[그림 7-8]의 오른쪽 위 사진은 비대면 쇼핑의 모습을 보여준다. 이케아가 AR기술을 이용해서 현재 보이는 소비자의 주거공간에 이케아에서 제공하는 물건을 겹쳐져 보이게 한다. 소비자는 직접 매장에 갈 필요 없이 집에서 AR앱을 통해 관심 있는 가구의 색깔도 바꾸고 구조도 바꾸면서 최적의 가구를 찾고 주문할 수 있다. 이런 비대면 쇼핑을 통해 사람들은 재미있고 편리하게 쇼핑할 수 있으며, 이곳저곳 다니면서 가구를 둘러봐야 하는 에너지 낭비를 최소화할 수 있다.

3) 비대면 라이프(페이스북 포라이즌)

[그림 7-8]의 왼쪽 아래 사진은 가상현실 세상 페이스북 호라이즌(Facebook Horizon) 속의 비대면 라이프의 사진이다. 온라인에서 재활훈련이나 쇼핑을 일반화하는 것을 비대면 라이프라고 한다. 이를 통해 가상의 공간에서 인관관계를 형성할 수 있다.

4) 비대면 공동체생활(메타버스, 3차원 VR)

[그림 7-8] 오른쪽 아래 사진에서 3차원 가상세계인 메타버스(Metaverse)를 보여준다. 비대면 공동체생활을 함으로써 물리적 공간에서 만나야 하는 노력을 최소화할 수 있다.

그림 7-8 VR과 AR을 이용한 비대면서비스

비대면 재활훈련(영국) / 비대면 쇼핑(이케아)

비대면 라이프(페이스북 호라이즌) / 비대면 공동체생활(메타버스, 3차원 VR)

5) 비대면 회의, 비대면 관람, 비대면 시뮬레이션

[그림 7-9]처럼 비대면 회의를 할 수 있다. 원격에 있는 사람이 가상공간에서 만나 회의를 하기도 한다. 또한 소비자 주거공간에서 [그림 7-10]처럼 AR을 통해 미술관 전시품을 겹쳐 보임으로써 비대면 관람도 가능하다. 자신의 집에서는 구매하기 어려운 고가의 조형물을 겹쳐 넣음으로써 가치를 느낄 수 있다. [그림 7-11]은 옥스퍼드 대학의 시뮬레이션을 보여준다. VR을 통해 의사와 실습에 참여하는 의대생이 특정한 의료기기 사용법을 배우게 된다. 이를 통해 학교에 가지 않아도 실습에 참여할 수 있다.

그림 7-9 비대면 회의

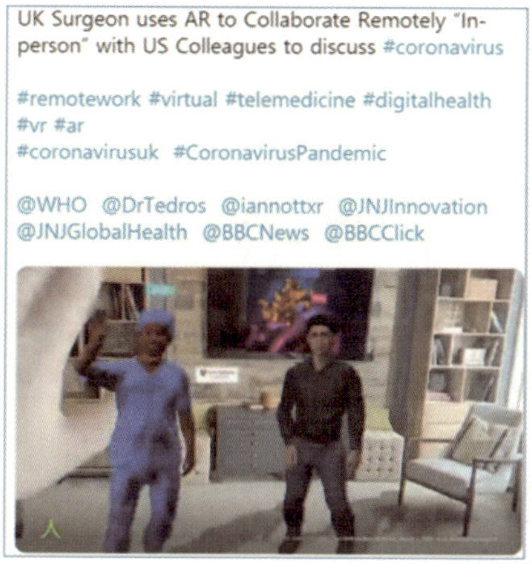

그림 7-10 비대면 관람

그림 7-11 옥스퍼드 대학의 비대면 시뮬레이션

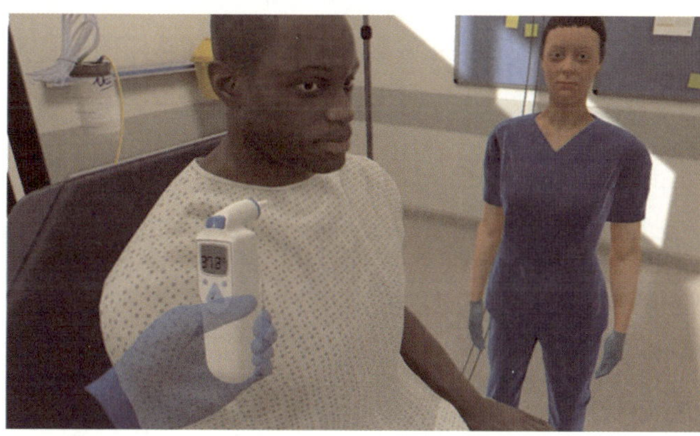

출처: mobihealthnews.com(2020. 3. 20)

(4) Windmill의 전력 생산 예측

[그림 7-12]와 같은 풍력발전은 바람이 불 때 돌리는 것으로 아무 때나 돌리면 안 된다. 왜냐하면 처음에 터빈을 가지고 돌려야 하기 때문에 많은 에너지가 사용되기 때문이다. 따라서 풍력발전을 처음 시작할 때 많은 전력

그림 7-12 풍력발전

출처: 한국에너지공단 블로그

이 소모되므로 풍력발전소가 설치된 위치에서의 바람의 세기를 측정하여 터빈을 돌릴지 안 돌릴지 결정해야 한다. 그때 의사결정의 최적화가 필요한데 구글 딥마인드(DeepMind)를 활용해서 전력 생산 예측을 해봤다. [그림 7-13]은 구글 딥마인드를 통해 풍력발전소 인근의 풍량을 예측한 것으로 실제치와 예측치가 거의 유사한 것을 확인할 수 있었다. 따라서 이를 통해 풍력발전의 생산을 최적화할 수 있다.

그림 7-13 딥마인드가 예측한 전력량과 실제치의 비교

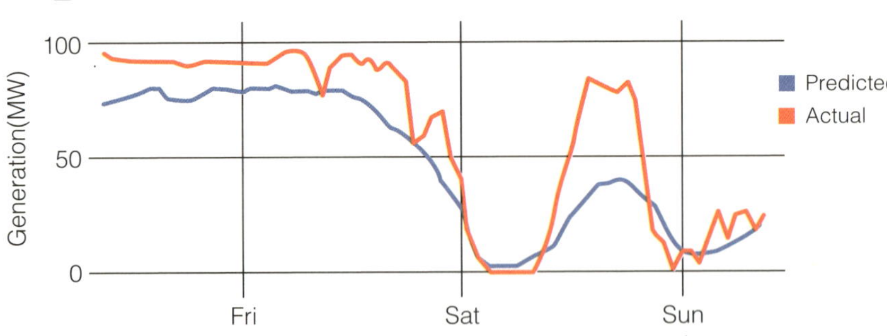

출처: deepmind.com

(5) Nest labs의 온도계

[그림 7-14]는 실내에 있는 온도계로 사물인터넷(IoT)과 인공지능기능이 있는 온도계이다. 이 온도계가 스스로 적정온도를 맞추거나 혹은 사람들이 세팅을 하면 거기에 맞게 집안에 있는 온도와 연관된 에어컨, 창문, 커튼 등의 가구를 자동으로 컨트롤하는 스마트한 온도계이다. 이 온도계에는 실시간 데이터를 수집할 센서가 있을 것이고 원격으로 전송하는 무선 네트워크 기능도 있을 것이다. 즉 센서 및 무선 기반 가정에너지 자동화라고 볼 수 있다. 또한 에너지 절감을 위해 자가학습하고 자가학습한 결과대로 집안에 있는 장비들을 컨트롤하는 시스템을 갖추었다.

[그림 7-15]처럼 원한다면 온도계에서 필요한 정보가 원격의 사용자에게 보이기도 하고, 사용자가 스마트폰을 통해 원격으로 집에 있는 기기를 컨트롤할 수 있어, 집에 없더라도 에너지 컨트롤을 가능하게 만들어 준다.

그림 7-14 온도계

출처: ai-startups.org/video/nest/

그림 7-15 원격에너지관리

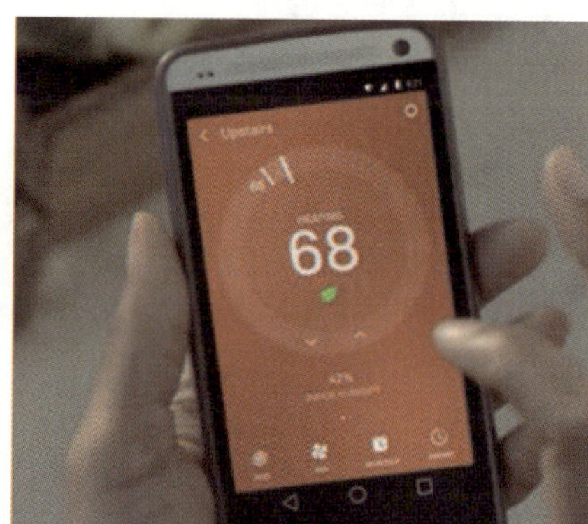

출처: ai-startups.org/video/nest/

(6) 러프버러 대학의 공기오염 정도를 미리 예측하는 인공지능

러프버러 대학은 [그림 7-16]과 같은 공기오염의 정보를 수일 전에 미리 예측하는 인공지능을 개발했다. 다만 PM 2.5라는 특수한 미세 기체만을 대상으로 했다. 사전에 공기오염 정도를 예측함으로써 문제가 될 수 있는 부분을 파악하여 사전에 방지할 수 있다. 이를 위해서는 도시 내 다수의 센서 설치가 필요하다. 이런 센서들이 구축된다면 인공지능을 통해 특정 오염원을 지속적으로 모니터링하고 예측 및 대비할 수 있다.

그림 7-16 공기오염의 정도

출처: lboro.ac.uk/media-centre

(7) BIG 머신러닝(Machine Learning) 활용

[그림 7-17]은 2013년에서 2016년의 4년 동안 이산화질소, 날씨, 교통량 데이터로 학습해서 2017년 데이터로 테스트하는 알고리즘을 보여준다. 지역의 환경오염이 얼마만큼 일어날 것인지 그 정도를 [그림 7-18]처럼 3단계로

그림 7-17 머신러닝 알고리즘 트레이닝(2013~2016년) 테스트(2017년)

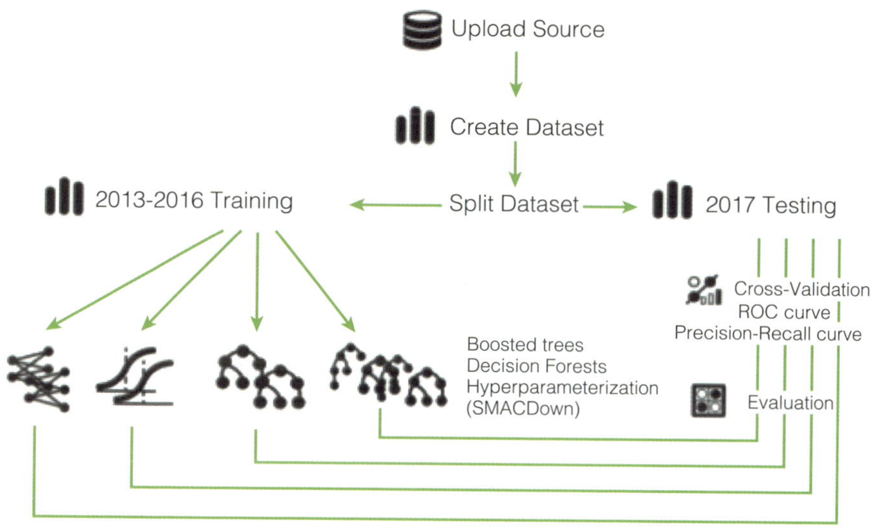

출처: DZone.com

그림 7-18 환경오염의 정도 구분

Prior notice	180 µgrams/m3 in 2 stations of the same zone 2 consecutive hours
Notice	200 µgrams/m3 in 2 stations of the same zone 2 consecutive hours
Alert	400 µgrams/m3 in 3 stations of the same zone (2 in zone 4) 2 consecutive hours

출처: DZone.com

보여준다. 이를 통해 환경오염 모니터링이 가능하고, [그림 7-19]처럼 지도에 문제가 될 만한 지역을 색깔로 표시할 수 있어 문제가 되는 지역을 쉽게 파악할 수 있다.

그림 7-19 문제가 되는 지역 색상으로 표시

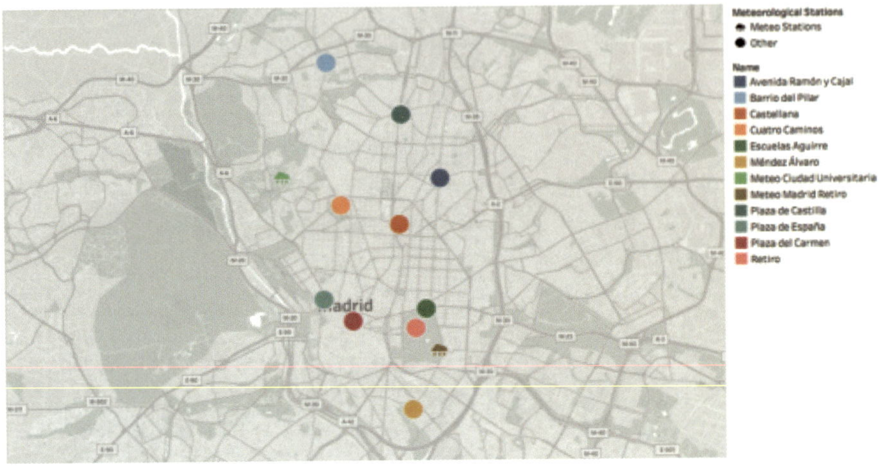

출처: DZone.com

(8) 공기오염 정도 측정하는 IoT(사물인터넷) 장비

환경오염, 에너지 모니터링을 위해서는 기본적으로 센서가 있어야 하고 이미지데이터가 있어야 한다. 센서데이터 확보를 위해 저가이며 성능이 좋고 신뢰성이 좋은 센서 장비가 있는지가 매우 중요하다. IoT 장비, 센싱이 되고 측정을 하며, 무선 전송이 가능한 제품이 필요하다.

[그림 7-20]은 무선 전송이 가능한 AirBox로 성능이 좋고 값싼 센서들이 개발될수록 이 센서들이 활용되면서 에너지 문제해결을 위한 인공지능시스템을 개발할 수 있다.

그림 7-20 AirBox

출처: rcindonesia.co.id

4 해당 SDGs 문제를 해결한 기업의 성공 사례

4.1 ClimaCell의 HyperCast, Weather Insights

ClimaCell이 Weather Insights라는 시스템을 개발했다. 개인과 기업, 기관이 날씨 · 기후에 의거하여 의사결정할 것을 안내한다. 즉 기후정보에 기반한 의사결정지원시스템이다. 우선 센서정보를 활용해 날씨를 예측하고, 그 다음 [그림 7-21]처럼 예측한 대로 비즈니스 인사이트를 생성한다. 예를 들어, 눈이 오거나 비가 오거나 할 때 적합한 비즈니스 인사이트를 생성한다. 마지막으로 기민하게 행동에 옮길 수 있게끔 도와주는 시스템이다.

그림 7-21 날씨 기반 비즈니스 인사이트 생성

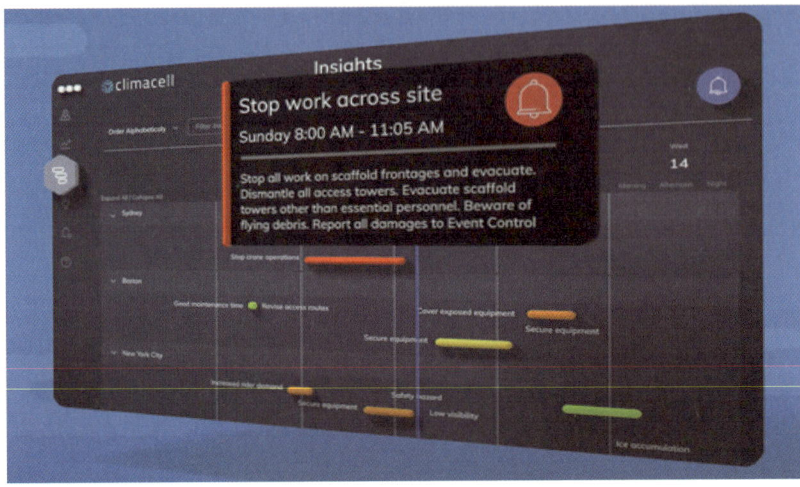

출처: ai-startups.org/video/climacell/

4.2 Verdigris Technologies의 빌딩 AI

Verdigris Technologies는 2011년 중국인과 한국인이 공동 창업한 기술 스타트업으로 빌딩 내 에너지 소비의 최적화를 위해 AI시스템을 개발하는 SaaS 기반 플랫폼이다. 이를 위해 자체적으로 건물 내의 센서를 만들었으며 다양한 정보를 한 번에 받을 수 있는 멀티센서를 이곳저곳 설치하고 데이터를 수집했다. 그 결과 빌딩 내 전력사용을 최적화할 수 있는 수치를 도출하는 알고리즘을 개발할 수 있었다.

4.3 Worlds의 딥러닝, 사물인터넷, 4D를 이용한 물리공간 학습

Worlds는 공간 AI(spatial AI)회사로 딥러닝(Deep Learning)과 사물인터

넷(IoT), 4D환경을 이용하여 물리적인 공간을 학습하고 관찰할 수 있게 만들어 간접적으로 공간에서의 에너지 사용을 최적화하는 인공지능 솔루션을 개발했다.

4.4 미국의 스타트업, WattTime

WattTime은 구글로부터 지원받아 연구를 진행했다. 전 세계를 보여주는 위성사진을 받아 [그림 7-22]처럼 전 세계 화력발전소의 위치를 파악하고 이미지를 분석했다. 화력발전소에서는 [그림 7-23]과 같이 연기가 나오는데 이 연기에는 수증기, 이산화탄소, 일산화탄소 등 여러 가지가 동시에 섞여있다. 이때 기체의 성분에 따라 색깔이나 연기의 모습이 다르다. 이것을 AI로 학습시켜 전 세계 화력발전소가 존재하는 모든 위치를 모니터링하여 화력발전소가 어떤 오염원을 배출하는지 모니터링할 수 있었다. 이를 통해 실시간

그림 7-22 화력발전소

출처: 그린포스트코리아

으로 오염원 배출을 감시할 수 있어, 지속적으로 화력발전소의 환경오염을 모니터링하는 것을 가능하게 했고, AI를 이용함으로써 비용을 줄일 수 있었다.

그림 7-23 화력발전소 위성사진

출처: 유튜브

4.5 한국에너지기술연구원 신재생에너지 데이터 포털

한국에너지기술연구원 신재생에너지 자원 · 정책센터는 과학기술정보통신부의 국정과제 수행 및 산업통상자원부 지정 국가참조표준센터로서 신재생에너지 자원정보 플랫폼 구축, 신재생에너지 자원지도 및 활용체계 개발, 신재생에너지 잠재량 산정을 통한 국가보급목표 설정 등 신재생에너지 정책수립, 보급사업지원에 필요한 핵심 기반기술개발을 담당하고 있다. 신재생에너지 자원에 대한 국민들의 이해를 돕고자 태양, 풍력, 수력, 해양, 지열, 바이오매스, 폐기물, 수소에너지 등을 대상으로 신재생에너지 자원정보 플랫폼과 지리정보시스템을 활용하여 과학적이고 체계적인 분석과정을 통해 신재생에너지 자원지도를 제작하고 있다.

그림 7-24 한국에너지기술연구원 신재생자원지도연구실 대표성과

신재생자원지도연구실은

신재생에너지분야의 국가참조표준센터로서 신재생에너지자원 빅데이터 플랫폼 구축, 신재생에너지 자원지도 및 활용시스템 개발, 신재생에너지 잠재량 산정 등 신재생에너지 정책수립, 보급사업 지원을 위한 핵심기반 기술개발을 담당하고 있다.

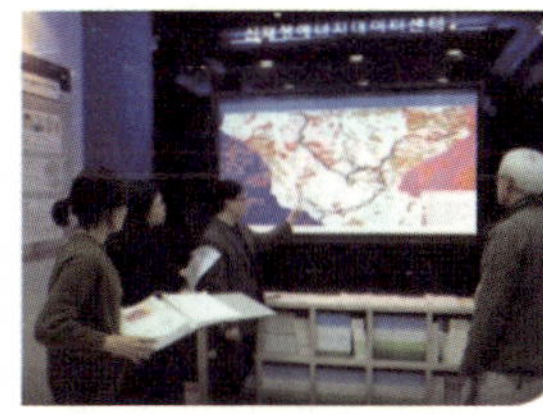

대표성과

대전시 건물형 태양자원지도

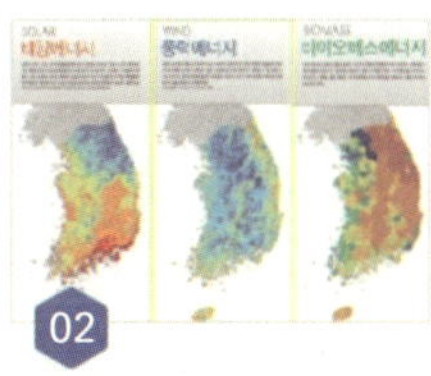

대한민국 신재생에너지 자원지도

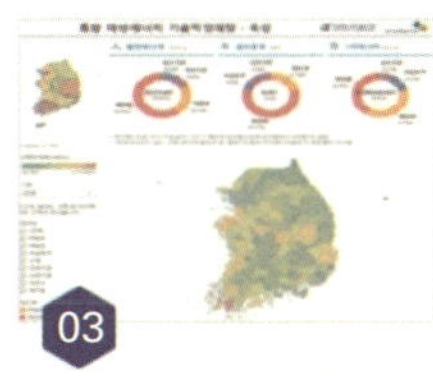

신재생에너지 시장잠재량 평가

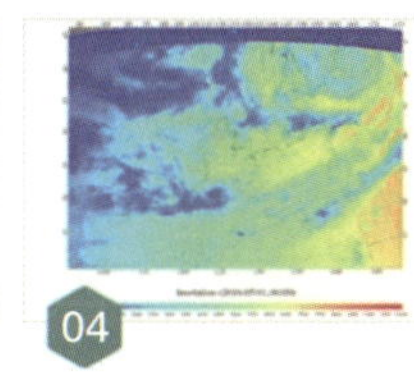

위성영상 기반 신재생 발전예보

출처: kier.re.kr

신재생에너지 자원지도는 인공위성 영상과 전산수치해석으로 작성한 자원정보를 한국에너지기술연구원에서 지난 40년 동안 측정한 전국의 일사량과 풍력자원 등 국가참조표준 데이터로 검증함으로써 매우 높은 정확도를 보여주고 있다. 한국에너지기술연구원 신재생자원지도연구실은 1982년부터 전국 여러 지점의 일사량을 측정해 오며 2010년 정부로부터 신재생분야 데이터센터로 지정되어 신재생에너지분야의 다양한 국가참조표준 데이터를 생산하고 있다.

국가재생에너지 보급목표 수립에 활용하고 있는 수십 년간 축적한 '국가 신재생에너지 자원지도 연구데이터'를 공공데이터 포털을 통해 개방하였다. 공공데이터포털(www.data.go.kr)은 공공기관이 생성 또는 취득하여 관리하고 있는 공공데이터를 한곳에서 제공하는 통합 창구이다. 포털에서는 국민이 쉽고 편리하게 공공데이터를 이용할 수 있도록 파일데이터, 오픈API, 시각화 등 다양한 방식으로 제공하고 있으며, 누구라도 쉽고 편리한 검색을 통해 원하는 공공데이터를 빠르고 정확하게 찾을 수 있다.

신재생에너지 자원지도는 2017년 미국 애리조나 대학교와 일사량 산정 모델(UASIBS−KIER Model)을 공동 개발해 데이터를 수집해 왔다. 이번에 미세먼지 데이터베이스를 업데이트해 천리안 기상위성 기반 맑은 날 일사량 산정 특허기술을 탑재했고, 미국의 기상해양위성을 활용해 보다 정확한 구름정보를 해석해 구름 낀 날의 일사량의 정확도도 크게 향상시켰다.

그림 7-25 한국에너지기술연구원 자원지도분석시스템 핵심분야

출처: kier−solar.org/user/main.do

참·고·문·헌

에너지데일리(2020. 10. 7), 에너지연, 신재생자원지도 공공데이터 전면 개방 (http://www.energydaily.co.kr/news/articleView.html?idxno=112400)

전기저널(2019), 세계에너지전망 (http://www.keaj.kr/news/articleView.html?idxno=3207)

DZone/AIZone(2018), Predicting Air Pollution in Madrid (Predicting Air Pollution in Madrid – DZone AI)

Media Centre(2020), Computer scientists develop novel artificial intelligence system that predicts air pollution levels (Computer scientists develop novel artificial intelligence system that predicts air pollution levels | Loughborough University (lboro.ac.uk))

POSCO(2019. 10), 국내외 주요에너지 보급 현황 및 주요 이슈 (https://www.posri.re.kr/files/file_pdf/63/16072/63_16072_file_pdf_1571211419.pdf)

REN21(2019), Renewables 2020 Global Status Report (https://www.ren21.net/wp-content/uploads/2019/05/gsr_2020_key_findings_en.pdf)

http://www.kier.re.kr

[제8장]

SDGs8 양질의 일자리와 경제성장

1. 개념 및 배경
2. 현재의 문제점
3. 문제해결 노력
4. 해당 SDGs 문제를 해결한 기업의 성공 사례

제8장

SDGs8 양질의 일자리와 경제성장

1 개념 및 배경

1.1 정의

양질의 일자리와 경제성장은 '포용적이고 지속가능한 경제성장, 완전하고 생산적인 고용과 모두를 위한 양질의 일자리 증진'을 위한 노력을 말한다. 5.7%의 세계 실업률 속에서 전 세계 인구의 절반은 여전히 하루에 약 2달러로 살아가고 있으며 직업을 갖는 것이 가난에서 벗어나는 것을 보장하지 않는다. 느리고 불균등한 이러한 성장은 우리에게 빈곤 퇴치를 목표로 하는 경제적 · 사회적 정책을 재고하고 재조정할 것을 요구한다. 계속되는 양질의 일자리 부족과 불충분한 투자, 소비 감퇴는 "모두가 성장을 나누어야 한다"는 민주사회에 기반을 둔 사회의 기초적인 합의를 점차 악화시킨다. 전년 대비 전 세계 1인당 연평균 GDP 성장률은 증가했지만 여전히 개발도상국에서는 성장속도가 저조하며, 많은 국가들이 2030년까지 7% 성장률목표에서 멀어지고 있다. 또한 노동생산성의 감소, 실업률 상승으로 인해 임금이 하락했고, 생활수준 역시 떨어지는 상황이다.

2016년부터 2030년까지 노동시장에 새로 진입하는 사람들을 위해서는 전 세계적으로 약 4억 7천만 개의 일자리가 필요하다고 한다. 따라서 지속가능한 경제성장은 환경을 해치지 않으면서도 경제를 부양하는 양질의 일자리를 가질 수 있는 사회를 요구한다.

1.2 4차산업혁명 시대와 경제성장

(1) 생산성 역설

과연 4차산업혁명시대 과학기술이 경제성장에 큰 기여를 하는가? 생산성 역설(Productivity Paradox)은 4차산업혁명기술이 경제성장에 기여하는 효과가 크지 않다는 주장이다. 이 역설은 1987년도에 로버트 고든 교수가 〈*The Rise and Fall of American Growth*〉에서 정보기술의 경제적 파급효과가 작다는 생산성 역설을 제시했다. 1987년도는 정보기술이 완전히 활성화되기 이전이지만 정보기술이 확산되고 있던 시대이다. 그 이후 물론 웹, 인터넷, 모바일, 전자상거래, 클라우드, 빅데이터 등이 혁신기술로 등장했지만 아직 자리매김하기 이전이기 때문에 경제학자들이 정보기술이 국가의 경제성장에 어떤 역할을 할지 궁금해했던 시기이다.

고든 교수는 생산성 역설을 통해 기존의 전기, 내연기관 등 전통적인 기술들은 전 산업에 영향을 주었기에 국가의 경제성장, 특히 생산성 향상에 좋은 영향을 주었다면, 정보기술은 제한된 범위에서만 영향을 주기 때문에 국가적 경제성장에 미치는 영향은 제한적일 것으로 주장했다. [그림 8-1]은 생산성 역설 원문 이미지이다.

그림 8-1 생산성 역설

We'd Better Watch Out

MANUFACTURING MATTERS

By Robert M. Solow

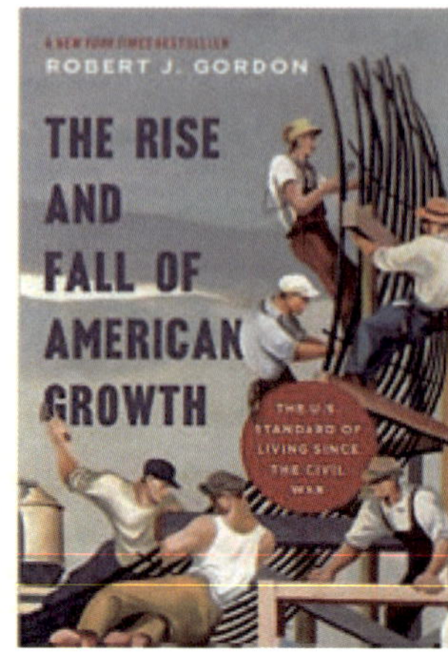

출처: 소프트웨어 정책연구소

최근 4차산업혁명에도 생산성 역설이 적용가능하다는 주장이 있다. IT의 품질이 달라지긴 했지만 4차산업혁명기술도 IT기술의 일부이기 때문에 생산성 역설 적용이 가능하다고 한다. 더구나 IT산업에서 특히 두드러지는 승자독식현상이 생산성 역설을 더 강화했다. 예를 들어, 클라우드 컴퓨팅 시장도 누구나 서버를 가지면 그 안에 있는 소프트웨어나 데이터를 외부에 제공해주는 임대서비스를 누구나 할 수 있다고 했지만 시간이 지나고 나니, 마이크로소프트나 아마존처럼 대기업을 제외하고는 클라우드서비스를 그만두었다. 또한 과거 2000년대 초반, 홈페이지나 네트워크만 가지면 창업하고 매출을 올릴 수 있다고 했지만 일부의 업체만 포털사이트로 발전했고 사업이 되는 전자상거래 사이트를 운영하고 있다. IT산업의 특성상 완전경쟁시장으로 가는 게 아니라 승자독식시장으로 가기 때문에 국가경제에 미치는 영향은 제한적이다.

(2) 생산성 역설 반론

그러나 생산성 역설에 대한 반론이 있다. 왜냐하면 IT는 '공짜'경제를 발현시키기 때문이다. 예를 들어, 이메일, 검색기능, 캐글(Kaggle) 등을 오픈소스로 무료 활용가능하다. IT에 기반한 경제 자체가 IT 자체에 가격을 매기는 것이 아니고, IT가 플랫폼을 형성하고 그 위에서 경제가 성장한다. 따라서 생산성의 분모인 총노동시간에 비해 분자인 국내총생산이 과소평가되는 통계적 착시현상으로 IT 자체는 국내총생산에 미치는 영향이 적은 것으로 보이게 된다. 두 번째로 무어의 법칙에 의해 IT제품의 가격이 계속 과소계상되기 때문에 총수익도 떨어져 보이게 된다. 마지막으로 '혁신과 활용의 시차(Time Lag)'가 있다. 과거 전기기술, 내연기관기술은 도입 직후 효력을 발휘하는 것에 비해, IT는 시간의 차이를 두고 서서히 효과가 발현되는 특징을 가진다. 혁신기술의 도입시점과 효력이 나타나는 시점의 시차가 있어 영향을 주지 않는다는 착각을 하게 된다. 결론적으로 IT의 효과 자체가 통계적으로 잘 잡히지 않을 뿐, 국가 경제성장에 기여하고 있다는 반론이 존재한다.

(3) 국가별 4차산업혁명과 경제성장

독일은 4차산업혁명을 처음으로 도입한 국가이다. 4차산업혁명기술이 국가 전체의 '디지털화의 정도'의 지속화 혹은 가속화를 가져와, 노령화 대응에 도움을 주기 때문에 경제성장에 긍정적으로 작용될 것으로 보았다. 즉 4차산업혁명이 디지털화를 발생시켜 일자리감소가 아닌, 경제성장으로 인한 일자리창출을 해줄 것으로 보아 경제성장에 긍정적 기여를 한다고 보았다. 한편 일본도 고령화, 인구감소, 사회보장제도 지속가능성 위기, 자연재해의 지속 등으로 장기적인 불황과 어려움을 겪고 있다. 이러한 장기불황의 여파 속에서 4차산업혁명을 이를 극복할 수 있는 도구로 생각했다. 특히 2016년에 나온 초스마트사회(Society 5.0)를 제시하면서 그 전략으로 신산업구조비전을 발표했다. 신산업구조비전에 4차산업혁명기술이 핵심을 차지하고 있다. 산업연구원(KIET)은 [그림 8-2]에 나와 있는 중장기 산업구조 전망을 보여주었다. 사회가 수렵사회, 농경사회, 공업사회, 정보사회를 거치는 과정에서 4차산업혁명과 맞물려 사회를 만드는 데 4차산업혁명이 영향을 미친다고 보았다. 4차산업혁명기술로 연결 및 융합된 산업이 많아지면서 새로운 비즈니스 모델이 탄생하고 초스마트사회(Society 5.0)로 사회가 형성되어 인간 중심의 과제 해결이 기대된다.

그림 8-2 4차산업혁명을 고려한 중장기 산업구조 전망

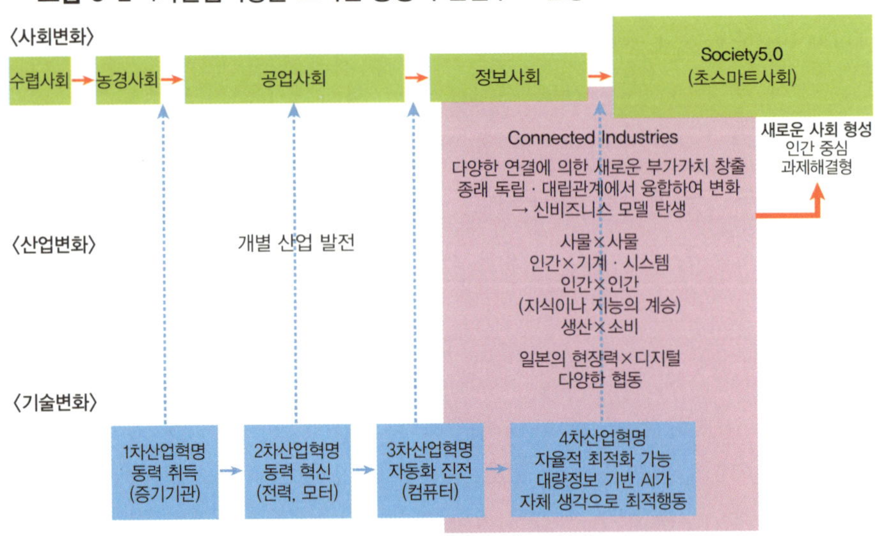

출처: 산업포커스

한국의 경우, 생산가능인구의 축소, 노동시간 감소 등의 공급 측면과 대외 수출시장의 경쟁 격화 등 수요 측면의 부정적인 요인이 중첩되며 저성장 기조가 고착되는 상황이다. 하지만 4차산업혁명기술의 도움으로 하락세를 어느 정도 진정시킬 것으로 기대되었다. [표 8-1]에 나온 KIET의 보고에 의하면 제조업이 많은 성장을 이루고 있지만 앞으로는 서비스업이 더 많은 성장을 이끌 것으로 기대된다. 4차산업혁명기술로 인해 시나리오에서 경제성장의 완화기조가 강화될 것이다. 다만 적시에 대응하지 못하면 도태될 것이라는 우려도 존재한다.

| 표 8-1 | 4차산업혁명을 고려한 중장기 산업구조 전망

구분	실적 (%)	시나리오별 전망(%)					
		기준		제조주도		서비스주도	
	2006~2015	2016~2025	2026~2035	2016~2025	2026~2035	2016~2025	2026~2035
농림어광업	1.10	0.25	0.30	0.33	0.59	0.33	0.51
제조업	4.76	2.51	1.57	2.81	2.00	2.80	1.76
SOC	0.88	2.30	1.08	2.59	1.25	2.59	1.28
서비스업	3.39	2.93	2.24	2.98	2.31	3.00	2.56
전산업	3.55	2.71	1.93	2.85	2.12	2.85	2.20

출처: 산업포커스(2019)

1.3 4차산업혁명 시대와 GDP

4차산업혁명으로 새로운 시대가 오면서 국가의 경제성장을 측정하는 또 다른 보조적 기준이 나타났다. 경제 패러다임 전환에 대한 신경제활동지표로 GDP(Gross Data Product)가 나타난다. 이 GDP의 D는 Domestic이 아니라 Data라는 점에서 차이가 있다. 즉 국내에서 얼마나 많은 데이터를 생산하느냐가 중요하다. 양질의 데이터를 많이 생산할수록 국가의 경제가 발전할 것이라는 시대에 맞는 신경제활동지표이다. 이 GDP의 계산 근거는 경제활동데이터에 대한 양(Volume), 사용(Usage), 접근성(Accessibility), 복잡성(Complexity)이다. 최근 새로운 GDP를 가지고 분석한 결과, 미국, 영국, 중국, 한국, 스위스 등의 나라들이 GDP가 높은 국가로 분류되었다.

2 현재의 문제점

2.1 양질의 일자리

양질의 일자리는 굉장히 중요하다. 왜냐하면 일자리는 대부분 사람들의 삶의 질을 결정하는 중요한 요소이기 때문이다. 따라서 기업들이 책임경영, 사회적 책임의 관점에서 추진하는 SDGs에서 1위 기후변화에 이어 양질의 일자리는 2위, 3위가 교육이다. 일자리에 대한 문제에는 15세 이하 아동노동의 착취가 있다. 현재 2025년까지 전 세계 모든 아동노동을 철폐한다는 목표를 가지고 있다. 한편 이주노동자의 노동자 권리보호 문제가 있다. 특히 열악한 생활환경은 큰 문제이다. 또한 장애인노동과 청년실업의 문제도 있다.

2.2 아동노동

(1) 콩고

콩코는 [그림 8-3]의 지도를 보면 아프리카 가장 정중앙에 있는 대표적인 나라이다. 여기에는 코발트 광산이 있는데, 코발트는 많은 제품에 재료로 쓰이는 매우 중요한 희토류이다. 그런데 코발트 광산에 많은 아동이 투입되었고, 갱도가 무너지는 사건으로 많은 아동들이 희생을 당했다. 그 당시 아동노동 착취가 집중을 받았다. 이때 애플, 구글, 테슬라, 마이크로소프트(Microsoft) 등이 자사의 제품(PC, 자동차, 스마트폰 등에 사용되는 리튬이온전지)에 사용되는 코발트 생산에 아동들이 착취당하는 것을 사전 인지하고 있었지만 생산에 아동을 투입해서 피소당하는 사건도 있었다.

그림 8-3 콩고민주공화국

출처: 구글지도

(2) 북한

2019년도에 발표된 아동노동지표(Child Labour Index 2019)에 의하면 북한이 최하위를 기록했다. [그림 8-4]는 철로에서 일하고 있는 북한 아이들의 모습을 보여준다. 철로 위에서 일해야 하는 위험하고 열악한 환경에 아동들이 투입되는 모습을 확인할 수 있다.

그림 8-4 철로 위에서 일하는 북한 어린이

출처: 자유아시아방송(2020. 6. 3)

(3) 전 세계 아동노동

전 세계 아동노동에서 투입되는 인구가 1.5억 명이다. 이 아동들은 항상 위험에 노출되고 학습의 기회에서 제외되며 건강하게 놀 수 있는 권리를 박탈당한다. 따라서 아동복지의 가장 위협요소가 아동노동이라는 것을 알 수 있다. [그림 8-5]는 세계 각국의 아동노동 비율을 보여준다. 아동노동의 비율이 아프리카, 남아시아, 일부 동남아시아지역에 집중된 것을 볼 수 있다. 특히 중부 아프리카지역이 굉장히 열악하다는 것을 알 수 있다.

그림 8-5 세계 각국의 아동노동 비율

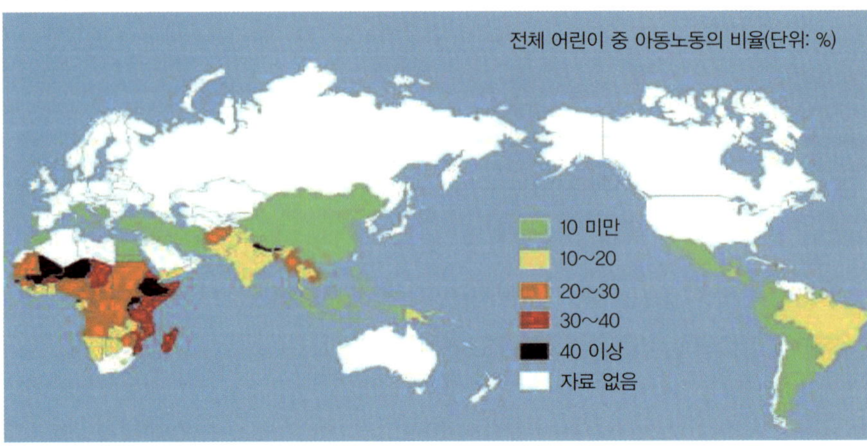

출처: 동아일보

2.3 4차산업혁명과 일자리 대체 우려

4차산업혁명과 일자리와는 어떤 관계가 있는가? 4차산업혁명이 일자리를 대체하는 위험성을 가진다는 의견과 일자리를 만들어낸다는 의견으로 찬반 논쟁이 계속되고 있는 상황이다.

(1) 4차산업혁명이 일자리를 대체

[그림 8-6]은 일자리를 대체하는 로봇을 보여준다. 왼쪽 사진은 아마존의 키바(KIVA)로봇으로, 창고에 물건이 쌓여있으면 로봇이 이 물건들을 들어 올려 필요한 곳으로 옮긴다. 키바로봇이 잘 운영되고 있기에 인부들이 필요 없어져 일자리를 대체하고 있다. 사람들이 어떤 물건을 가져오라고 하면 로봇이 가져오기 때문에 일자리를 대체하는 사례가 되었다. 또한 이런 로봇이 여러 대가 있음에도 불구하고 서로 충돌하지 않고 업무수행을 잘하기에 기존의 인부의 역할을 대체할 수 있다.

[그림 8-6]의 오른쪽 사진은 백스터(Baxter)의 사례이다. 백스터는 의료기기 물류회사이다. 의료기기 물건을 분할시켜 보내는 일을 하는데, 저가의 상용화된 로봇을 투입하여 자동화가 비교적 까다로운 비정형노동까지 훌륭하게 로봇이 처리했다. 기존의 단순 반복적인 일인 정형적 노동이 아닌 비정형노동도 로봇이 잘할 수 있다는 것을 증명한 사례이다. 이는 단순 반복적인 것은 로봇에게 맡기고, 창의적인 것은 인간의 몫이라는 가치관을 깨버린 사례이다.

한편 테슬라나 구글의 자율자동차로 운전자를 대체할 수 있고, 아디다스

그림 8-6 일자리 대체 로봇

아마존 키바(KIVA)시스템 | 벡스터(Baxter)

출처: 과학기술정책연구원

스마트공장은 필요 노동인력이 1/60로 줄었다. 공장자동화가 활성화되기 시작하면 이런 문제가 생길 것으로 보인다.

[그림 8-7]은 일자리를 대체한다는 또 다른 근거를 제시한다. 지능정보기술에 대한 대중의 태도를 봤을 때, 정보기술이 들어오면 왼쪽에서 보이는 복잡성, 두려움 등의 이유로 혁신 저항을 하게 되고, 혁신 저항은 결국 저항하려는 행동을 하게 되고, 사회적으로 혁신 저항에 대한 생각을 전달, 공유하는 현상이 발생한다. 이것은 일자리에 대한 위험을 얼마나 지각하냐에 따라 조절된다. 이 연구에 의하면 IT에 대해 사람들은 심리적으로 혁신 저항이나 일자리에 대한 위험지각으로 인해 4차산업혁명 과학기술을 산업현상에 적용하는 것을 꺼리게 된다.

그림 8-7 지능정보기술에 대한 대중의 태도

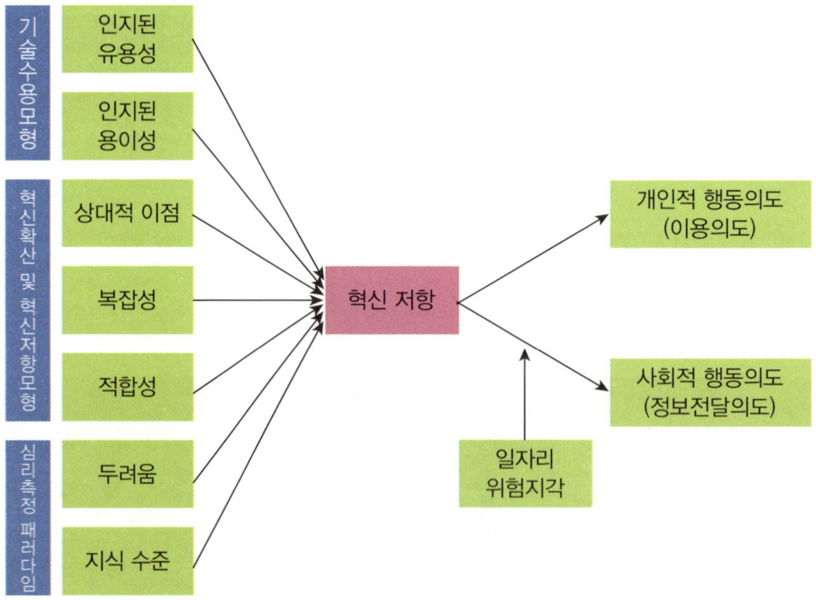

출처: 홍은영(2019)

(2) 4차산업혁명이 일자리를 활성화

독일이 4차산업혁명 개념을 처음 소개했다. 그 목적은 일자리를 대체하기 위해 혹은 노동력을 대체하려고 만든 것이 아니었다. 독일 내에서 일을 할 수 있는 사람이 많이 없어서, 일자리에 투입될 수 있는 사람이 부족한 것을 해결하기 위해 자동화기술을 도입한 것이 목적이었다. 4차산업혁명기술 동기 자체가 사람을 대체하려는 것이 아니라 부족한 사람을 채우려던 관점에서 시작되었다.

물론 단순 반복적인 일자리가 줄어들지는 모르나, IT를 통해 훨씬 더 창의적 서비스가 요구되어 오히려 괜찮은 일자리가 늘어날 수 있다. 또한 과학기술의 발달로 프리랜서와 혁신적인 IT를 이용하면 혁신적 시장이 열리고 비즈니스가 만들어지기 때문에 기업가정신이 더 많이 필요해진다. 기업가정신 없이 위험을 회피하고 현재 비즈니스를 유지하려는 소극적인 경영자는 도태될 수 있지만 혁신성과 리스크(위험)를 부담하려는 기업가정신이 뛰어난 기

그림 8-8 괜찮은 일자리의 IT기업으로의 변화

	2011년		2017년(7월 21일 종가기준)	
1위	엑손모빌(미)	에너지	애플(미)	IT
2위	페트로차이나(중)	에너지	구글(미)	IT
3위	애플(미)	IT	마이크로소프트(미)	IT
4위	중국공상은행(중)	금융	아마존(미)	IT
5위	페트로브라스(브라질)	에너지	페이스북(미)	IT
6위	BHP빌리톤(호주 · 영국)	에너지	버크셔해서웨이(미)	금융
7위	중국건설은행(중)	금융	알리바바(중)	IT
8위	로열더치셸(영국)	에너지	존슨앤드존슨(미)	소비재
9위	셰브론(미)	에너지	텐센트(중)	IT
10위	마이크로소프트(미)	IT	엑손모빌(미)	에너지

출처: 파이낸셜타임스

업은 도리어 좋은 기회가 될 것이다. 실제로 IT분야에서 더 좋은 일자리가 많이 생길 것으로 예측된다. [그림 8-8]처럼 2011년과 2017년을 비교해 보면 2011년 최상위권 기업이 에너지기업이었으나 2017년에는 최상위권이 IT기업으로 구성되었다. 이를 근거로 보면 IT는 적극적으로 활용되는 업체에는 더 좋은 기회이며, IT를 할 수 있는 사람은 더 좋은 일자리를 획득하게 될 것이다.

한편 기존의 기업에 디지털 트랜스포메이션(DT: Digital Transformation)이 진행되면서, 비IT기업이라 해도 IT 관련 일자리가 늘어날 것이다. 기업이 하는 일 중 대부분 많은 부분이 IT화되면서 IT화된 직무에 대해서, IT에 대한 지식이나 식견이 있는 사람들이 일자리를 획득할 것이다. 결국 DT는 IT공급기업, IT수요기업 모두 IT 관련 일자리를 늘어나게 한다. [표 8-2]처럼 폭스콘도 로봇생산체제의 도입으로 스마트폰을 활용하거나 스타벅스도 비콘(Beacon)기술을 이용해서 IT화하고 있는 것을 파악할 수 있다.

| 표 8-2 | 기업들의 전략과 IT기술의 활용

기업명	전략	응용분야
폭스콘	로봇생산체제 도입	스마트폰
닛산	무인자동차 개발	전기, 자율주행자동차
아마존	신개념 쇼핑체계(아마존 고) 구축, 인공지능비서(에코) 프로그램 개발	쇼핑, 스마트홈
GE	디지털트윈 활용 '비포서비스' 구현	발전기, 엔진
스타벅스	O2O기술(사이렌오더), 고객맞춤형 서비스 구축	비콘(Becon), 커피
아디다스	로봇생산체제 도입, 공장 본국(독일) 소환	신발, 웨어러블 기기
IBM	인공지능 컴퓨터시스템(왓슨) 개발	센서
우버	운송 · 물류 효율화, 스마트시트 구축	자동차(자율주행)
쓰타야	동네친화적 놀이터, 마을사랑방 구축	도서, 마일리지체계
테슬라	무인 전기자동차 개발, 재생에너지 생산	전기차, 솔라시티

출처: 최재홍(2017)

무인화, 자동화라는 4차산업혁명의 효과는 일자리를 사라지게 하는 것은 분명하지만, 융복합화를 가능하게 함으로써 IT와 상관이 없는 업종이나 기업들도 IT화되기 때문에 IT 관련된 새로운 일자리를 창출할 수 있다. 결국 4차산업혁명은 일자리를 사라지게 하는 효과, 일자리를 창출하는 효과 모두를 가지고 있다. 공장 자동화(FA: Factory Automation)로 인한 공장 무인화는 노동자를 줄였다. 또한 공유경제모형을 IT와 함께 적용하면 배달원, 대리기사 등 플랫폼 노동자를 양산한다. 하지만 일자리의 질 저하 우려가 존재하기도 한다. 따라서 일자리를 사라지게 하거나 일자리의 질을 저하시킨다. 반면 스마트팩토리(Smart Factory)로 인한 기술 융복합은 예지보전[01] 및 사업 다각화를 통해 새로운 부서를 창조한다. 이는 일자리를 창출하는 효과가 있다.

3 문제해결 노력

3.1 기존 노력

(1) 한국정부

현재 한국정부는 청년실업과 같은 시급한 일자리 문제해결에 있어서 공공부문이 마중물이 될 수 있도록 공무원 신규채용을 확대하고, 공공부문 비정규직의 정규직 전환과 사회서비스공단[02] 설립 등을 통해 일자리의 질을 높이

01 예지보전이란 각각의 설비상태를 정량적으로 파악하여 설비의 이상상태나 앞으로 일어날 수 있는 사태를 먼저 예상하여 적절하게 유지하고 보전 및 보수하는 것을 의미한다.

02 출처: 서울시 사회서비스원(https://seoul-pass.recruiter.co.kr/appsite/company/index)

는 데 초점을 맞췄다. 고용보험 사각지대 해소를 위한 가입대상 확대, 중소기업 근로자를 위한 공적 퇴직연금제도 확충 등 일자리 안전망도 강화방안으로 담고 있다.

5대 분야 10대 중점 과제는 다음과 같다. 일자리 인프라 구축을 통해 일자리 중심 국정운영시스템 구축, 일자리 안전망 강화 및 혁신형 인적자원 개발, 공공일자리 창출 등이다. 또한 혁신형 창업 촉진, 산업경쟁력 제고 및 신산업, 서비스업 육성, 사회적 경제 활성화, 지역 일자리창출을 통해 민간 일자리를 창출하며, 근로여건 개선 및 비정규직 남용 방지와 차별 없는 일터조성으로 일자리 질을 개선한다. 마지막으로 맞춤형 일자리를 지원한다.

(2) 한국기업

삼성, 현대자동차, SK, LG, KT, IBK기업은행 등은 포용적 일자리창출과 사회적 기업을 통한 사회적 가치 확산 사례를 발표했다. 삼성과 현대자동차는 교육프로그램 운영 후 취업 및 창업을 지원하며, LG와 IBK기업은행은 장애인과 자녀를 가진 직원을 위한 근무환경 조성, SK는 사회적 기업을 통한 사회적 가치 실현 경험, KT는 지속가능한 지역사회의 일자리창출을 공유했다. [표 8-3]을 보면 더 자세한 내용을 알 수 있다.

| 표 8-3 | 대기업의 일자리창출 노력

기관명	사업내용
삼성	〈삼성 청년 소프트웨어 아카데미〉 소프트웨어 무상교육, 교육기간 중 월 1백만 원 교육비지원, 취업 상담 및 성적 우수생에게는 삼성전자 해외 연구소 실습 기회 부여
현대자동차	〈굿잡 5060〉 45세 이상 퇴직(예정)자의 사회적 기업 등 재취업과 창업을 위해 사회적 경제의 이해, 핵심역량 강화교육 후 취업 · 창업 상담을 실시, 채용 후 사후 관리까지 종합적인 취업지원
SK	〈사회적 기업 육성〉 • 사회적 기업이 창출하는 가치를 화폐가치로 측정, 그에 상응하는 특전(인센티브)을 지급 • 카이스트와 업무협약을 체결해 사회적 기업가 육성 특화 학제 운영(87명 졸업생의 졸업시점 창업률 평균 91%)
LG	〈장애인 표준사업장 나눔누리〉 자회사형 표준사업장 '나눔누리'를 설립(2012), 카페, 스팀 세차 등 장애인 친화적인 사업장을 운영하여 현재 전체 직원의 절반이 장애인 직원(307명 장애인 고용)
KT	〈지속가능한 지역사회 일자리창출〉 장애인, 고령자, 경력단절 여성, 소외지역 주민 등 취업 취약계층에 대한 맞춤형 사회공헌으로 지속가능한 일자리창출에 기여
IBK 기업은행	〈중소기업 직장 어린이집〉 산업단지 내 아이비케이 건물의 사용하지 않는 공간을 활용해 인근 중소기업 노동자 자녀에게 쾌적하고 안전한 보육서비스를 제공

출처: 소셜포커스(2019. 6. 19)

3.2 4차산업혁명기술 활용 노력

(1) 채용시장에서의 AI인력

채용시장에서 어떤 인공지능인력을 요구하고 있는지 일자리에 관련된 구인사이트 'Indeed'를 활용하면 알 수 있다. AI 카테고리를 들어가면 많은 업체들이 AI인력을 구하는 사실을 확인할 수 있는데, 절반 이상이 초거대기업에 의한 일자리이다. 이때 [그림 8-9]처럼 계층별, 기능별, 프로세스별로 필요한 AI인력이 달랐다. 계층적 관점에서 봤을 때, 단순 개발자도 있지만 애널리스트, 스페셜리스트, 사이언티스트 등의 과학자 · 공학자도 있고, 치프(Chief)와 헤드(Head) 등 책임자 · 관리자계층으로 나뉜다. 기능적 관점에서 봤을 때 기계학습, 자연어처리, 비전부터 시작해서 영업으로 나눠져 있다. 프로세스적 관점에서는 기획, 분석 및 설계, 코딩, 테스트 및 유지보수로 구분되어 있는 것을 확인할 수 있다. 즉 계층별, 기능별, 프로세스별로 AI인력이 필요하다.

[표 8-4]는 AI와 직접 관련된 기술이다. 여기에는 기계학습, 자연어처리, 비전, 음성, 로보틱스, 자율주행 등이 많다. [표 8-5]는 데이터와 관련된 기술로 비정형 데이터베이스를 이용하는 NoSQL, 데이터 분석, 데이터 과학,

그림 8-9 계층적 · 기능적 · 프로세스적 관점

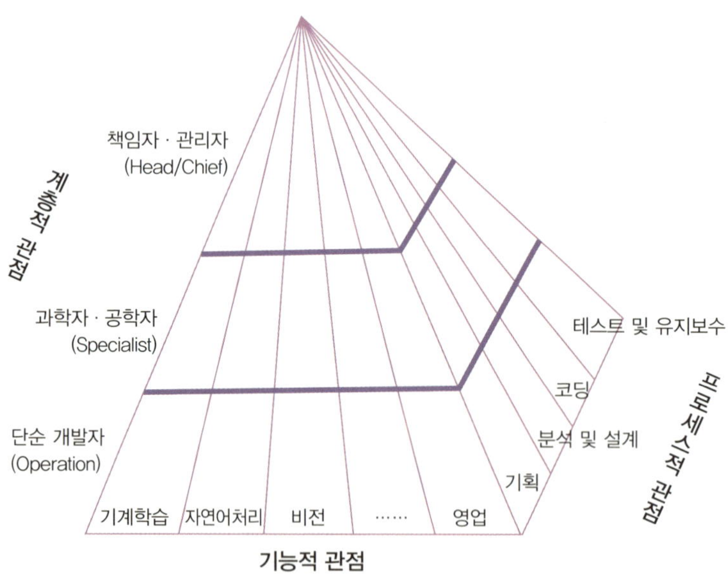

출처: 권오병(2009)

| 표 8-4 | AI 직접 관련 기술

분류	세분류	세세분류
AI 직접 관련	[11] 기계학습(machine learning)	[111] 딥러닝 [112] 기타 기계학습
	[12] 자연어처리(NLP)	
	[13] 전문가사시스템(expert system)	
	[14] 비전(vision)	
	[15] 음성(speech)	[151] 음성인식(Seri 등)
	[16] 계획시스템(planning system)	[161] 다중에이전트
	[17] 로보틱스(robotics)	[171] 인지 [172] 행동 [173] HRI [174] 로보스틱스 기타
	[18] 자율주행	
	[19] 탐색	
	[1A] 기타 AI기술	[1A1] 개인화기술 [1A2] 온톨로지 개발자(Ontologist)

| 표 8-5 | 데이터 직접 관련 기술

분류	세분류	세세분류
데이터 직접 관련	[21] NoSQL	[211] MongolDB [212] Node.js [213] Splunk [214] Hadoop [215] 기타 NoSQL
	[22] 데이터 분석	[221] 계량데이터 분석(Quant)
	[23] 데이터 과학	
	[24] 시각화	[241] 3D
	[25] 데이터베이스	[251] Oracle [252] DB2
	[26] 기타 데이터기술	

기타 시각화인력, 데이터베이스 등이 있다. 특히 데이터 과학은 이미 존재하는 데이터를 이용해 특정 문제를 해결하는 인력으로 중요한 역할을 담당한다. 흥미로운 사실은 AI 관련 인력을 뽑을 때 경영기술인력을 같이 요구한다는 점이다. 경영에 대한 도메인 지식(Domain Knowledge) 없이 AI를 개발하는 능력만 가지는 사람들은 일할 기회가 제한된다. 기업들은 AI를 잘 이용해서 비즈니스 모델을 잘 만들고 가치를 창출해야 하기 때문에 [표 8-6]처럼 재무, 마케팅 등에 대한 지식이 없으면 효과를 잘 내지 못한다. 따라서 인공지능에 대한 소양과 함께 경영 관련된 폭넓은 도메인 지식을 가진 사람을 뽑게 된다. 즉 경영학을 전공하는 사람이 인공지능에 대한 기술을 가지고 있다면 많은 이점을 가질 것이며, 반대로 인공지능기술을 사용할 줄 아는 사람이 경영과 관련된 도메인 지식을 가져도 이점을 가질 수 있다.

최근 채용시장에서 AI 추세를 보면, AI인력조사에서 신기술군이 많이 등장하였고 이에 주목할 필요가 있다. 퀀텀 컴퓨팅, 자율주행차, 인공지능, 머신러닝, 딥러닝 관련 클라우드 솔루션(아마존의 AWS, 마이크로소프트의 Azure) 등 신기술에 관련된 전문인력을 많이 모집하고 있다. AI, 머신러닝 전문인력과 데이터 분석 전문인력은 종종 혼합되어 있다. AI, 머신러닝 관련 비즈니스 전문인력의 별도 인식이 필요하다. 조사 결과 아무리 AI, 머신러닝 분석이 이루어져도 이것이 비즈니스 프로세스나 제품, 솔루션, 서비스로 구현되지 않으면 산업경제적인 의미가 없기 때문에 AI인력 모집에 경영기술인력 모집의 비중이 의외로 컸다. 또한 AI 윤리 등 컴플라이언스(compliance), 리스크관리, 부정행위(fraud) 등에 대해 대응할 인력을 별도로 채용하고 있다. 계층별로 AI인력에 대해 요구하는 학력 수준에 대한 분석 결과 계층별로 큰 차이가 없었다. 한국의 경우 AI 윤리에 대해 많은 관심이 없다. 선진국으로 갈수록 AI 윤리에 대해 많은 신경을 쓰고 있는 것을 확인할 수 있다. 따라서 한국은 감수성을 가지는 기술자, 경영자를 많이 채용해야 할 필요가 있다. 또한 AI인력에 대해 학사, 석사, 박사 등 학력 수준에 대한 분석 결과가 계층별로 큰 차이가 없었다. 즉 어떤 역량을 가지고 있는지가 더 중요하다고 볼 수 있다.

| 표 8-6 | 경영기술 관련 역량

<table>
<tr><th>분류</th><th>세분류</th><th>세세분류</th></tr>
<tr><td rowspan="7">데이터 직접 관련</td><td>[41] 전략</td><td>[411] 기획
[412] 파트너십
[413] M&A
[414] 글로벌
[415] 사업개발
[416] 데이터전략</td></tr>
<tr><td>[42] 재무 및 회계</td><td>[421] 금융공학
[422] 세무(Tex)
[423] 감사(audit)
[424] 구매</td></tr>
<tr><td>[43] 마케팅</td><td>[431] Marketing Strategy
[432] 광고
[433] Pricing
[434] Sales
[435] 솔루션 마케팅
[436] 제품 마케팅
[437] CRM
[438] 옴니채널</td></tr>
<tr><td>[44] 생산물류</td><td>[441] 품질관리(QA) 또는 품질공학
[442] 모델링, 시뮬레이션
[443] 물류(옴니채널 등)
[444] 스마트제조(SCADA 등)
[445] 공급사슬
[446] 프로세스공학
[447] 최적화
[448] 공급사슬관리</td></tr>
<tr><td>[45] 인사조직</td><td>[451] 채용, 헤드헌팅</td></tr>
<tr><td>[46] 정보관리</td><td></td></tr>
<tr><td>[27] 환경관리</td><td>[471] Compliance</td></tr>
</table>

(2) AI와 로봇과 일자리

AI가 노동자를 대체하는 이슈가 있다. 이에 대해 아마존은 AI나 로봇을 더 많이 설치하고 있지만 그보다 더 많은 인력을 충원하고 있다고 밝혔다. AI, 로봇은 노동자들의 수를 감소시키지 않는다. 왜냐하면 자동화가 일어나 노동력이 감소하는 것이 사실이지만 AI 로봇을 이용해 사업의 영역이 확대됨으로써 확대되는 많은 새로운 일자리가 창출되기 때문이다. 일자리 감소는 일부 맞는 이야기지만 과연 아마존이 없는 새로운 시장을 만들어낸 것인지 생각해 볼 필요는 있다. 아마존은 다른 기업이 만들어 놓은 시장을 침투하는 경향이 있기 때문이다. AI, 로봇을 이용해서 도소매 관련 최대 경쟁자인 월마트와 클라우드서비스 최대 경쟁자인 마이크로소프트와 구글을 이기려고 하고 있다. 아마존이 관장하는 분야는 노동력의 감소를 이끌었고, 결국은 거시적인 관점에서 [그림 8-10]과 같이 노동자를 대체하고 있다고 볼 수 있다.

그림 8-10 로봇의 노동력 대체

4 해당 SDGs 문제를 해결한 기업의 성공 사례

4.1 직업 매칭 AI 글롯(Gloat)

인사관리, 특히 채용관리에 AI를 많이 사용하고 있다. 글롯은 일반인의 구직행위를 도와주는 인공지능이다. 앞서 제5장 [그림 5-13]처럼 글롯닷컴(https://www.gloat.com/)을 통해 AI 챗봇과 대화를 하고 시간이 지나면 회사의 인사담당자와 연결해 주는 시스템을 제공한다.

다만 인사관리에 있어서 AI 투명성(Transparency) 이슈가 있다는 것을 주의해야 한다. AI가 채용심사를 할 때 공정하게 서면평가를 한다는 전제를 가져야 의미가 있기에 투명성 이슈는 꼭 고려해야 한다. 만약 지원자가 AI에 의해 심사를 받았는데 탈락했다면 왜 탈락했는지에 대해 AI의 추론 결과의 이유를 알 수 없다면 불공정의 문제를 의심할 수밖에 없는 상황이다. 따라서 AI 채용심사를 할 때 공정하고 합리적인 근거로 심사를 했는지 확인해야 한다. 즉 투명성이 있어야 한다는 것을 의미한다.

한편 AI가 인종 등에 대해 차별하지 않았는지도 확인해야 한다. AI는 학습하는 데이터에 의해 움직이고, AI 알고리즘을 만든 사람의 의도에 의해 움직이기 때문이다. 인종차별을 하려는 의도는 없었으나 백인 중심의 데이터셋 혹은 남성 중심의 데이터셋을 중심으로 구성했다면 다른 인종이나 성별에 대해서는 불공정한 결론을 내릴 수 있다. 따라서 채용 알고리즘이 모든 경우의 집단에서 고루 학습되어 있음을 확인할 필요가 있다.

4.2 할배달

소셜벤처 '실버라이닝'은 취약계층에 대한 지속가능한 일자리 제공 문제에 관해 고민하고 그 속에서 비즈니스 기회를 포착하였다. 실버라이닝은 인공지능기술을 통하여 실버세대의 디지털 접근성을 용이하게 하여 실버세대와 자영업자를 잇는 실버 근거리 도보 배달서비스인 '할배달'을 기획하였다.

정부의 노인 일자리사업이 노인 일자리의 84%인 대부분을 차지하는데, 소득 · 나이에 따른 취약계층 위주로 선발한다는 점과 100% 세금으로 운영되어 지속가능성이 부재한다는 한계가 있다. 또한 나머지 민간 일자리에서는 재활용품 수거, 아파트 · 지하철 택배, 시니어 인턴십 등이 있는데 낮은 수익, 고학력 위주, 기타 진입장벽으로 중하위계층 노인 일자리에 사각지대가 발생한다. 해당 계층에는 낮은 난이도, 적은 시간, 활동성 보장, 적당한 소득이 일자리창출 필요요소라고 결론짓고, 배달 주문을 만 60세 이상의 시니어 배달원들이 직선거리 750m 범위 안의 각 배달지까지 도보로 배달하는 사업모델이 적합하다고 판단하였다.

실버세대에게 적합한 노인 UI/UX 가이드라인을 적용한 애플리케이션을 제작하고, 그 안에는 4차산업혁명기술들이 다수 포함되었다. 갈림길 또는 목적지와 반대되는 방향으로 이동하는 것이 감지되었을 경우 음성을 통한 안내로 길찾기를 도왔고, 축적된 상권의 주문데이터, 이동데이터 분석과 지형지물 학습을 통해 이전 배달과 다음 배달을 유기적으로 연결하여 도보 배달 시 이동 동선을 최적화하고 잉여시간을 최소화하였다.

이를 통해 실버 배달원들에게는 만족도 높은 실버세대 적합형 일자리를 만들고 정부 고용지표에는 민간분야 실버세대 일자리창출과 친환경 배달방식의 사회적 비용감소를 통해 소셜 임팩트를 창출하고 있다.

4.3 째깍악어

'째각악어'는 다양한 돌봄 니즈에 맞춰 돌봄 교사를 매칭해 주는 시간제 아이돌봄서비스 플랫폼이다. 개인의 돌봄 부담을 줄일 뿐 아니라 돌봄 노동시장을 재조명하고 있다. 워킹맘의 육아 부담을 낮춰줌으로써 여성의 경력단절 가능성을 낮추는 데 기여하고, 풀타임으로 일하기 어려운 여건의 돌봄 교사들에게 유연하게 일하면서도 합리적인 보수와 경력 개발 기회를 누릴 수 있는 일자리를 제공한다.

부모가 돌봄서비스가 필요한 시간을 정하고 돌봄 교사를 요청하면 매칭해 주는 방식인데, 매칭하는 과정에서 여러 가지 설문과 이용 패턴 등을 빅데이터기법으로 분석해 성향이 잘 맞는 부모와 교사와 매칭해 서비스 질을 높이고 있다.

경력단절 여성을 위한 일자리인 동시에 그들을 위한 서비스를 제공하기에 M-Curve를 줄일 수 있는 최고의 서비스라고 생각한다. 최근 돌봄 기반 인프라 확충 및 관련 분야 투자 확대지원을 발표한 정부의 육성정책에 따라 일자리창출과 경제성장을 기대해도 좋을 것 같다.

참 · 고 · 문 · 헌

권오병(2009), 〈경영학입문〉, 신론사

권오병(2020), "빅데이터를 활용한 AI 직무 분석 연구", 소프트웨어정책연구소

이용호 · 김재진(2019), "4차산업혁명을 고려한 중장기 산업구조 전망", 〈KIET 산업경제〉, KIET 산업연구원

조원영(2018), "제4차산업혁명과 재등장한 생산성 역설 논쟁", 〈월간 SW중심사회〉, 소프트웨어정책연구소

홍성민(2017), "4차산업혁명에 따른 일자리의 변화", 〈Entrepreneurship Korea〉, 과학기술정책연구원

홍은영(2019), "지능정보기술에 대한 대중의 태도 연구", 〈한국사회학회 사회학대회 논문집〉, 한국사회학회

[제9장]

SDGs9 산업, 혁신과 사회기반시설

1. 개념 및 배경
2. 현재의 문제점
3. 문제해결 노력
4. 해당 SDGs 문제를 해결한 기업의 성공 사례

제 9 장 SDGs9 산업, 혁신과 사회기반시설

1 개념 및 배경

1.1 정의

산업, 혁신과 사회기반시설은 '회복력 있는 사회기반시설 구축, 포용적이고 지속가능한 산업화 증진과 혁신 도모'를 위한 노력을 말한다. 교통, 관개, 에너지, 정보 및 통신기술 등 인프라에 대한 투자는 많은 국가에서 지속가능한 발전을 달성하고 지역사회에 힘을 실어주기 위해 중요하다. 또한 생산성 및 소득 증대, 건강 및 교육 향상은 기반시설에 대한 투자가 필요하다는 것은 오래전부터 인식되어 왔다. 하지만 아직 많은 개발도상국에서는 도로, 정보통신기술, 위생, 전력, 수자원 등과 같은 기반시설이 부족한 상태이며, 전세계 인구의 16%는 광대역 이동통신망에 접속하지 못하고 있다. 기술진보는 자원과 에너지 효율성 증대와 같은 환경목표를 달성하기 위한 노력이 수반되어야 한다. 또한 기술과 혁신이 없이는 산업화는 일어나지 않으며, 산업화가 없다면 개발이 이루어지지 않을 것이다. 효율성을 높이기 위해 제조제품을 관장하는 첨단제품에 더 많은 투자가 필요하고, 사람 간의 연결을 강화하는 모바일서비스에 초점을 맞춰야 한다.

1.2 산업혁신

사회기반시설, 산업혁신은 사회적 가치를 창출하는 핵심동력이다. 즉 사회기반, 산업혁신은 오늘날 경제성장, 지속가능한 경제에 있어서 중요한 요인이다. 따라서 지속가능한 산업화를 위해서는 양질의 인프라를 제공할 수 있어야 한다. 그러면 이러한 산업혁신의 주역은 누가 해야 하는가? 우선 큰 주역은 기업이다. 기업은 기업가정신, 기업윤리, 건전한 기업문화를 가지고 있어야 지속가능한 산업혁신이 가능하다. 민간분야에서의 산업혁신도 가능하지만 공공분야에서도 산업혁신을 도울 수 있다. 이 경우는 사회간접자본과 관련된다.

1.3 사회간접자본의 의의

사회간접자본(SOC: Social Overhead Capital)은 개개인의 경제주체의 생산과 소비활동에 직접 동원되지는 않으나, 국가 전체의 경제활동에 중요한 기반을 제공하는 교통, 통신, 전력 등 공공시설인 자본설비이다. 김명수(2002)의 논문 “우리나라 사회간접자본(SOC) 스톡 추계”에 의하면 사회간접자본은 사회간접자본 스톡과 사회간접자본 투자로 나뉜다. 여기서 투자는 투자액을 의미하고 투자에 의해 만들어진 시설이 사회간접자본 스톡이라고 볼 수 있다. 투자의 개념과 자산의 개념으로 나뉜다.

사회간접자본 스톡은 [그림 9-1]처럼 교통부문, 생활편의시설부문, 통신부문, 수리 및 치수시설부문으로 나뉘고, 교통은 도로와 철도, 항만, 공항으

그림 9-1 사회간접자본 스톡

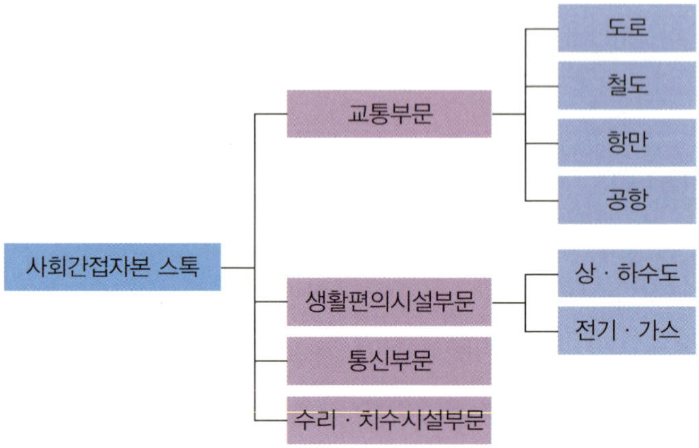

출처: 김명수(2002)

로 다시 나뉜다. 마찬가지로 생활편의시설도 상하수도와 전기 및 가스로 다시 나뉘게 된다. 이러한 모든 것이 사회간접자본이다.

1958년도에 경제학자 허쉬만(A. Hirschman)은 사회간접자본이 경제성장과 밀접한 관계가 있다는 것을 확인했다. 한편 사회간접자본 탄력성이라는 개념이 등장했다. SOC 투자 증분 대비 생산량 증분으로 투자 대비 생산량의 증가가 일어나는 것을 탄력성으로 본다. 예를 들어, SOC 투자가 이루어졌을 때 생산량이 많이 증가하면 탄력성은 높은 것이고 아니면 낮은 것이라고 볼 수 있다.

이러한 공공재로서의 사회간접자본은 지역경제 활성화의 요인이 되는가? 사회간접자본은 경제성장에 긍정적 영향을 준다고 허쉬만에 의해 증명되었다. 또 탄력성도 정도의 차이는 있지만 경제성장에 영향을 준다.

그러면 지역경제 활성화에도 도움을 줄까? 논문 결과에 의해 사회간접자본이 어떤 지역에 투자되냐에 따라 탄력성에 차이가 있다는 것을 알 수 있었다. 서울의 탄력성은 0.068, 비도시권의 탄력성은 0.304였다. 즉 대도시권보다 지방으로 갈수록 사회간접자본의 탄력성이 높아진다. 따라서 여력이 있다면 대도시권보다 지방권을 도와주는 것이 효과가 더 크게 나타나는 것을 알고 투자, 원조, 지원의 의사결정을 하면 된다. 결론적으로 사회간접자본 투자는 결국 지역경제와 개도국의 경제성장에 도움이 될 수 있다.

1.4 사회간접자본으로서의 4차산업혁명

그러면 4차산업혁명기술이 사회간접자본이 될 수 있을까? 4차산업혁명기술과 그 기술로 인한 결과물이 사회간접자본이 될 수 있다면 4차산업혁명으로 인한 스톡은 개도국을 도울 수 있고 지역경제 활성화에 도움이 된다. 4차산업혁명이 이루어지려면 다음과 같은 사회기반시설이 필수이다.

(1) 디지털 메시 필요

사람과 사물인터넷, 전자장비, 서비스와 데이터까지의 통합을 의미한다. 디지털 메시(Digital Mesh)는 이들이 완전히 통합된 것으로 촘촘한 디지털망과 촘촘한 클라우드로 연결된 상태라고 볼 수 있다. 이를 통해 기업은 지속가능한 사업가치를 창출하게 된다.

(2) 공유경제 틀 필요

공유경제가 가능해지면 이전에 하지 않았던 사업 기회가 창출되어 사회발전이 가능하다. 또한 공유경제의 틀이 되기 위해서는 낮은 비용과 편리함이 제공되어야 한다. 그러나 이해당사자 간 갈등이 발생할 수 있다. 이를 어떻게 해결할지 고민하고 시민들의 정보보안 문제를 해결할 필요가 있다.

(3) 개인의 소외화 방지 인프라 필요

개인은 변화의 혜택을 받아야 하며 희생물이 되면 안 된다. 변화의 환경에서 사람들이 빨리 적응할 수 있도록 도와야 한다. 예를 들어, 환경변화에 적응하도록 평생교육체계를 마련하는 방법이 있다.

1.5 기존 사회간접자본의 디지털화

기존의 도로, 상하수도 등 사회간접자본들을 디지털화하는 것도 고민해 볼 필요가 있다. 특히 디지털, 언택트산업 활성화가 필요하다. 또한 데이터, 5세대(5G) 이동통신, 인공지능(AI) 등 디지털 인프라를 어떻게 구축할 것인지 고려해야 한다. 양질의 대용량 데이터를 잘 공유할 수 있도록 하는지, 인공지능이 특정 계층을 위한 서비스를 벗어나 모든 사람이 함께 사용할 수 있고 모든 사람에게 동일 성능을 내는 그런 인프라인지 고려해야 한다. AI 기반으로 조성하고 클라우드를 강화하면 사회지능을 높일 수 있다. 한편 클라우드는 보안의 문제가 있으므로 사이버 보안을 강화해야 한다. [그림 9-2]에서와 같이 SOC의 개념이 변했다. 이를 통해 기존 사회간접자본의 디지털화가 가능하다. 또한 예전에는 도로, 교통, 항만이 SOC였지만 이제는 데이터, 통신, 클라우드도 SOC에 속한다.

그림 9-2 SOC 개념의 변화

SOC 개념의 변화

1.6 스마트시티

스마트시티(Smart City)의 첫 번째 정의는 도시의 경쟁력과 삶의 질 향상을 위하여 건설, 정보통신기술 등을 융복합하여 건설된 도시기반시설을 바탕으로 다양한 도시서비스를 제공하는 지속가능한 도시이다. 두 번째는 정보, 통신, 기술, 즉 정보통신기술(ICT)을 활용해 시민에게 적은 비용으로 업그레이드된 서비스를 하는 도시이다. 스마트시티의 목표는 경쟁력과 삶의 질 향상이며 이를 이루어주는 핵심기술은 건설정보통신기술과의 융복합이다. 한마디로 건설과 ICT의 통합이라고 볼 수 있다. 도시의 경쟁력 제고를 어떻게 할 수 있을까? 자동화를 통해 비용절감을 할 수 있고, 센서를 통해 도시 효율성, 안전을 증대할 수 있다. 또 빠른 인터넷을 통한 시민의 창조성이 증대되고, 에너지 자립 또는 절감이 가능하다. 센서들로 수집된 빅데이터를 이용하여 도시서비스 제고가 가능하다. 마지막으로 시민 간의 협력 증대가 가능하다.

2 현재의 문제점

2.1 개발도상국의 부족한 인프라환경

개발도상국은 도로, 정보통신기술, 위생, 전력, 수자원 등과 같은 기반시설이 부족한 상태이다. 전 세계 인구의 16%는 광대역 이동통신망에 접속하지 못하고 있으며, 많은 아프리카 국가, 특히 저소득 국가의 경우 인프라에 대한 제약이 기업 생산성에 약 40% 영향을 미친다. 한편 개발도상국의 농업

생산 중 시설을 통한 가공을 거치는 경우는 30%에 불과하다. 고소득 국가에서는 98%가 가공을 거친다. 이러한 것은 농업부문에 있어서 개발도상국에 좋은 기회가 열려 있다는 것을 의미하므로 도움이 필요한 곳에 지원할 필요가 있다.

2.2 국가별로 요구하는 인프라 지원 격차

[표 9-1]은 2020년 한국 과학기술정보통신부에서 나온 자료이다. 이를 통해 국가별로 요구하는 인프라 지원이 다른 것을 알 수 있다. 가나의 경우 지역개발분야가 가장 중요한 반면 네팔은 물 문제가 중요하다. 라오스 역시 물 문제가 중요하며 르완다는 교육, 특히 농촌개발, 통신분야가 중요하다. 모잠비크의 경우 교통, 몽골은 교육, 미얀마는 공공행정분야에 대한 니즈가 크다. 이렇게 개도국마다 중요시하는 인프라 지원 상황이 다름을 이해하고 그에 맞게 지원할 필요가 있다.

| 표 9-1 | 국가별로 요구하는 인프라 지원

국가	인프라 지원분야
가나	① 지역개발분야, ② 보건위생분야, ③ 교육분야, ④ 에너지분야
네팔	① 물관리 및 보건위생분야, ② 교육분야, ③ 지역개발분야, ④ 에너지분야
라오스	① 물관리 및 보건위생분야, ② 에너지분야, ③ 교육분야, ④ 지역개발분야
르완다	① 교육분야, ② 지역개발분야(농촌개발), ③ 통신분야(ICT)
모잠비크	① 교통분야, ② 에너지분야, ③ 물관리 및 보건위생분야, ④ 교육분야
몽골	① 교육분야, ② 물관리 및 보건위생분야, ③ 공공행정분야, ④ 교통분야
미얀마	① 공공행정분야, ② 지역개발분야, ③ 교통분야

출처: 과학기술정보통신부(2020)

2.3 스마트시티 구축 시 보안문제

스마트시티 구축을 할 때 실제 많은 시민들의 저항이 있다. 그 이유는 시민들의 개인정보 등을 중앙에서 모두 수집하고 모니터링할 수 있다는 보안의 문제가 있기 때문이다. [표 9-2]는 스마트시티의 위험요소들을 보여준다. 사용자 저항이론에 의하면 위험을 지각하면 변화에 저항하게 된다. 따라서 위험 자극요소를 사전에 잘 살펴서 사전에 방지할 필요가 있다.

| 표 9-2 | 스마트시티 위험요소

구분	내용
경제적 위험 (Financial Risk)	초기 구매비용 및 후속 유지비용과 관련된 잠재적 비용에 대한 위험
성능위험 (Performance Risk)	설계 및 광고된 것처럼 작동되지 않거나 고장의 가능성 때문에 원하는 효과를 가져오지 못할 위험
사회적 위험 (Social Risk)	사회적 집단에서의 개인의 지위에 대한 잠재적인 손실에 대한 위험
신체적 위험 (Physical Risk)	사고로 인해 질병 등 개인의 신체에 해를 끼칠 수 있는 위험
심리적 위험 (Psychological Risk)	구매목표를 성취하지 못했을 때 잠재적 자존감의 상실에 따른 위험
시간적 위험 (Time Risk)	구매결정 및 잘못된 구매에 따른 시간낭비에 대한 위험
사생활 침해위험 (Privacy Risk)	개인정보에 대한 통제와 관련된 잠재적인 손실위험
보안위험 (Security Risk)	시스템 취약성이나 외부의 공격으로 인해 데이터 보호에 영향을 미칠 수 있는 기술적 위험
기술위험 (Technology Risk)	신뢰할 수 없는 장치 또는 기술로 인해 발생할 수 있는 잠재적 손실에 관한 위험

출처: 박현애 · 유영철 · 이환수(2020)

3 문제해결 노력

3.1 기존 노력

(1) 개도국의 산업혁신 지원

개발도상국은 선진국에 비해 산업혁신을 스스로 일으키는 것이 쉽지 않을 것이다. 따라서 최근 유엔의 UNIDO(유엔산업개발기구)와 선진국은 여러 기관을 통해 개도국의 산업혁신을 지원한다. 우선 사회기반시설 구축지원이 있다. 사회기반시설 구축지원을 통해 얼마나 산업혁신이 잘 이루어지고 있는가 보는 지표는 두 가지가 있다.

첫 번째 지표는 도로 반경 2km 내 거주하는 지방 인구 비율이다. 도로가 인근에 없는 농촌과 도로가 인근에 있는 농촌 등을 파악한다. 도로가 인근에 있는 것은 사회간접자본이 잘 설치되었다고 파악할 수 있다. 두 번째 지표는 승객과 화물 수송량이다. 그리고 금융과 기술지원 강화와 의사소통을 위한 정보통신 인프라 지원이 있다. 특히 인터넷, 이동통신망 등이 중요하다. 선진국은 유선에서 무선으로 발전했지만 개도국의 경우는 지원을 받기 때문에 처음부터 무선통신으로 가는 경우가 있다. 이때 개도국의 시민들은 이동통신을 사용하지 않을 이유가 없다. 직접 이동해서 만나는 게 쉽지 않기 때문에 이동통신에 더 많이 의존하는데, 개도국 시민의 통신료는 그들 전체 소득의 31%이다. 따라서 개도국 시민들은 이러한 혜택을 받기 쉽지 않고 이런 지원을 받기 위해 다른 것을 희생해야 하는 문제가 발생한다. 마지막으로 연구개발 인프라가 많이 없기 때문에 대학, 연구소 등 연구혁신을 위한 지원을 계속적으로 추진하고 있다.

3.2 4차산업혁명기술 활용 노력

(1) 톰톰(TomTom)

톰톰은 내비게이션서비스를 제공한다. 내이게이션뿐만 아니라 [그림 9-3]처럼 인근에 비어있는 주차공간이 어디인지 찾아주는 서비스까지 제공하고 있다. 그런데 이런 서비스의 중요한 점은 자동차에 부착된 센서들을 활용해 자동차가 언제 주차장을 빠져나갈 것이며, 언제쯤부터 주차공간이 비어있을지 예측해서 주차하고 싶은 지역과 가장 가까운 공간이 비어있을 때 알려주는 서비스이다.

그림 9-3 TomTom의 내비게이션서비스

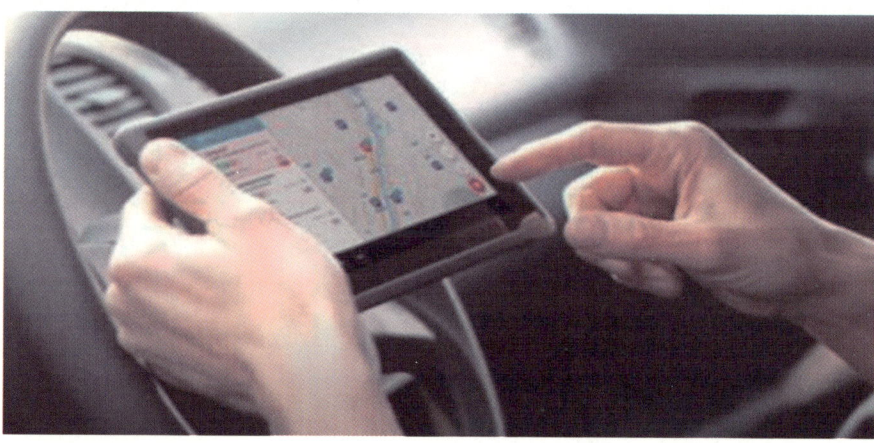

출처: businesswire.com

(2) 도서관 AI 챗봇서비스

국회도서관의 AI 챗봇서비스가 있다. 또한 국가학술정보 클라우드시스템이 있으며, AI로 도서관정보를 빠르게 습득할 수 있도록 한다.

(3) 한국의 스마트시티

부산의 에코델타시티, 세종시의 5-1생활권, 송도청라 · 영종, 고양시 개방형 스마트시티 등 한국에도 스마트시티가 존재한다. [그림 9-4]는 자연, 사람, 기술이 만나 미래생활이 구현된 부산 에코델타시티의 모습이다. 세종시의 경우는 자율주행과 드론의 사용이 가능하다.

그림 9-4 부산 에코델타시티

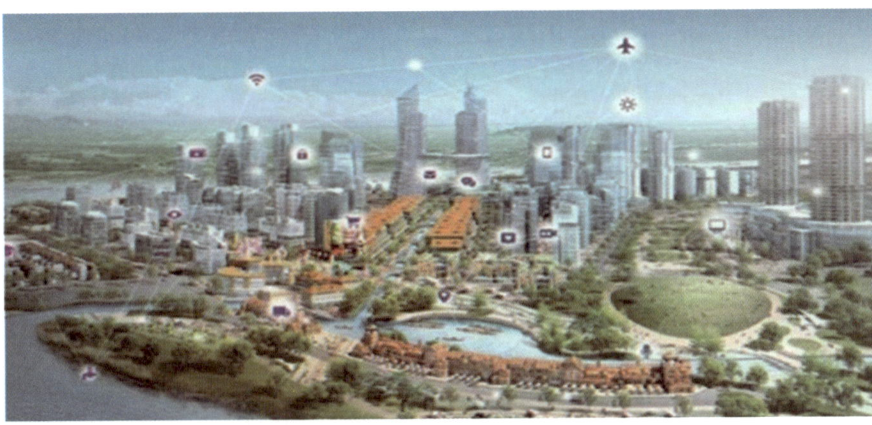

출처: 뉴스웍스(2018. 7. 16)

이런 스마트시티가 만들어지면 자율주행 및 무인셔틀버스, 스마트주차서비스, 치안관리용 드론, 스마트의료기기 및 의료데이터관리센터, 스마트대피시스템, 에너지 수집센서 등의 서비스가 제공된다.

(4) 스마트시티와 디지털트윈

스마트시티에 디지털트윈을 적용할 수 있다. 즉 디지털트윈을 통해 도시를 관리할 수 있다는 것이다.

1) 두바이의 Virtual Terminal

항만, 차량 등의 정보를 3차원 지도상에 가시화하는 항만관제 모니터링시스템을 운영한다. CCTV 기반으로 실시간 현장 모니터링이 가능하며, 컨테이너 이동경로 최적화 분석으로 생산성이 65%로 향상되었다.

2) POSCO의 PosFrame

공장 내 설비의 유형별로 특화된 스마트센서들(고압전기센서, 유해가스센서, 움직임센서 등)을 이용하여 실시간으로 모니터링하고 이상 상황이 생기면 사전에 감지할 수 있다. [그림 9-5]의 왼쪽에 보이는 각종 시스템을 통해 데이터를 수집하고 PosFrame은 데이터를 읽고 제어할 수 있다. 또한 이를 스마트공장, 스마트에너지 등으로 응용확장할 수도 있다.

그림 9-5 포스코의 스마트플랫폼 PosFrame

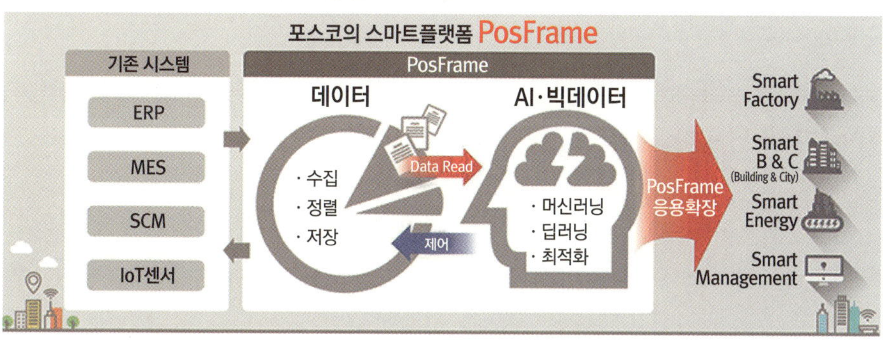

출처: poscoNewsroom

[그림 9-6]은 스마트팩토리가 구현되었을 때를 가상한 모습으로 설비 가동상태 및 데이터 흐름을 실시간으로 점검하는 모습이다. POSFrame은 현장의 설비와 [그림 9-6]에서 보이는 가상의 설비를 실시간으로 연결하고 현장의 변화가 가상의 설비에 반영하여 모니터링할 수 있다.

이런 디지털 트윈을 도시에 깔면 항만, 터미널, 빌딩, 자동차 등 모든 곳을 디지털화하여 실시간으로 어떤 변화가 있는지 모니터링이 가능하게 되어 사전에 문제에 대비할 수 있다.

그림 9-6 가상으로 설비상태 확인

출처: poscoNewsroom

3) 미국 앤시스와 프랑스 다쏘시스템

미국 앤시스(ANSYS)는 3D 설계, 물리해석, 시스템 모델링 및 시뮬레이션이 가능한 앤시스 트윈 빌더(ANSYS Twin Builder) 솔루션을 제공한다. 프랑스 다쏘시스템(Dassault)은 3D익스피어리언스(3D Experience) 플랫폼을 통해 제품에 대한 3D 컴퓨터 기반 설계(CAD), 3D 모델링, 유한요소 해석 및 다중 물리 시뮬레이션기능을 제공한다.

4 해당 SDGs 문제를 해결한 기업의 성공 사례

4.1 페이스북의 인터넷 드론, 아퀼라

개도국 정보통신 인프라 지원은 매우 중요한데, 대표적으로 페이스북(Facebook) 프로젝트가 있다. 페이스북은 인터넷의 중요성을 강조한다. 왜냐하면 인터넷을 통해 지식공유가 가능하기 때문이다. 선진국에 있는 양질의 교육인력이 개도국에 가서 교육하는 것은 상당히 제한적이다. 한국 역시 코이카 등 지원사업이 있지만 현지에 가서 지원하는 것은 많은 비용이 소요된다. 즉 고비용구조이다. 따라서 인터넷 인프라가 잘 깔려 있다면 원격에 존재하는 양질의 교육을 받을 수 있으므로 지식공유를 할 수 있는 가장 경제적인 방식이 인터넷 설치라고 말한다.

페이스북은 이를 위해 개도국 인터넷 보급조직인 Internet.org를 개설했다. [그림 9-7]은 이 사이트의 홈페이지 화면이다. 여기에는 'Connecting the world'라는 미션이 있으며, 세상을 연결시키는 서비스를 지원하고 있다. 개도국의 한 지역에 로컬기업을 선정해서 그 기업의 인터넷 보급을 돕는데,

그림 9-7 Connecting the World

출처: Internet.org

페이스북이 직접 인터넷을 설치해 주는 것이 아니라 로컬기업이 인터넷을 보급할 수 있도로 뒤에서 돕는다. 이를 통해 약 10억 명의 인구에게 인터넷 보급을 하고, 이로 인해 교육의 문제, 비즈니스 기회, 건강 등에 크게 기여하고 있다.

페이스북은 도서벽지 및 오지지역에 어떻게 인터넷 인프라를 구축했을까? 도서벽지 및 오지지역에 기지국을 세우고 선을 깔거나 하는 것은 어렵고 천문학적인 비용이 발생한다. 따라서 [그림 9-8]처럼 인터넷을 사용할 수 있게 하는 아퀼라(Aquila)라는 드론을 띄운다. 아퀼라는 라틴어로 독수리를 의미하는데, 한 번 충전하면 세 달 동안 운행이 가능하다. 따라서 오지에 아퀼라를 띄워놓고 레이저를 통해 특정 지역, 특히 오지에서 인터넷이 가능하도록 한다. 결국 아퀼라를 곳곳마다 설치해서 운영하는 지원사업을 하고 있다.

그림 9-8 아퀼라 드론

출처: themanufacturer.com

4.2 제너럴 일렉트릭

GE(GE: General Electric)회사는 [그림 9-9]처럼 고객사에 설치된 설비를 계속 모니터링하고 문제가 생길 것 같으면 미리 고쳐주는 서비스를 제공한다. 전 세계 50개 이상의 스마트팩토리 설립을 통한 제조 생산성 · 안전성 향상을 목표로 프레딕스(Predix) 플랫폼을 제안한다.

그림 9-9 디지털트윈을 통한 모니터링

출처: soccernurds.com

참 · 고 · 문 · 헌

김명수(2002), "우리나라 사회간접자본(SOC) 스톡 추계", 〈재정논집〉, 16, 3-20

박종구(2019), 〈4차 산업혁명 보고서〉, 생능출판사

박현애 · 유영철 · 이환수(2020), '스마트시티 위험요인과 저항에 관한 연구", 〈융합보안논문지〉, 한국융합보안학회

심재희(2004), "사회간접자본과 지역경제성장의 상관성 분석", 〈산업경제연구〉, 17(2), 한국산업경제학회

전자신문(2020), [박종구 박사의 4차 산업혁명 따라잡기], 4차 산업혁명의 인프라 (https://m.etnews.com/20200128000260?obj=Tzo4OiJzdGRDbGFzcyI6Mjp7czo3OiJyZWZlcmVyIjtOO3M6NzoiZm9yd2FyZCI7czoxMzoid2ViIHRvIG1vYmlsZSI7fQ%3D%3D)

[제10장]

SDGs10 모든 종류의 불평등 완화

1. 개념 및 배경
2. 현재의 문제점
3. 문제해결 노력
4. 해당 SDGs 문제를 해결한 기업의 성공 사례

제10장 SDGs10 모든 종류의 불평등 완화

1 개념 및 배경

1.1 정의

지속가능발전목표 10번째 숙제는 국가 내 및 국가 간 모든 종류의 불평등을 완화하는 것이다. 이를 위해 소득 수준 하위 40%의 소득 증가율을 국가 전체 평균 이상까지 점진적으로 달성하고 유지하는 것을 목표로 하며 모든 사람의 사회, 경제, 정치적 포용의 증진을 목표로 한다. 차별적 법규 철폐와 적절한 법, 정책 등을 통한 기회 보장을 목표로 하며 재정임금사회보장정책 도입을 통한 더 높은 수준의 평등 달성을 목표로 한다.

또한 국제금융시장 및 기관에 대한 규제와 모니터링 개선 및 이행 강화를 목표로 하고, 국제경제 및 금융제도 운용에서의 개발도상국의 대의권과 발언권 확보를 목표로 한다. 그리고 이주정책을 통해 체계적이고 책임 있는 이주지원을 목표로 하는데, 이를 위해 세계무역기구(WTO)협정에 따라 최빈국에 대한 특별우대 조치 이행을 목표로 하며 외국인직접투자(FDI), 공적개발원조(ODA) 등의 재원을 최빈국에 지원하도록 장려할 것을 목표로 한다. 또한 2030년까지 이주자 송금수수료 3% 미만으로 낮출 것을 목표로 한다.

불평등 문제를 다루는 데 있어 국가 간의 불평등, 국가 내 다양한 분야에서의 불평등이 중요하며 이를 줄이는 것이 중요하다. 불평등 중에는 부익부 빈익빈 형태의 불평등이 있고, 기회의 불평등도 존재한다. 상속이 불평등을 낳는 원인이 되기도 하고, '금수저, 흙수저' 논란도 있다.

[그림 10-1]에 따르면 1970년대부터 한국에서의 불평등은 1980년대까지 감소했다가 이후 상속이 부의 축적에 기여한 비중의 추이가 증가하고 있으며 현재는 거의 50%에 육박하고 있다. 그만큼 상속에 의해서 기울어진 운동장이 만들어지는 현상이 나타난다. 이러한 원인들로 인해 발생하는 불평등

그림 10-1 상속이 부의 축적에 기여한 비중

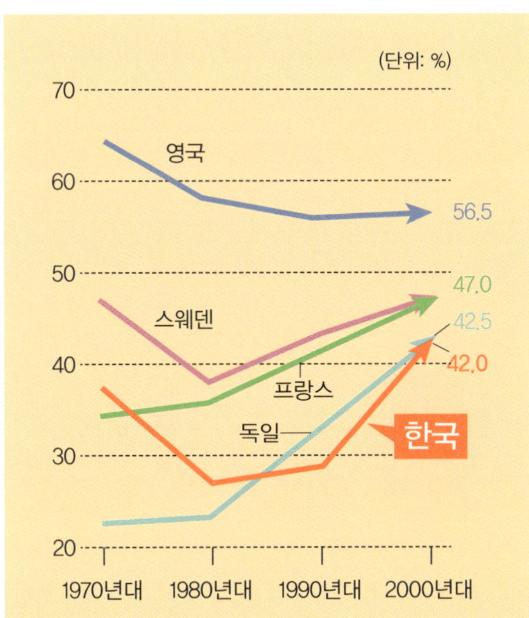

출처: 낙성대경제연구소

은 지속가능한 사회, 지속가능한 국가 운영에 위기가 되기 때문에 이러한 부분들을 잘 관리하고자 하는 것이 불평등 문제이다.

1.2 불평등의 역사

역사적으로 봤을 때 불평등은 어느 시대, 모든 곳에서 존재해 왔다고 해도 과언이 아니다. 다만 〈불평등의 역사〉의 작가 역사학자 발터 샤이델은 일시적으로 불평등이 감소한 경우가 있었다고 주장했다. 예를 들어, 큰 규모의 인구 이동을 수반하는 전쟁이 있거나, 혁명이 있거나, 국가가 망했거나, 치명적인 전염병이 창궐하는 등의 경우는 다 같이 어려움에 빠지기 때문에 불평등이 일시적으로 감소한 경우가 있었다는 것이다.

특히 큰 규모의 인구 이동을 수반하는 전쟁 중 대표적인 것은 훈족이 3~4세기경 겪은 전쟁이다. 훈족은 큰 가뭄이 들어 문제를 해결하기 위해 한족과 전쟁을 치렀다. 그러나 전쟁의 결과 훈족이 패배하면서 대규모로 서방으로 이동했다. 이로 인해 게르만족은 전쟁을 피하기 위해 또다시 로마로 대규모 이동을 하게 된다. 그러면서 이들의 이동은 5세기 초에 서로마제국이 멸망하는 원인을 제공했다. 이처럼 큰 전쟁이 발발하면 인구 이동이 대규모로 발생했으며, 그럴 경우 일시적으로 불평등이 감소하는 경우가 있었다.

2 현재의 문제점

2.1 불평등의 역사에서 본 문제점

결국 예외적인 경우를 제외하고 봤을 때 전 세계적으로 불평등은 늘 존재했음을 알 수 있었다. 더 큰 문제는 최근에 이러한 불평등의 이슈가 점점 더 가속화되고 있다는 것이다. 노령화가 진행되면서 경제적인 문제가 해결되지 않는 가난한 노인들이 대거 형성되거나 국가 간 인구 이동이 발생하면서 이주민들이 경제적인 약자로 전락하기도 한다. 또한 자동화의 여파로 일시적으로 직장을 잃은 사람들이 다른 직장을 가지지 못하게 되면서 발생하는 문제들도 나타난다. 유전학의 혜택을 받은 사람들은 건강하게 오래 살 수 있음에도 불구하고, 그러지 못한 사람들은 질병에 노출될 수밖에 없고 이들은 질병을 치료하기 위해 또 많은 돈을 써야 하는 문제가 발생한다. 이처럼 다양한 이유로 인해 최근 불평등의 문제가 더 심각하게 발생하고 있다.

3 문제해결 노력

3.1 기존 노력

(1) 불평등 해소 노력

토마 피케티는 전 세계적으로 존재하며 최근에 증가하고 있는 불평등 문제를 어떻게 해소할까에 대한 문제에 대해 〈21세기 자본〉이라는 책을 통해 주장을 펼쳤다. 그는 상위 1%에게 부과하는 누진적인 소득세가 필요하며 자본에 대한 세금인 자본세가 필요하다고 주장한다. 상위 1%는 노동을 제공하는 사람이 아니라 자본을 제공하는 사람이기 때문에 상위 1%의 사람들에게 더 많은 세금을 부과하여 불평등을 해소해야 한다고 주장했다.

2015년 노벨경제학상을 수상한 앵거스 디턴은 개인의 소비 수준에 영향을 미치는 요인이 무엇인지를 더 치밀하게 연구했으며, 그 요인들을 해소하기 위한 여러 가지 경제정책을 시행해야 한다고 주장했다.

세계적으로 존재하는 불평등을 해소하기 위해 유엔(UN)은 목표를 설정했다. 2030년까지 연령과 성별, 장애 유무, 종교, 고향, 경제 및 제반 지위와 상관없이 사회적 · 경제적 · 정치적으로 참여할 수 있도록 하는 것을 중요한 목표로 정했다. 2030년까지 소득 하위 40% 사람들의 소득성장이 전체 평균 소득성장을 앞지를 수 있어야 시간이 지날수록 경제적인 불평등이 완화된다며 적극적인 사회보장정책을 통해 더 넓은 평등을 추구해야 한다는 목표를 설정하고 있다.

그림 10-2 토마 피케티(왼쪽)와 앵거스 디턴(오른쪽)

출처: JTBC

(2) 불평등 해소 실천지표(CRI)

어떤 목표를 설정하고 그 목표를 달성하기 위해서는 얼마나 달성했는지를 측정할 수 있는 객관적인 지표가 필요하다. 불평등 해소라는 목표를 측정하기 위한 불평등 해소 실천지표도 존재한다. 불평등 해소 실천지표는 소비 관련 지표, 세제 관련 지표, 노동정책 관련 지표가 포함되어 있다. [그림 10-3]의 수식은 불평등 해소 실천지표(CRI: The Commitment to Reducing Inequality Index)를 구하는 식이다. 수식에 따르면 세제 관련 지표와 소비 관련 지표를 곱한 것에 루트를 씌우고 다시 2를 곱했는데, 이는 각각의 지표의 비중을 동일하게 산정하기 위함이다. 또한 노동 관련 지표보다 소비 관련 지표나 세제 관련 지표는 액수와 관련된 것이기 때문에, 단위를 맞추기 위해 루트를 사용한 것이다.

그림 10-3 불평등 해소 실천지표 계산 공식

Commitment to Reducing Inequality Index [CRI]

$$\frac{(\sqrt{Progressivity\ of\ Spending \times progressivity\ of\ tax} \times 2 + Progressivity\ of\ labour)}{3}$$

이처럼 불평등 해소 실천지표(CRI)는 지표들 사이의 스케일의 차이로 인한 불균형을 해결했다. 마지막으로 이 값들을 3으로 나누어 값을 산정했다. 불평등 해소 실천지표의 값으로 순위를 매긴 결과는 [표 10-1]과 같다. 덴마크는 가장 높은 순위를 차지했으며, 한국은 56위를 차지하고 있다. 지표를 참고했을 때, 한국은 여전히 불평등의 문제를 개선하기 위해 많은 노력을 기울여야 할 필요가 있음을 알 수 있다.

| 표 10-1 | 불평등 개선 노력지수(CRI) 순위

순위	국가	공공부문 지출	조세정책	노동권 보장
1위	덴마크	5	2	2
2위	독일	8	6	4
3위	핀란드	2	8	11
4위	오스트리아	6	9	7
5위	노르웨이	14	10	1
11위	일본	10	30	20
23위	미국	25	39	34
56위	한국	60	81	61
81위	중국	67	57	115

출처: 옥스팜 · 국제개발금융그룹 2018 보고서

(3) 불평등 해소를 위한 기존 적정기술

불평등을 해소하기 위해 기술적으로 도울 수 있는 방법 중 하나로 적정기술이라는 것이 있다. 적정기술(AT: Appropriate Technology)을 통해 불평등 문제를 해소할 수 있다. 특히 불평등 문제가 창궐하는 지역은 개발도상국이나 경제적으로 약소한 국가이다. 이들은 상대적으로 잘 만들어진 고급기술을 구매할 능력이 없는 경우가 다수이다. 적정기술은 일반적으로 값싸고 쉬우며 현장에 도움이 되는 아이디어로 만들어진 기술을 의미한다.

1) 라이프스트로

대표적인 적정기술 중 하나로 라이프스트로(Lifestraw)가 있다. [그림 10-4]와 같이 스트로를 통해 수질이 좋지 않은 물을 마실 경우 노폐물들이 걸러지고 건강에 해가 되지 않는 영양분만을 섭취할 수 있도록 제작된 것이다. 전기로 작동되지 않고 인체의 흡입에 의해 물을 마시게 제작된 것이다.

그림 10-4 라이프스트로

출처: lifestraw.com

2) 밀고 다니는 물통

아프리카에는 가뭄을 겪는 지역이 많기 때문에 많은 아이들이 물을 구하기 위해 평균적으로 하루 6km를 걷는다. 주로 물을 떠오는 역할을 하는 것이 바로 어린아이들이다. 따라서 아이들은 물을 떠오기 위해 걸어 다니면서 많은 시간을 허비한다. 또한 어린아이들이 무거운 물을 지고 나르는 것 자체는 정의롭지 못하다. 이 문제를 해결하기 위해 등장한 것이 [그림 10-5]의

그림 10-5 밀고 다니는 물통(Hippo water roller)

출처: en.wikipedia.org

밀고 다니는 물통이다. 밀고 다니는 물통을 이용하면 무거운 물도 쉽게 나를 수 있으며 아이들은 재미있게 이동할 수 있다.

3) 태양전지 전구와 항아리 냉장고

[그림 10-6]의 태양전지 전구와 [그림 10-7]의 항아리 냉장고도 역시 적정기술이라 할 수 있다. 항아리 냉장고는 진흙이나 나무로 만들어 그늘에 두어 냉장고의 역할을 수행한다. 비록 냉동고의 기능은 할 수 없으나 진흙의 기능을 통해 꽤 선선하게 내용물을 저장하여 보관할 수 있다는 장점이 있다.

그림 10-6 태양전지 전구

출처: 전자신문

그림 10-7 항아리 냉장고

출처: The Science Times

4) 이주민들을 위한 적정기술 보급

도시 빈민을 형성하는 이주민들을 위해 적정기술을 보급하는 방법도 있다. 이주민들로 하여금 기술을 습득하게 하고, 그들이 더 나은 일자리를 가질 수 있도록 한다면 경제적인 불평등의 문제가 어느 정도 완화될 수 있다. 따라서 한국의 경우 [그림 10-8]과 같은 기술센터를 각 지역마다 설립하고 있는 추세이다. 기술센터에서는 적정기술을 이주민들에게 전수한다. 때로는 개발도상국에 있는 사람들을 초청하여 적정기술을 가르치고, 그들로 하여금 자신의 지역에 기술을 확산시키는 효과도 얻을 수 있다.

그림 10-8 시흥시 다문화이주민 플러스센터

출처: 한국방송뉴스

3.2 4차산업혁명기술 활용 노력

(1) 적정기술로서의 4차산업혁명기술

적정기술은 상대적으로 떨어진 기술이라고 여겨지는 편견이 존재한다. 적정기술은 옛날 기술을 사용하는 기술이며, 개발도상국은 그마저도 없기 때문에 적정기술을 사용한다는 편견이 존재한다. 하지만 이는 편견이다. 최초의 핀테크는 케냐에서 만들어졌다. 과거 케냐의 많은 사람들이 은행에서 계좌를 만들지 못했고 송금도 할 수 없었다. 2007년, 이들을 돕기 위해 케냐의 학생들이 은행계좌가 없이 원격으로 송금을 할 수 있는 시스템인 M-Pesa를 개발했다. 그리고 M-Pesa는 오늘날의 핀테크의 원조이다.

이를 보면 적정기술에 대한 편견을 깰 필요가 있다. 최근 한국에서 활동하는 활동가들의 말에 따르면, 아프리카에서도 요즘 휴대폰을 사용하여 입출금 및 송금을 한다고 한다. 우리가 생각하는 것보다 그들은 통신기술의 혜택을 많이 받고 있다.

따라서 적정이라는 말 자체에서 '값싼', '옛날 것'을 떠올릴 것이 아니라, 적정이라는 단어의 의미를 '문화에 수용되며 그 나라와 지역의 문화에 잘 맞는'의 의미로 받아들여야 한다. 예를 들어, 과거 미국의 씨티뱅크가 ATM 기계를 처음으로 활용한 사례를 살펴보자. ATM 기계를 활용하면서 은행 앞에서 수십 분 동안 줄을 서고, 어렵게 상담을 받아가며 이루어지던 기존의 오프라인 뱅킹서비스가 변화되었다. ATM 기계를 통해 언제 어디서나 편하게 입출금업무를 볼 수 있는 새로운 종류의 온라인 뱅킹서비스를 최초로 시행한 것이 바로 씨티뱅크다. ATM도 혁신적인 기술이기는 하지만 현장에서 입출금 및 송금을 해야 할 필요성이 있던 당시 쇼핑문화에 잘 맞는 기술로 사용된 것이다. 그렇기 때문에 적정기술을 무조건 싼 기술로 보는 것은 옳지 않다. ATM은 절대 값싼 기술이 아니었다. 그 당시 사람들과 문화에 수용되는 관련 기술들을 보급하는 것이 적정기술이라 할 수 있다. 적정기술은 당대의 좋은 기술과 좋은 기획으로 만들어진 것이다.

[그림 10-9]를 보면 홍성욱 교수가 이야기한 적정기술의 11가지 특징이 나타나 있다. 가급적이면 비용이 적게 들고, 현지의 재료를 사용할 수 있어야 하며, 일자리를 창출하는 데 도움이 되고, 소규모로 가능한 것 등 여러 가지 특징들을 언급하고 있다.

그림 10-9 적정기술의 특징

1. 비용이 적게 든다.
2. 가능하면 현지에서 나는 재료를 사용한다.
3. 일자리를 창출하고 현지의 기술과 노동력을 활용한다.
4. 작은 규모의 농부들에 의해서도 사용가능할 정도로 소규모이다.
5. 농업기술을 지녔지만 과학기술교육은 받지 못했던 농촌 거주자가 이해할 수 있고, 통제 · 관리할 수 있다.
6. 도구나 제품을 마을 자체적으로 만들지는 못해도 철공소에서 제작가능하다.
7. 주민들의 협동작업을 끌어내며 지역사회의 발전에 공헌한다.
8. 분산된 재생가능한 에너지 자원을 활용한다.
9. 기술을 사용하는 주민들이 해당 기술을 이해할 수 있다.
10. 변화하는 환경에 맞추어 적응할 수 있는 유연성이 있다.
11. 지적재산권, 로열티, 컨설팅비용, 수입관세 등이 유발되지 않는다.

출처: 홍성욱(2011)

(2) 적정기술로서의 AI

그런 의미에서 봤을 때, 4차산업혁명과 관련된 기술이라 하더라도 문화에 잘 맞는 기술은 적정기술이라 할 수 있기 때문에 적정기술이 될 수 있다는 생각을 해볼 수 있다. 먼저 인공지능의 성능은 일반적으로 학습하는 데이터의 분량에 비례하는 경향이 있다.[01] 비례하는 경향이 직선으로 비례하는 것이 아니라 [그림 10-10]과 같다. 어느 정도 수준 이상을 넘게 되면 데이터의 분량을 늘려도 성능이 늘기는 하지만 증분 자체는 감소하는 경향이 있다. 그렇다면 아주 비싼 비용을 들여 데이터 분량을 키워 AI 성능을 높일 수 있겠지만 적정한 수준의 AI를 만들 수도 있다. 어느 정도 데이터 분량을 가져간

01 Kathleen King & Howard Beck(1990), "Medical AI systems as appropriate technology for developing countries", *The Know ledge Engineering Review*, 5(4), 251–263 (doi:10.1017/S0269888900005488)

다음 효과를 극대화할 수 있는 규모의 데이터를 비용을 지불해 구매한 뒤, 이를 바탕으로 AI를 구축하는 방법도 생각해 볼 수 있을 것이다. 고도의 정확도를 필요로 하지 않는 의료 문제를 해결할 때에는 이처럼 값싼 AI를 보급하는 것도 가능할 것이다.

그림 10-10 AI의 성능과 데이터 분량의 관계

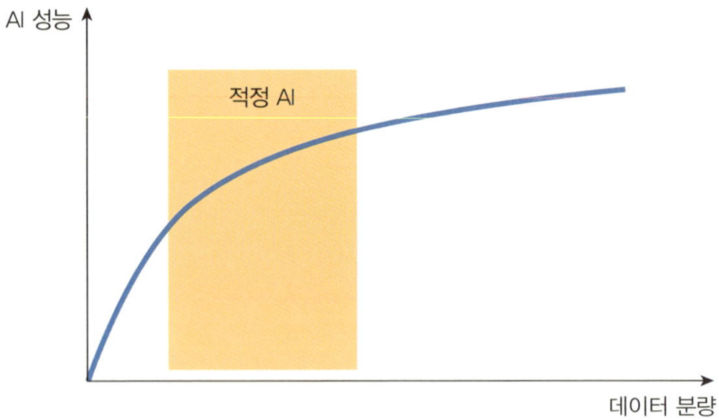

출처: Kathleen King & Howard Beck(1990)

(3) 적정기술로서의 빅데이터 분석

베트남에서는 전체 지역 중 특별히 사고가 많이 나는 사고다발지역이 어디인가를 분석할 필요가 있었다. 따라서 베트남은 분석을 통해 교통사고를 줄이기 위한 프로젝트를 진행했다. 분석 결과 주로 사고는 아동과 관련한 사고가 많았으며, 사고 시점을 분석하여 사고다발지역을 파악했다. 또한 사고다발지역을 찾아가 교통사고를 줄이기 위한 캠페인을 진행하거나 제도적으로 장치를 마련하는 등의 시도를 통해 교통사고를 줄일 수 있었다. [그림 10-11]의 사진은 WHO에서 함께 추진했던 베트남 교통사고 줄이기 프로젝트에 대한 안내를 보여주고 있다.

그림 10-11 교통사고 줄이기 프로젝트(베트남)

출처: seoulsolution.kr/sites/default/files/%EC%84%B8%EA%B3%84%EC%99%80%EB%8F%84%EC%8B%9C14%ED%98%B8%20%ED%8A%B9%EC%A7%913.pdf

한국의 서울시 성북구에서도 주민참여형 빅데이터 어린이 교통안전 프로젝트를 추진한 적이 있다. 마찬가지로 주민들의 데이터를 수집하여(크라우드센싱) 교통위험지역을 파악하고 응대하는 프로젝트를 성북구에서 추진한 바 있다.

(4) 적정기술로서의 IoT

아두이노(Arduino)를 이용하면 많은 센서나 부품을 이용해 불을 켜거나 자동차를 작동하게 하는 등 자그마한 전자장비를 만들 수 있다. 아두이노의 값이 저렴하기 때문에 특히 개발도상 국가의 학생들에게 IoT에 대한 경험을 제공할 때 아두이노를 활용하면 값싸게 할 수 있다. 그 다음으로 Bit rate, Coverage, Power consumption에서 값이 덜 나가는 저렴한 IoT를 선정해서 구현하고 확산시키는 것도 적정기술로서 IoT를 활용하는 방법 중 하나이다.

(5) 적정기술로서의 과학도구

여러 가지 많은 과학 키트(Science Kit)가 존재한다. 개발도상국의 아이들이 과학자나 기술자가 되기 위해서는 반드시 과학기술교육을 받아야 한다. 하지만 비용이 많이 들면 교육을 시킬 수 없다. 따라서 값싼 가격으로 과학 실험을 할 수 있는 지원이 가능한 과학 키트를 많은 곳에서 연구하고 있다. 주로 UNESCO, EU, OSA에서 공공적인 용도로 만들어 보급하고 있는 과학 키트도 존재한다. [표 10-2]는 개발도상국에 지원되고 있는 과학 키트를 보여주고 있다.

| 표 10-2 | 개발 도상국에 지원되고 있는 과학 키트

Kit Description	Origin/Provider/ Developed for	Cost/Kit	Target Area/ Subject(s)
Light Blox Kit: International Year of Light Edition	UNESCO	US$ 49 [11]	Physics/Optics
Light and Laser Education and Outreach Kit	USA/SPIE Students Chapters	US$ 199 [12]	Physics/Optics
Chemistry and Light Kit(Variants: Economic, Standard & Professional)	EU	US$ 266, US$ 665 & US$ 1,429(Euro equivalent) [13]	Chemistry
Optics Discovery Kit	USA/The Education Council of OSA	US$ 37.87 [14]	Modern Optical Sciences and Engineering
Optics Suitcase	USA/ROSA (Rochester section of OSA)	US$ 350 [15]	Optics
Photonics Explorer	EU/Eyest	Sponsor based [16]	STEM/Photonics

PhysicsQuest Kit (Story based activities)	Physicscentral.com	Free(registration required) [17]	Physics
The Galileoscope Educational Telescope Kit	Galileoscope, LLC-Astrosphere New Media Association Partnership	Donation Program [18]	Astronomy

출처: digitalcommons.mtu.edu/cgi/viewcontent.cgi?article=1147&context=materials_fp

(6) 적정기술로서의 3D 프린터

3D 프린터도 적정기술이 될 수 있다. 3D 프린터로 물건을 만들면 실제 사람이 조립하는 것보다 훨씬 빠르고 값싸게 구현이 가능하다. 게다가 3D 프린팅을 위해서는 반드시 프린터 안에 소프트웨어가 내장되어 있어야 하는데, 오픈소스를 통해 제작한다면 비용을 줄일 수 있다. 미시간 테크놀로지 대학(Michigan Technology Univ.)에서는 'OpenSCAD'라는 이름의 오픈소스 캐드 소프트웨어를 개발했다.

[그림 10-12]의 구조와 같이 3D 모델을 만들어 STL 확장자를 가지는 파일을 만들면, 그 타입을 가지고 3D 프린팅이 가능하기에 OpenSCAD를 활용하는 데 비용이 발생하지 않는다. 이처럼 비용을 지불하지 않고서도 3D 프린팅이 가능하다는 점에서 이를 적정기술로서의 3D 프린터로 볼 수 있을 것이다.

■ **그림 10-12** OpenSCAD

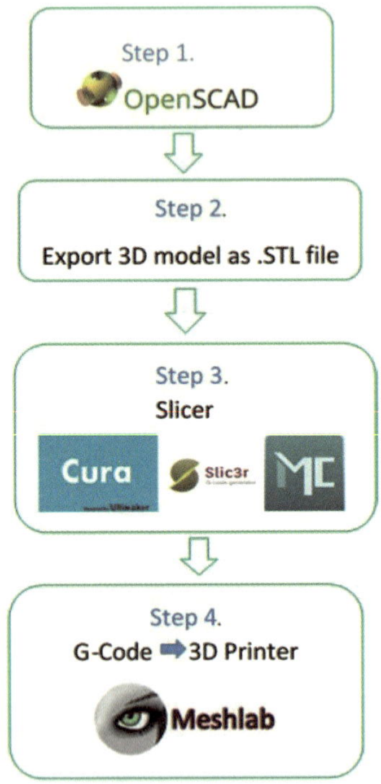

출처: digitalcommons.mtu.edu/cgi/viewcontent.cgi?article=1147&context=materials_fp

(7) 적정기술로서의 로봇

스리랑카의 경우 금속탐지를 많이 한다. 금속을 탐지해 어려움을 극복할 수 있고, 금속을 모아 팔면 그 지역의 사람들에게는 좋은 소득원이 되기 때문이다. 이를 일일이 다니며 확인하고, 금속을 캐는 것이 아니라 로봇을 이용할 수도 있다. 이에 스리랑카에서는 [그림 10-13]과 같이 금속을 탐지하는 기능이 있는 로봇을 사용하고 있다. 또한 실제로 가나에서는 저가형 로봇 조립교육을 실시하고 있다. 이처럼 개발도상 국가에서 로봇을 통해 할 수 있는 일들을 저가로 가능하게 하는 것 또한 적정기술로서의 예가 될 수 있다.

■ **그림 10-13** 금속탐지기 기능 로봇

[그림 10-14]는 미국 펜실베이니아주 피츠버그에 있는 카네기멜론 대학(CMU)에서 실시하고 있는 프로젝트이다. 전 세계에서 컴퓨터 과학분야에 있어 강점을 보이는 카네기멜론 대학은 적정기술을 활용하는 로봇을 개발하는 프로젝트를 진행하고 있다.[02]

■ **그림 10-14** CMU의 로봇 개발 프로젝트

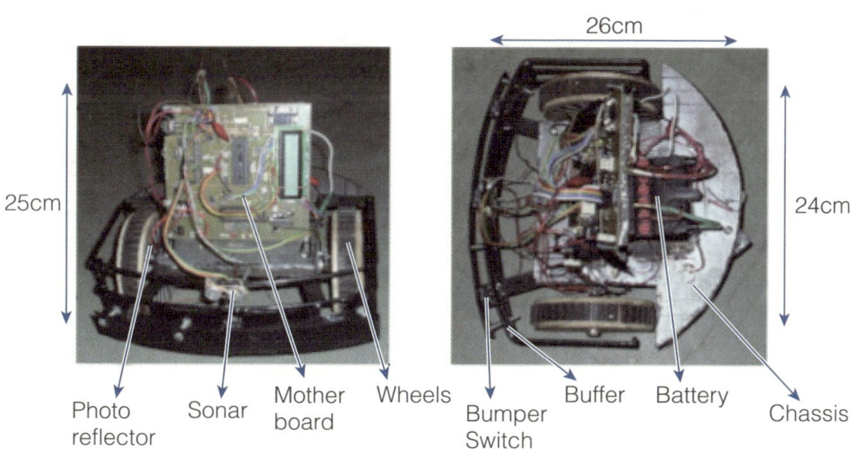

출처: CMU The Robotics Institute(2005)

02 CMU The Robotics Institute(2005), Robotics, Education, and Sustainable Development

(8) 적정기술로서의 드론

오지에 가면 이동하는 데 많은 비용이 발생한다. 이동을 위해서는 버스가 필요하며, 버스를 구매하는 데 비용이 발생한다. 또한 인프라가 잘 발달하지 않았을 경우 길이 패이면 버스를 구매해도 소용이 없다. 이처럼 도로와 관련한 인프라가 잘 구축되지 못한 경우, 드론은 효과적인 이동수단이 될 수 있다. [그림 10-15]와 같이 미국에서 개발하여 아프리카의 르완다에 제공하고 있는 드론은 현장에 약품이나 혈액 등을 배달하고 있다. 기존에는 약품이나 혈액을 옮기는 데 4시간이 걸렸지만, 드론을 활용할 경우 20분 만에 배달이 가능해졌기 때문에 긴급한 문제 등도 잘 해결할 수 있게 되었다.

그림 10-15 혈액을 배달하는 드론

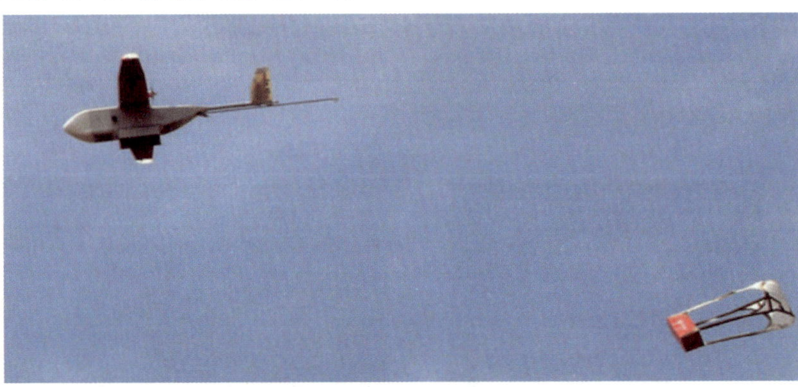

출처: weforum.org/agenda/2018/10/drones-for-development-can-deliver-innovation-for-the-whole-industry-heres-how/

(9) 적정기술로서의 VR

가상현실도 적정기술이 될 수 있다. 일반적으로 오큘러스, 바이브와 같은 VR 장비는 VR Viewer를 별도로 구매해야 한다. 하지만 이들의 가격은 상당히 비싸다. 이를 해결하기 위해 일반 휴대폰 자체가 VR Viewer의 역할을 수행하고, VR을 볼 수 있는 부가적인 장비만 구매하도록 하여 값싸게 VR을 체험할 수 있도록 할 수 있을 것이다. 이처럼 VR도 역시 적정기술로서 사용될 수 있다. 예를 들어, 비행기 등과 같은 고가장비는 너무 비싸기 때문에 개발도상국에서 사용하기 어렵다. 하지만 VR 시뮬레이터를 이용하면 사람들이 직접 비행기를 활용해 실습하지 않더라도 저가형 VR을 통해 가상 체험을 하고 연습을 할 수 있다. 이를 통해 비용도 절약할 수 있으며, 수준 높은 훈련도 가능해진다.

그림 10-16 저가의 VR장비

4 해당 SDGs 문제를 해결한 기업의 성공 사례

4.1 SK하이닉스의 '실버프렌드'

코로나19가 확산되면서 취약계층인 독거노인들의 사회적 · 경제적 고립이 사회 문제로 떠오르고 있다. 감염위험으로 인해 가정방문 돌봄이 어려워짐에 따라 도움이 필요한 어르신들이 홀로 생활해야 하는 경우가 많아졌기 때문이다. 이는 고독사 증가 등 더욱 심각한 사회문제로 이어질 수 있어, 비대면으로도 실시간 돌봄이 가능한 ICT(Information and Communication Technology, 정보통신기술) 기반 스마트케어(Smart Care)에 대한 관심이 높아지고 있다.

이 가운데 SK하이닉스의 ICT 돌봄 사회공헌서비스인 '실버프렌드'가 코로나시대 노인 돌봄 모델의 선진 사례로 떠오르고 있다. UN ESCAP(United National Economic and Social Commission for Asia and The Pacific, 유엔 아시아 · 태평양 경제사회위원회) 세미나에 초청된 데 이어, 국내 · 외 노인복지전문가들이 모인 'ICT 돌봄 2020 국제심포지엄'에서도 우수 사례로 소개되었다.

실버프렌드 프로그램은 SK하이닉스의 기획 · 운영과 보건복지부, 독거노인종합지원센터, 소방청 등 정부기관 협력을 통해 감성 친화적인 AI 기기를 제공함으로써 독거 어르신의 생활을 즉시 개선하는 [그림 10-17]과 같은 ICT 기반 지원체계를 구축하는 데 목적이 있다.[03] 실제로 실버프렌드는 현재 어르신들의 외로움과 일상 속 불편함을 개선함으로써 훌륭한 라이프 파트너(Life Partner)의 역할을 충실히 수행하고 있다. 또한 노인 돌봄 기지국과 소방청에 기기 사용 데이터를 실시간으로 전달해 효과적인 응급 상황 대응에도 기여하고 있다.

실버프렌드는 전국에 있는 42개 노인맞춤 돌봄서비스 수행기관과 연계하여 실시간으로 어르신들의 건강상태 및 응급 상황 여부를 모니터링하고 있다. 실버프렌드가 작동될 때마다 사용 기록이 데이터로 축적되어 어르신의 행동 패턴을 파악하는 방식이다.

03 SK하이닉스 뉴스룸(2020), 독거 어르신들의 친구 '실버프렌드', UN 선정 글로벌 ICT 돌봄 모범사례가 되다 (https://news.skhynix.co.kr/2334)

그림 10-17 SK하이닉스의 실버프렌드

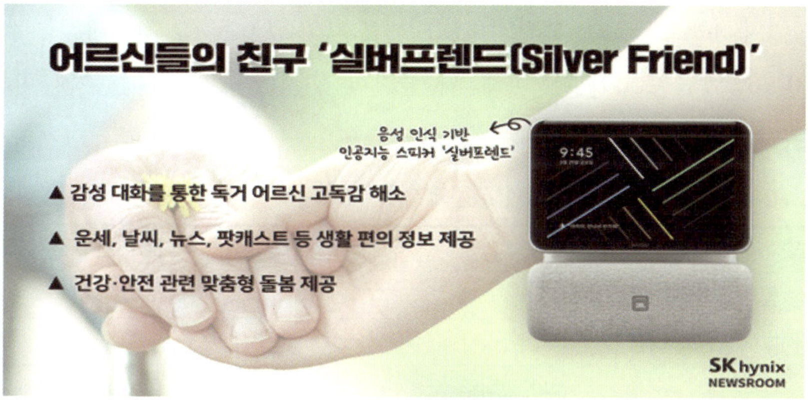

출처: news.skhynix.co.kr/2334

특히 원격으로 꼭 필요한 건강 · 생활정보를 전달하는 '도란도란 소식'기능은 어르신과 생활지원사들을 연결하는 소통 창구의 역할을 하고 있다. 실제로 코로나19 초기 전국적으로 마스크 구입 5부제가 시행되었을 때 큰 도움이 되었다. 마스크 구매를 혼란스러워하는 어르신들에게 생활지원사들이 구매 요일 알림 메시지를 전송해서 혼자서도 마스크를 제때 구매할 수 있도록 한 것이다.

4.2 삼성전자

(1) 여성 리더십 강화

삼성전자는 여성의 의사결정과정 참여와 리더십에 대한 공평한 기회를 보장하기 위해 노력하고 있다.[04] 여성 임원과 간부의 수를 늘리고 여성 리더십 교육과 멘토링 등을 실시하면서 차세대 여성 리더를 육성하고 있다. 이러한

04 삼성전자(2020), 〈지속가능경영보고서〉

노력을 기울인 결과 지난 10년간 여성 임원 비중은 9배, 여성 간부는 2배 증가하였다. [표 10-3]을 보면, 여성 임원은 2019년 6.5%를 기록하였는데, 이는 0.76%였던 2009년에 비해 꽤 증가한 수치였다. 여성 간부의 비중도

| 표 10-3 | 삼성전자 – 다양성과 포용에 대한 지표

다양성과 포용		2017년	2018년	2019년
여성 임직원 비율[1]		45.0%	43.0%	40.2%
직무별 여성인력 비중[2]	개발 직무	17.7%	17.2%	17.5%
	제조 직무	57.8%	56.8%	53.2%
	품질 & 환경안전 직무	48.1%	43.5%	41.3%
	영업 & 마케팅 직무	29.7%	30.8%	31.2%
	기타 직무	39.4%	36.0%	36.1%
지역별 여성인력 비중	한국	25.3%	25.2%	24.9%
	동남아 & 서남아 & 일본	63.1%	59.9%	56.3%
	중국	39.5%	40.3%	34.9%
	북미 & 중남미	34.8%	34.4%	35.1%
	유럽	35.0%	34.7%	34.5%
	중동	14.9%	14.5%	14.0%
	아프리카	33.6%	36.5%	37.7%
직급별 여성인력 비중	사원 직급	53.1%	51.6%	49.0%
	간부 직급	13.2%	14.2%	14.7%
	임원[3]	6.8%	6.3%	6.5%
육아휴직자 수[4]		3,643명	3,305명	3,894명
육아휴직 후 복귀율[4]		94.4%	95.9%	93.7%
어린이집 정원[4]		2,905명	2,980명	3,080명
어린이집 개수[4]		14개	14개	15개
장애인 임직원 수[4]		1,530명	1,538명	1,589명
장애인 고용률[4]		1.6%	1.5%	1.6%

출처: 삼성전자(2020), 〈지속가능경영보고서〉

2009년 7.49%에서 2019년 14.67%로 꽤 상승하였다.

(2) 근무지원제도

삼성전자는 출산과 육아 관련 다양한 제도와 시설을 운영하며 임직원이 가정과 직장의 밸런스를 유지하도록 지원하고 있다. 국내에서는 출산휴가, 육아 · 난임 · 자녀 돌봄 휴직제도, 육아기 근로시간 단축제 등을 국내법에 앞서 도입해 법 기준 이상으로 운영하고 있으며, 사내 어린이집을 운영하여 육아를 지원하고 있다. 또한 모성보호를 위해 모성보호 휴게실, 출퇴근 버스 내 임산부 배려석을 운영하고 고충 및 의견수렴을 위해 인사팀 주관 간담회를 실시하고 있다. 해외 생산법인에서도 회사규정에 따라 의무적으로 임산부를 위한 휴게공간을 설치하고 임산부 · 태아의 건강보호와 유축을 위한 공간으로 활용하고 있다. 특히 베트남 법인은 총 22개의 마미룸(Mommy Room)을 운영하고 있으며, 사내에 산부인과 의료진이 상주하고 있다. 중국에서는 출산휴가를 마치고 복직한 여성 임직원을 지원하는 산후복귀 프로그램을 운영하고 있다. [표 10-3]을 보면 삼성전자 임직원들의 육아휴직 후 복귀율이 2019년 약 94%임을 확인할 수 있다. 또한 [그림 10-18]은 삼성전자에서 운영하는 근무지원제도의 기준을 보여준다.

또한 삼성전자는 장애인이 회사 내에서 능력을 발휘할 수 있는 환경을 조성하고 있다. 고용한 장애인의 개인 니즈와 역량을 고려해 부서를 배정하고, 정기 간담회를 통해 직무와 생활 전반의 고충을 해결하여 업무에 집중할 수 있도록 돕고 있다. 장애인 임직원들이 업무를 수행하는 과정에서 겪을 수 있는 불편을 최소화하기 위해 편의시설을 보완하고 있다. 삼성전자는 장애인 임직원 시설 사내 인증제도인 '삼성 배리어 프리(SBF: Samsung Barrier Free)'를 도입했다. 이에 따라 2011년부터 국내 주요 사업장 건물과 시설에 대한 장애인 이용 편의성을 심사하고 장애인용 승강기, 화장실, 저상버스 등

그림 10-18 삼성전자 여성 근무지원제도 기준

배우자 출산휴가: (법) 최대 10일 → (삼성전자) 다태아의 경우, 최대 20일

육아휴직: (법) 자녀 1명당 최대 1년 → (삼성전자, SET부문) 자녀 1명당 최대 2년
(법) 만 8세 또는 초등학교 2학년 이하 → (삼성전자) 만 12세 또는 초등학교 6학년 이하

난임휴직: (법) 없음 → (삼성전자) 최대 1년, 최대 3회 분할 가능

자녀 돌봄휴직: (법) 없음 → (삼성전자, DS부문) 초등자녀 입학 시 3~7월 내 1개월 (무급)

육아기 근로시간 단축제: (법) 최대 1년 → (삼성전자, SET부문) 최대 2년
* 육아휴직과 유아기 근로시간 합산 최대 3년 이내
(법) 만 8세 또는 초등학교 2학년 이하 → (삼성전자) 만 12세 또는 초등학교 6학년 이하

출처: 삼성전자(2020), 〈지속가능경영보고서〉

의 편의시설을 설치 및 보완하고 있다. 또한 멕시코 법인에서는 시각장애인을 위한 점자 명함을 제작했으며, 워크숍과 콘퍼런스를 통해 장애를 가진 임직원과 함께 성장할 수 있는 문화를 조성하고 있다.

(3) 장애인용 기술개발

삼성전자는 신체적으로 불편한 고객을 위해 시각 · 청각 · 지체장애 보조기능 등 접근성기술을 반영하고 있다. 아울러 시청각 의사소통지원 애플리케이션인 '삼성 굿 바이브' 등 장애인의 고충을 덜어주는 제품과 서비스를 제공하고 있다. '삼성 굿 바이브'는 [그림 10-19]와 같이 스마트폰에서 모스부호와 햅틱기능을 결합해 간단한 스크린 터치만으로 시청각 장애인 간의 의사소통을 지원하는 애플리케이션이다.

그림 10-19 삼성 굿 바이브

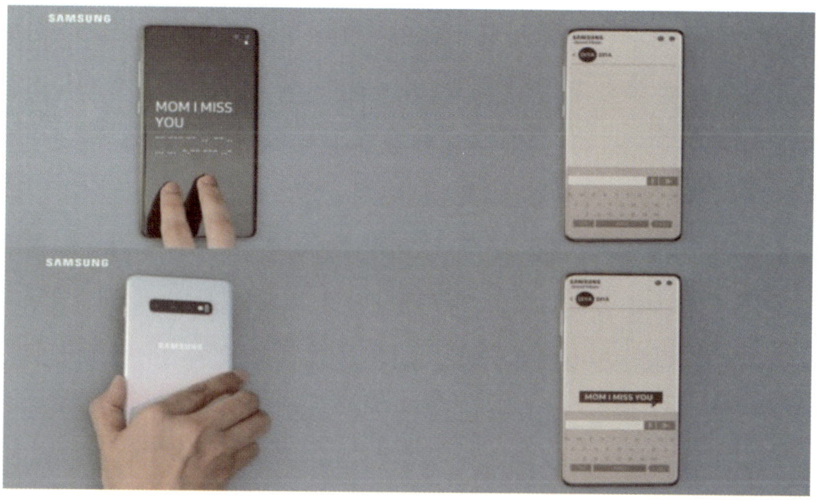

출처: news.naver.com/main/read.nhn?oid=079&aid=0003272432

4.3 과학기술정보통신부의 글로벌 적정과학기술 거점센터 구축과 운영

과학기술정통부는 인도네시아 소재 적정과학기술센터 구축을 통하여 기후변화 대응에 따른 녹색과학기술부문 적정기술개발과 기술이전, 기술실증, 역량강화, 정보공유 및 수요발굴 등을 추진하고 있다. 이외에도 캄보디아, 라오스, 네팔, 탄자니아, 베트남 등에서 적정기술개발과 보급 및 협력국과의 과학기술 및 ICT, 녹색기술 협력에 힘쓰고 있다.

(1) 인도네시아 저탄소 통합폐기물관리 거점센터

4R(Reduce, Reuse, Recycle, Recovery)원칙에 입각하여 폐기물 및 폐자원관리시스템의 주요 구성요소들을 개선하도록 하였다. 현지 니즈를 조사하

고 그에 맞는 문제해결형 적정기술을 매치하며 적정과학기술 현지화를 이루었다. 역량강화 프로그램을 기획하여 시행하고 센터의 지속가능성과 자립화 방안을 모색하고 있다. 아세안 협력국을 대상으로 기후기술협력 전주기지원 거점센터로 자리매김하여 도시 고형폐기물 및 농업 폐자원에너지화, 스마트 그린농업, 스마트팜, 하천수질오염개선, 재난재해 대응을 위한 과학기술 및 ICT, 드론매핑 데이터플랫폼 구축 등 과학기술협력 오픈 이노베이션 플랫폼 구축과 운영을 추진하고 있다. 인도네시아에 소재하고 있는 국제기구와의 협력도 가일층 긴밀한 글로벌 파트너십을 구축하고 있다. 거점센터의 이름이 Green Technology Partnership Initiative(GTPI)이기도 하다. 아세안사무국(ASEC), 아세안에너지센터(ACE), 글로벌녹색성장위원회(GGGI) 등과 긴밀한 협력을 기반으로 수요조사 및 사업발굴 등 인도네시아 거점 기반 아세안 협력국과의 사회문제해결을 위한 공공R&D기술 보급과 기술실증, 기술이전 등에 힘쓰고 있다.

(2) 라오스 에너지 및 농식품 거점센터

전통음식인 민물김(카이펜)의 위생상태와 품질을 적정기술을 활용하여 개선하고, 생산시설 구축과 상품화를 통해 라오스 농촌지역의 여성 일자리 제공과 지속적인 소득 증대를 도모하였다. 또한 소규모 송배전망(마이크로 그리드)용 태양광 및 피코수력 연계 발전용 하이브리드 발전시설로 농촌전력화사업을 통해 마을주민의 역량강화 및 고용기회를 제공하였다.

(3) 네팔 문제해결 거점센터

히말라야 천연섬유 알로를 이용한 마을기업을 육성하여 알로혼방사 신산업을 성장시켰다. 적정기술 이중창업 프로세스를 통하여 지역사회개발 및 지속가능 생태계를 구성하고 현지 대학에 적정기술 창업과정을 내재화하는 것을 주요 전략으로 하였다. 히말라야 천연자원을 가공하는 마을기업과 이를 지원하는 기술기업을 육성하여 기술생태계를 조성하였다.

(4) 탄자니아 에너지-산업연계 거점센터

신재생에너지기반 농촌 전력화와 지역사회개발, 백신냉장고를 통한 보건의료사업을 수행하고, 테크샵과 스마트팩토리를 구축하여 청년창업팀을 보육하고 기술사업화를 추진하였으며 국제콘퍼런스와 창업경진대회를 진행하여 국제협력과 역량강화의 플랫폼을 구축하고 성과확산을 도모하였다. 태양광발전과 백신냉장고에 스마트기술시스템을 도입하여 아프리카 4차산업에 적합한 적정스마트기술 모델을 개발하였다.

(5) 에티오피아 물/농업 거점센터

지하수 불소제거를 위한 고흡착 골탄을 개발하여 마을형 정수시스템을 설치하여 안정한 식수를 공급하고 지속가능한 운영을 위해 비즈니스 모델을 도입하였다. 농업분야에서 고부가가치 느타리버섯 재배 및 우수버섯종균 확보를 위한 오존클린벤치장치를 개발하여 마을에 버섯 재배시설을 구축하며 농업 비즈니스 모델을 구현하였다.

(6) 베트남 수자원/위생 거점센터

학교와 관공서 등 공동체 단위에서 빗물을 활용하여 안전한 식수공급이 가능하도록 하였으며, 초절수형 화장실시스템 및 자원순환형 화장실을 보급하였다. 지속가능성 측면에서 IT를 이용하여 유지관리시스템과 경제적 확산 모델을 구축하였다.

(7) 캄보디아 글로벌 물 거점센터

식수분야와 위생분야에서 식수장치개발사업 및 정화조개발을 통한 위생사업을 시행하였다. 지역사회 보급형 대용량 정수시설(SBBR)을 개발하여 마을에 식수시설을 제공하였으며 비즈니스 모델을 적용하였다. 위생사업으로는 기존 사용 중인 정화조의 문제점을 개선하고, 3단 밀폐형 정화조와 자연친화적 처리방식을 도입한 화장실을 개발하여 유지관리 및 경제성을 제고하였다.

(8) 미얀마 IoT/AMI 기술혁신 거점센터

국립 UCSY 대학에 SDN/Cloud 기반의 국제 간 네트워크 기반을 구축하고 미얀마 국가 연구교육망으로 확산하는 기술혁신센터를 구축하였다. 이를 통해 네트워크 기반의 원격교육, IoT/AMI 기술개발 프로젝트를 시행 중이며 미얀마 도시 및 산업 인프라에 적용하여 혁신 성장 동력이 되는 기술개발 및 인력 양성을 도모하고 있다.

그림 10-20 글로벌 적정과학기술 거점센터 현황

출처: msit.go.kr

참 · 고 · 문 · 헌

삼성전자(2020), 〈지속가능경영보고서〉

SK하이닉스 뉴스룸(2020), 독거 어르신들의 친구 '실버프렌드', UN 선정 글로벌 ICT 돌봄 모범사례가 되다 (https://news.skhynix.co.kr/2334)

홍성욱(2011), "적정기술의 의미와 역사", 〈과학기술정책〉, 21(2), 과학기술정책연구원

CMU The Robotics Institute(2005), Robotics, Education, and Sustainable Development

Kathleen King & Howard Beck(1990), "Medical AI systems as appropriate technology for developing countries", *The Knowledge Engineering Review*, 5(4), 251–263 (doi:10.1017/S0269888900005488)

http://www.appropriate.or.kr/icat2020/

http://www.msit.go.kr

[제11장]

SDGs11 지속가능도시와 주거지

제11장 SDGs11 지속가능도시와 주거지

1 개념 및 배경

1.1 정의

지속가능한 발전의 11번째 목표는 포용적이고 안전하고 복원력이 있으며 지속가능한 도시와 인간 주거지를 조성하는 것이다. 주택과 기초 공공서비스에 대한 접근 보장 및 빈민가 환경개선을 목표로 하며, 모두를 위한 지속가능한 교통시스템 제공을 목표로 한다. 또한 지속가능한 주거지계획과 포용적이고 지속가능한 도시화 강화를 목표로 하고, 세계 문화 · 자연유산의 보호 및 보존을 목표로 한다. 더불어 재난으로 인한 사상자 수와 직접적인 경제적 손실의 감소를 목표로 하며 도시 인구 1인당 부정적 환경 영향 축소를 목표로 하고, 공공 녹지공간에 대한 보편적 접근 보장을 목표로 한다. 또한 목표 달성을 위해 도시 및 도시 근교, 농촌지역 간 긍정적 경제 · 사회 · 환경적 연계지원을 목표로 하며 센다이 프레임워크에 따른 통합재난위험관리 개발 및 이행을 목표로 한다. 그리고 최빈국의 지속가능하고 복원력 있는 건물 건축지원을 목표로 한다.

도시는 아이디어 · 상업 · 문화 · 과학 · 생산성 · 사회개발 등을 위한 허브 역할을 하며, 사람들이 사회적 · 경제적으로 발전할 수 있도록 해주었다. 2030년까지 도시 내에 거주하는 인구 수가 50억 명으로 증가할 것으로 예상됨에 따라, 도시화로 인한 과제를 해결하기 위해서는 효율적인 도시계획과 관리방식이 마련되는 것이 중요하다.

토지와 자원에 부담을 주지 않으면서 일자리창출과 공동 번영방식으로 도시를 유지하는 데는 많은 어려움이 있다. 일반적인 도시 문제로는 도시혼잡 외에도 부족한 관리운영비용, 주택 부족, 생활 인프라 감소, 대기오염 증가 등의 문제들이 있다.

급격한 도시화는 도시 내 고형폐기물의 안전한 수거 및 처리와 같은 문제를 발생시키지만, 자원 사용을 개선하고 오염과 빈곤을 줄여 지속적으로 발달하고 성장하는 방식으로 극복할 수 있다. 그러한 한 가지 예는 도시 쓰레기 수거의 증가이다. 미래의 도시는 기본적인 서비스, 에너지, 주택, 교통 등을 이용할 수 있는 기회를 제공해야 한다.

1.2 지속가능도시

현재 살고 있는 지구인들의 과반수가 도시에 살고 있기 때문에 도시는 중요한 개념이라 할 수 있다. 이미 2010년도를 기준으로 전 세계 인구의 절반 이상이 도시에 거주하고 있었으며, 앞으로 2050년에는 전 세계 인구의 2/3 이상이 도시에 거주할 예정이다. 아울러 도시의 슬럼에 거주하는 인구도 늘어날 전망이다. 1990년 도시 슬럼 거주인구는 7억 명으로 추산되었으나, 2020년에는 약 14억 명으로 2배가 증가할 예정이다. 대부분의 도시는 해안선이나 강 중심에 형성되어 있다. 따라서 지진, 해일, 홍수 등과 같은 자연재해가 발생할 경우 도시는 직접적인 피해를 입을 가능성이 매우 높다. 앞으로 자연재해에 노출된 도시가 증가한다는 것이 도시의 지속가능성에 대한 중요성을 생각해 보게 하는 요소이다.

도시는 앞으로 계속해서 늘어날 것이고, 피해에 더 노출될 상황 속에서 지속가능한 도시를 세워야 한다. 따라서 지속가능도시의 목표는 포용성, 안전성, 복원성, 지속가능한 도시 또는 주거지를 만드는 것이 될 것이다.

(1) 지속가능도시지수

어떤 목표를 세워도 성과를 측정할 수 없다면 관리하기 어렵다. 따라서 지속가능도시의 목표를 달성하기 위해서는 측정치가 필요하며, 그것이 바로 지속가능도시지수이다. 평가요소는 교육, 교통, 경제, 건강, 환경, 인구와 같은 요소들이다. 네덜란드의 컨설팅회사인 아카디스에서 이를 평가했다.

| 표 11-1 | 상위 지속가능도시(2015년)

순위	도시명(국가)
1	프랑크푸르트(독일)
2	런던(영국)
3	코펜하겐(덴마크)
4	암스테르담(네덜란드)
5	로테르담(네덜란드)
6	베를린(독일)
7	**서울(대한민국)**
8	홍콩
9	마드리드(스페인)
10	싱가포르

출처: m.kmib.co.kr/view.asp?arcid=0922954845

[표 11-1]의 통계를 참고하면, 가장 지속가능한 도시로는 독일의 프랑크푸르트가 선정되었으며 대한민국의 수도인 서울은 7위에 위치했다.

2 현재의 문제점

2.1 치솟는 주택가격으로 인해 침해되는 경제적 지속가능성

지속가능한 도시와 주거지를 위한 SDGs의 세부목표에서는 도시가 주거지의 역할을 올바르게 수행하기 위해서 주택가격이 모두에게 안전한 적정가격을 형성하고 있어야 함을 제시한다. 하지만 현재 우리나라의 대표 도시인 서울의 경우 강남권을 중심으로 대부분의 아파트가격이 치솟고 있으며 정부의 강력한 규제도 큰 효과를 보지 못하고 있다. 오히려 정부의 집값 규제가 전세의 공급심리를 위축시켜 전셋집을 구하기 위해서는 세입자들이 면접까지 봐야 하는 온갖 기현상이 벌어지고 있다.

이러한 주택가격 급등현상은 비단 우리나라만의 문제가 아니라 전 세계적으로 벌어지고 있는 주택 문제다. 캐나다 토론토의 경우 지난 30년간 평균 가구소득이 133%가 증가한 것에 비해 주택가격은 425%가 인상된 지표를 보였다. 이는 더 이상 주택이 주거지의 역할을 하는 것이 아니라 더 많은 돈을 벌기 위한 금융자산의 형태로 그 역할이 전이되면서 발생하는 현상이다. 그리고 이러한 현상을 조직적으로 이용해 이윤을 추구하는 투기꾼들이나 사모펀드 운용회사의 개입으로 인해 상황이 더욱 악화되고 있는 추세다.

2.2 갈수록 심각해지는 지역 간 불균형 문제

역사적으로 수도를 중심으로 중앙집권적인 발전을 이루어온 우리나라는 일명 '서울공화국'이라는 말이 생길 정도로 수도권 집중현상이 심각하다. 국가통계포털의 주민등록인구지표를 보면 수도권의 인구 비중은 1970년대까지 전국의 28.7% 수준이었지만 2020년 기준 50%를 돌파했다. 이는 국토면적의 11%에 불과한 수도권에 인구의 절반이 거주하고 있다는 의미로 심각한 지역 불균형이 초래되고 있음을 시사한다. 이러한 수도권 과밀현상은 앞서 상술했던 주택가격의 비정상적인 급등현상의 원인이 될 뿐만 아니라 수도권에 집중되는 사회적 관리비용으로 인해 국가 예산 측면에서도 경제적인 손실을 가져다주게 된다.

또한 수도권 집중현상으로 인해 경제적 인프라가 수도권 중심으로만 발달하다 보니 지방에 거주하는 청년층들의 인구 유출도 계속해서 증가하고 있다. 통계청의 인구이동 통계에 따르면 2020년 1월부터 8월까지 부산, 울산, 경남지역에서 경기도로 이동한 인구는 약 1만 803명으로 지난해보다 약 14%가 증가했다. 이런 인구 유출현상이 지속되면 수도권의 연령층은 계속해서 낮아지는 데에 비해 지방의 연령층은 계속 높아지는 고령화현상이 발생하고 지역 간 경제활동인구 격차가 벌어지면서 더욱더 심각한 불균형을 초래하게 된다.

3 문제해결 노력

3.1 기존 노력

(1) 지속가능도시 위한 행동강령

지속가능도시를 만들기 위해 전 뉴질랜드 총리이자 현 유엔개발계획(UNDP) 총재인 헬렌 클라크는 행동강령을 제시했다. 헬렌 클라크는 지속가능도시에 위협이 되는 대상은 정부의 부패이기에 정치인들과 공무원의 청렴성을 강조하며 도시 정부의 부패에 대해 무관용 대응을 해야 한다고 주장했다. 또한 그녀는 정부 전체에 해당되는 수준에서 지속가능도시에 대한 계획과 조정을 할 수 있는 역량이 필요하다고 주장했다. 많은 경우 먼저 도시가

그림 11-1 헬렌 클라크 전 뉴질랜드 총리의 대담

출처: 제주포럼

성장한 다음 성장하며 발생하는 부정적인 측면들을 사후에 해결하려는 태도를 가진다며 이를 지양해야 한다고 주장했다. 가장 먼저 성장을 우선으로 생각하고 사후에 문제를 해결하는 것은 좋은 방안이 아니라는 것이다. 따라서 도시의 계획능력을 먼저 향상시켜야 하고 발전과 지속가능을 위한 충분한 재정이 확보되어 있어야 한다고 주장했다.

(2) 정부의 노력: 지역 균형발전을 위한 대전, 충남 혁신도시 지정

2020년 10월 8일 국가균형발전위원회는 대전광역시와 충청남도의 혁신도시 지정안을 의결했다. 이로써 수도권에 있는 공공기관을 혁신도시로 이전하는 2기 사업이 진행됨에 따라 수도권에 집중된 경제적 인프라가 지역사회로 분산되는 효과를 기대할 수 있다. 대전, 충남의 혁신도시화로 지역사회에 기업 유치가 활발해지면 청년들을 위한 일자리창출 역시 가능해지고 그에 따라 청년층이 경제활동을 위해 수도권으로 이동하는 인구 유출현상 또한 완화될 수 있다. 그리고 공공기관이 지역에 납부하는 지방세 수취효과로 인해 수도권에 비해 열악했던 지역경제가 되살아나는 효과도 기대할 수 있게 된다. 장기적으로 볼 때 이전된 공공기관이 지역 내 기업, 연구소, 대학과 협력하여 국가혁신클러스터를 조성할 경우 경제적 선순환을 통해 지속가능한 균형적인 발전을 이룰 수 있을 것으로 기대된다.

(3) 기업의 노력: LH 주택공사 빈민가 주거환경 개선과 공공임대주택 확대

LH 한국토지주택공사는 지난 2020년 1월 신년사에서 LH의 2020년 핵심과제를 SDGs 이념과 맞물려서 추진하겠다고 발표하면서 공공임대주택 수를 확대하겠다고 밝혔다. 정부가 주도해서 저렴한 전월세가격으로 내놓는 공공

주택 수가 늘어나면 집 구매에 대한 수요가 줄어 주택가격을 안정시키는 데 도움을 줄 수 있기 때문이다.

이에 따라 LH는 국토교통부와 업무협약을 맺고 지난 7월부터 영등포 쪽방촌 개발사업을 진행하고 있다. 1970년대부터 여인숙이나 집창촌 등을 중심으로 형성된 영등포 쪽방촌은 급격한 도시화가 진행되면서 방치된 대표적인 슬럼현상의 결과물이다. 따라서 최저주거기준에도 미치지 못하는 쪽방촌은 모두 철거하고 주민들이 재입주할 수 있는 1,200호의 공공임대주택을 새로 짓게 된다. 또한 쪽방촌 공공주택지구에 주민들의 취업활동을 지원하는 종합복지센터와 돌봄시설까지 입주시켜 기초 공공서비스에 대한 지원도 확장할 계획이다.

3.2 4차산업혁명기술 활용능력

(1) 지속가능도시와 IoT환경

이러한 지속가능도시를 만들기 위해서 필요한 IT 인프라 중 대표적인 것은 IoT가 있다. [그림 11-2]와 같은 구조로 현장에 센서가 존재하며, 센서에 붙어 있는 장비마다 RFID와 같은 센서가 부착되어 있다. 또한 여러 유·무선 네트워크를 통해 데이터가 전달이 되고 전달된 데이터를 통해 어떤 정보를 얻으며 그에 따른 행동을 취할 수 있는 애플리케이션이 존재한다. 이런 시스템을 통해 지능화된 교통, 관광 및 헬스케어, 도시환경관리 등을 수행할 수 있다. 따라서 지속가능한 도시를 IT 및 IoT화할 때에는 센서 네트워크를 먼저 구축한 뒤 데이터를 가지고 정보를 추출하며 추출된 정보를 근거로 서비스를 제공할 수 있는 레이어를 구축할 필요가 있다.

그림 11-2 지속가능도시와 IoT환경

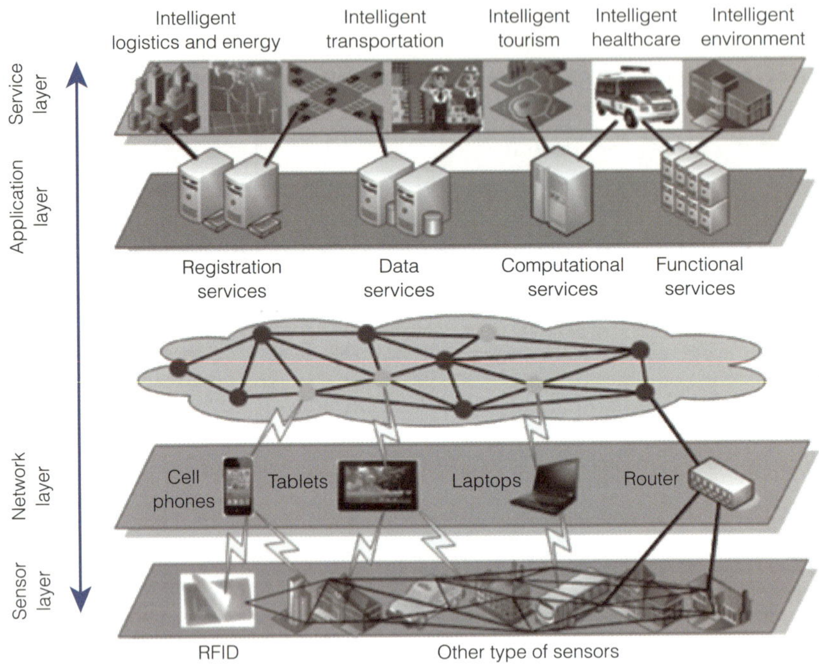

출처: mdpi.com

(2) ICT 기반 에너지 절감

지속가능한 도시에서 에너지를 절감하는 것은 중요한 이슈이다. 많은 IT 기업들이 에너지를 절약하기 위해 ICT기술을 개발하고 있다. [표 11-2]를 참고하면 SKT는 '스마트플러그'라는 기술을 개발하여 아파트 내에 있는 홈네트워크시스템을 연동하고 있다. KT 역시 KT만의 에너지관리시스템, 통합에너지관제센터를 보유하고 있으며 수요예측을 통해 설비를 가동시키는 열설비 솔루션을 개발했다. 또한 LG는 IoT 에너지미터를 통해 특정한 건물의 에너지 사용량을 실시간으로 모니터링할 수 있는 기술을 사용하고 있다. 건물에 거주하는 사람들이 에너지 사용량을 세팅하면 그에 맞게 관리하는 솔

표 11-2 IT기업들의 에너지절약 ICT기술

기업	B2C 에너지 절약 ICT기술	B2B 에너지 절약 ICT기술
SK텔레콤	스마트플러그	아파트 내 홈네트워크 시스템 연동
KT		KT-MEG, 통합에너지관센터, 수요예측 기반 열설비 솔루션
LG유플러스	IoT 에너지미터	
포스코ICT		클라우드 기반 에너지관리시스템, DR서비스

출처: 아주경제

루션도 개발단계에 있다. 포스코 역시 클라우드 기반 에너지관리시스템 등을 개발하고 있다.

[그림 11-3]에서 볼 수 있듯이 ICT 기반 에너지 절감에 대해 생각해 볼 수 있는 시스템으로 BEMS와 FEMS가 있다. 우선 BEMS(Building Energy Management System)는 빌딩에서의 에너지관리시스템을 의미한다. BEMS를 통해 특정한 건물에서 사용하는 에너지량을 파악하고 이를 절감하려는 노력이 이루어질 수 있다. 이와 유사하지만 일반 건물이 아닌 공장 혹은 공단에서 적용되는 시스템이 바로 FEMS(Factory Energy Management System)이다. FEMS에서 중요한 문제는 공장 에너지를 절감하는 것이다. 이를 위해 공장 내의 모든 라인별로 에너지 사용량에 대한 데이터를 수집하고 이를 분석해 최적의 에너지를 사용해 관리하도록 도와 결국은 에너지 절감이나 에너지 관련 생산성을 향상시키는 것이 FEMS의 목표이다. FEMS를 개발하는 업체로 대표적인 기업으로는 미국의 IBM, GE, 하니웰이 있으며 일본의 후지쯔, 히타치, 도시바가 있고 국내 기업에는 SKT에서 클라우드형 FEMS를 만든 것을 예로 들 수 있다.

그림 11-3 BEMS와 FEMS

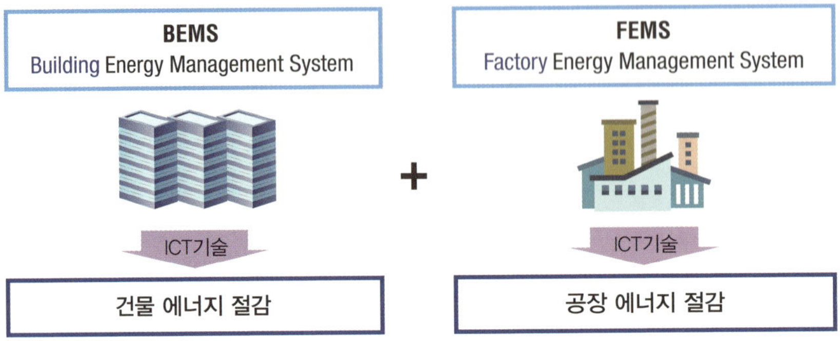

출처: 특허뉴스(2019. 7. 26)

[그림 11-4]는 FEMS의 예제 스크린이다. 그림에서 볼 수 있듯이 FEMS를 통해 사용자는 전체 전기 사용량, 가스 사용량, 물의 사용량을 실시간으로 확인할 수 있다. 이외에도 날씨와 같은 외부정보도 에너지 사용량과 직결될 수 있기 때문에 이러한 정보도 함께 볼 수 있도록 구성되어 있다. 결국 이 모든 정보를 활용하여 어떤 부분이 개선되어야 하는지 등에 대한 정보를 모니터링을 통해 수정할 수 있도록 시스템이 구축되어 있다.

그림 11-4 FEMS 예제 스크린

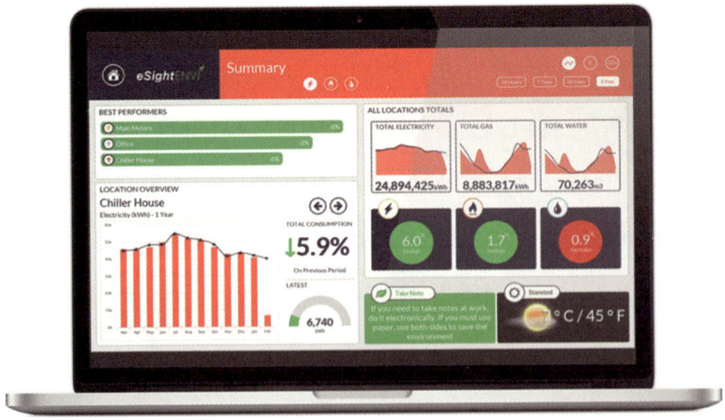

출처: eSight Energy

(3) ESS

ESS(Energy Storage System)는 에너지 저장장치를 의미한다. [그림 11-5]와 같이 ESS는 마치 컨테이너 박스처럼 생겼다. ESS는 전력을 많이 생산할 수 있을 때 에너지를 저장해 두고 전력이 부족하거나 에너지를 생산할 때 비용이 많이 드는 경우 저장된 전력을 끌어와 사용하는 저장장치를 말한다. 일반적으로 심야시간에는 전기를 저장하고 주간에 에너지를 많이 필요로 할 때 사용하면 큰 효과를 얻을 수 있다. 따라서 정책적으로 ESS를 활용해 주간 피크시간대에 사용하면 인센티브를 제공하는 등 민간 차원의 ESS에 대한 투자를 장려하려는 움직임도 나타난다.

그림 11-5 에너지 저장장치(ESS)

출처: Energy Storage News

(4) Google DeepMind

[그림 11-6]은 구글의 데이터센터이다. 외부에서 바라보면 마치 공장처럼 생겼으며, 공장의 내부에는 엄청난 수의 서버들이 존재한다. 많은 서버에 다

수의 컴퓨터가 24시간 가동되기 때문에 쿨링시스템에 많은 전력이 사용된다. 이를 해결하기 위해 구글은 딥마인드(DeepMind)를 활용해 에너지를 절감하는 AI 기반의 추천시스템을 개발했다. 이 추천시스템은 매 5분마다 쿨링시스템에 대한 이미지를 전송받고, 이미지를 기반으로 딥마인드가 학습을 하게 된다. 전력을 차단하는 것은 서버 안전의 문제가 있기 때문에, 안전에 문제가 되지 않는 범주 내에서 가장 에너지를 적게 사용하는 방법을 찾아내고 추천하는 시스템을 개발한 것이다. 이와 같은 시스템은 지메일(G-mail)을 이용하는 데이터센터나 유튜브(Youtube)에서 운영하는 데이터선터에도 적용되고 있다. 이처럼 구글 딥마인드의 사례는 AI시스템이 에너지를 절감하는 데 사용될 수 있다는 것을 보여주고 있다.

그림 11-6 구글 데이터센터(오리건주)

출처: youtube.com/watch?v=zDAYZU4A3w0

그렇다면 AI는 에너지 절감에 어떤 기여를 할까? 전력은 다양한 종류의 신재생 에너지원에서 얻을 수도 있고, 화력발전이나 원전 등을 통해서 전력을 얻을 수도 있다. AI를 활용하면 상황에 따라 최적화된 최고의 에너지가 무엇인지를 찾아낼 수 있다. 이를 활용해 전력을 사용하고 필요한 경우에는 에너지를 저장하며, 전력을 생산하도록 도와주고 지시해 주는 AI시스템을 개발할 수 있다. 특히 빌딩관리에 AI를 사용하는 것은 마치 자율주행자동차를 운영하는 것과 유사하다. 다시 말해 실제로 화면을 쳐다보며 모니터링하고 문제를 다루는 것이 아니라, AI가 확보하는 많은 데이터를 가지고 AI 스스로 최적의 에너지를 사용하는 방법을 찾아내며 직접 운영된다는 의미이다.

AI를 사용한 사례로 대표적인 것으로 'Priva ECO'라는 시스템이 있다. 이는 건물이나 건물에 거주하는 내부인들의 쾌적함을 그대로 유지하면서도 에너지의 사용을 최적화하는 방법을 찾아주는 AI시스템이다. 일반적으로 에너지를 사용하면 비용이 발생하는데, 여기서의 비용은 두 종류의 비용이 발생한다. 하나는 에너지를 적게 사용함으로써 발생하는 내부인의 불쾌함에 대한 불편비용이 있으며, 또 다른 하나는 에너지를 사용함으로써 발생하는 에너지 사용비용이 있다. 이 둘의 비용함수를 통해 나타나는 최적점을 구하는 것이 에너지 사용에 따른 비용을 최소화할 수 있는 최선의 방안이 된다. 이러한 계산은 매우 복잡하지만, AI를 활용하면 쉽게 최적점을 찾아내 비용을 최소화할 수 있게 된다. Priva ECO는 AI를 통해 최적점을 찾아 내부인의 쾌적함을 유지하며 에너지 사용을 최소화하는 방법을 찾는 시스템이다. 또한 Priva ECO의 방법은 현존하는 빌딩관리시스템에 애드온(add-on) 형식으로 사용될 수 있을 것이다.

[그림 11-7]은 에너지 절감을 위한 에너지의 역할을 보여준다. 에너지 절감을 위한 것으로는 크게 'Connect', 'Detect', 'Reduce'가 있다. 즉 에너지

그림 11-7 에너지 절감을 위한 에너지의 역할

출처: METRON

절감을 위해서는 에너지 사용과 관련된 정보를 서로 연결(connect)하고, 찾아내며(detect), 이러한 정보를 기반으로 비용을 절감하는(reduce) 최적의 의사결정을 하는 3단계가 가장 중요하다.

(5) 미래 주거지

이번에는 주거지에 대한 이야기로 넘어가 보자. 미래의 주거지는 어떻게 변화할까? 현재 1인가구의 수는 점점 증가하고 있으며 고령가구가 증가하고 있다. 또한 커뮤니티에 대한 중요성이 등장하고 있다. 이를 바탕으로 생각했을 때, 사람들이 가장 중요하게 생각하고 있는 미래 주거지는 아래의 5가지로 정리할 수 있다.

1) 차세대 유닛주택

차세대 유닛주택이란 [그림 11-8]과 같이 전체를 하나로 짓는 것이 아니라, 주택을 하나하나의 모듈 형태로 끼워 맞추는 형식으로 짓는 주택을 의미

그림 11-8 차세대 유닛주택

출처: Pinterest

한다. 차세대 유닛주택은 하나하나의 유닛으로 구성되어 있으며, 집을 구매하고자 하는 사람들이 유닛을 선택하면 선택된 모듈을 가지고 쉽게 끼워 맞출 수 있는 주택이다.

2) 가변형 주택

가변형 주택은 주택 내부의 벽이나 가구 등을 얼마든지 변화시킬 수 있도록 지어진 주택을 의미한다. 필요에 따라 벽을 늘리거나 좁힐수도 있으며, 방을 2개로 구성하거나 3개로 구성하는 등 가변성이 보장된 주택의 형태이다. [그림 11-9]와 같이 이사를 가지 않더라도 자기 집 내에서 자녀의 연령대에 따라 구조를 변경할 수 있는 편리함을 제공하기도 한다.

그림 11-9 가변형 주택

출처: 허브줌

3) 에너지 자립형 주택

외부로부터의 전력 공급을 필요로 하지 않고, 스스로 내부에서 에너지를 확보할 수 있는 주택이 에너지 자립형 주택이다.

4) 저렴한 주택 설계와 3D 프린터를 활용한 신속한 건축

[그림 11-10]은 러시아에서 3D 프린터를 활용해 만든 데모이다. 로봇을 이용해 3D 프린터가 형상물을 제작하는 것처럼 벽이 형성된다. 시간이 지나면 이것이 굳어져 주택을 만들게 되는데, 러시아에서 제작한 데모를 보면, 3D 프린터와 로봇을 이용해 11평의 공간을 하루 만에 완공한 것을 볼 수 있다. 이처럼 3D 프린팅기술과 로봇을 활용한다면 주택을 짓는 시간을 최소화하고 주택 공사에 들어가는 비용을 최소화할 수 있다. 결국 비용이 최소화되면 값싼 주거지도 만들어질 수 있음을 의미한다.

그림 11-10 3D 프린터 활용 주택

출처: ALL3DP

(6) ICT 기반 주거지 개선

언택트 상황에서는 주거공간을 벗어나기 어렵다. 따라서 집안에서 많은 것들을 할 수 있게 하고, 그 일을 ICT를 통해 스마트화한 것을 언택트 주거공간의 스마트화라고 한다. 즉 ICT를 활용해 융복합 스마트서비스가 이루어지는 공간을 만드는 것을 의미한다. 예를 들어, 집에서 원격의료를 받을 수 있으며, VR을 이용하면 박물관이나 놀이공간에 가지 않더라도 체험을 할 수 있다. 또는 집 내부에서 에너지를 관리해 주는 시스템을 구축할 수도 있을 것이다. 이러한 의미에서 스마트홈시장은 2016년을 기준으로 약 550억 달러의 시장에 불과했지만, 2023년에는 1,379억 달러의 큰 시장이 될 것으로 예상하고 있다.[01]

그렇다면 스마트홈 안에는 어떤 것이 구축이 될까? 복지를 향상시켜 주는 레저와 의료, 정보검색 등을 통해 복지를 향상시켜 주는 부분이 있다. [표 11-3]에서 볼 수 있듯이 참여, 스마트팜, 가드닝 등 환경 친화적으로 얻을 수 있는 에너지관리나 에너지 세이빙, 주택 내에서의 물 등과 같은 여러 자원과 폐기물관리를 도와주는 것도 스마트홈의 형태이다.[02]

| 표 11-3 | 스마트홈

Welfare		
Leisure	Culture	Life style analysis, cultural activity support
	Shopping	Home shopping/smart commercial district development, shopping guide
	Exercise	Exercise data management, sports facility, auxiliary equipment
Medical Treatment	Health Care	Connection between health monitoring and medical facilities
	Emergency Response	Emergency situation monitoring, emergency rescue
Information Access	Information Equipment Support	Relevant equipment arrangement, rental and sharing platform
	Information Environment Support	Basic facility environment, on-offline education environment, provision of space for use of office equipment

01 나눔경제뉴스(2020), [코로나19와 ICT, 삶이 바뀐다] (6) 주거 (http://nanumy.co.kr/View.aspx?No=852093)

02 장수정 · 남경숙(2020), "주거단지 내 스마트홈 서비스 환경 조성방안 제안: 사례분석을 중심으로", 〈한국디지털콘텐츠학회 논문지〉, 21(1), pp.219-228.

Self-Reliance		
Production	Cultivation	Smart farm, home gardening facility, management system
	Job	Program management, infrastructure construction
Participation	Decision Making	Participatory decision making system management
	Community	Online community, information sharing
Eco-Friendliness	Energy Management	Provision of energy distribution and exchange platform, building energy management
	Energy Saving and Production	Energy saving, use of new and renewable energy
	Resources Management	Water management, waste management
High Tech		
Transportation	Public Transporation	Pedestrain environment, sharing mobility, transportation system optimization, introduction of future transport means
	Vehicles	Smart parking, parking space sharing electric vehicles
	Parcel Service	High technology-based logistics transport, management system
Life Convenience	Facility Management	Intelligent facility and city management
	Environment Management	Air quality management, temperature and humidity sensing, noise reduction
Safety	Security	Entry and exit management, life safety monitoring
	Protection of the Weak	Creation of environments for safe return and safe commuting to school
	Disaster Response	Disaster situation sensing, evacuation guidance, integrated safety management system construction

출처: 장수정 · 남경숙(2020), "주거단지 내 스마트홈 서비스 환경 조성방안 제안: 사례분석을 중심으로," 〈한국디지털콘텐츠학회 논문지〉, 21(1), pp.219-228.

이외에도 교통 문제 등과 같은 것도 ICT를 통해 해결할 수 있다. 최근에는 공유 모빌리티(Shared Mobility) 개념으로 도시화하는 것을 'Urban Mobility'라고 하는데, 최근의 5가지 트렌드에 대해 알아보자. 첫 번째로 전기자동차와 같이 전기로 가동되는 수송수단인 E-Vehicles이 있다. 두 번째로 카셰어링을 의미하는 'Mobility on demand'도 최신 트렌드이다. 세 번째로 자율주행도 중요한 트렌드이다. 자율주행의 핵심 가치는 사람들이 운전대를 잡지 않고도 편리하게 자동차를 이용한다는 것이다. 하지만 더 중요한 것은 앞으로 자율주행차가 많이 생기면, 사용자가 호출을 할 경우 무인자동차가 와서 사람을 태울 수도 있을 것이다. 이전에는 누군가가 자동차를 주차공간에 주차를 하면, 누군가가 직접 와서 차를 끌고 가야 했다. 이처럼 수동으로 이루어졌던 것들이 자율주행차를 통해 자동으로 운영할 수 있으며 이는 효율적이다. 주차공간을 확보할 수 있다는 장점도 있다. 네 번째로 자동차와 장비, 자동차와 자동차 사이의 통신수단을 만드는 'Car-to-X communication'도 하나의 트렌드이다. 다섯 번째로 'Urban mobility and local public transport'가 있다. 앞서 말한 자율자동차와 전기자동차를 복합하면, 자율전기셔틀버스나 드론택시도 운영할 수 있다.

(7) ICT 기반 통합보안 솔루션

ICT 기반의 통합보안 솔루션을 통해 카메라를 자동으로 인지해서 영상을 감지하는 무인경비시스템, 출입통제시스템이 가능하고, 더 나아가 소리를 인지하여 카메라로 인지하지 못하는 보안 문제를 해결할 수 있을 것이다. 또한 블록체인을 기반으로 하여 사물인지를 하는 것도 통합보안 솔루션 중 하나이다.

4 해당 SDGs 문제를 해결한 성공 사례

4.1 포스코 스틸빌리지

포스코 스틸빌리지사업은 포스코그룹 비즈니스가 진출한 국내외 지역사회에서 철강, 건축공법기술 등 비즈니스 역량을 활용해 주택, 학교 등의 하드웨어를 건축하고 사회적 기업 등 경제적 자립 기반의 소프트웨어 구축을 통해 지역의 자립을 돕는 사회공헌 프로젝트이다.[03]

포항과 광양, 인천, 서울 등에 스틸복지시설을 건축하는 한편, 화재로 어려움을 겪는 가정에게는 스틸하우스를 건축하여 가족구성원들이 재해를 극

| 표 11-4 | 포스코 스틸빌리지 성과

국가	보급 인프라	사업기간(년)	건립 수
한국	스틸하우스	2009~2019	50채(36개 도시)
	복지시설	2013~2019	7개소
베트남	주택	2014~2017	104채
	교량	2016	1동
		2019~2020	1동 건립 중
미얀마	교량	2017	1동
태국	주택	2017	13채
	야외스틸돔	2017~2018	5동(신축 3, 개보수 2)
인도네시아	주택	2018~2019	25채
	개인 화장실	2018~2019	30개소
	학교	2019~2020	3개소 건립 중
	다목적시설	2019~2021	2개소 건립 예정

출처: POSCO(2020), 〈기업시민보고서〉

03 POSCO(2020), 〈기업시민보고서〉

복하고 일상생활을 할 수 있도록 지원한다. 또한 [표 11-4]에서 볼 수 있듯이 해외사업장이 위치한 지역사회에도 다양한 인프라를 확충하고 있다. 베트남에는 104채의 주택을 건축하여 스틸빌리지를 조성하였고, 미얀마에는 스틸브릿지를, 태국에는 청소년 건강 증진을 위한 스틸돔 건축 프로젝트를 추진하였다. 또한 포스코 스틸빌리지는 UN SDGs 홈페이지 내 'Partnerships for SDGs'에 'POSCO Steel Village SDGs Initiative'라는 이름으로 2017년 11월 우수 사례로 등재되었으며, 유엔 지속가능개발부로부터 SMART 인증을 받은 바 있다.

4.2 스마트팩토리 구현

2019년 7월 세계경제포럼(World Economic Forum)은 포스코를 국내 기업으로는 최초로 세계의 '등대공장' 중 하나로 선정하였다. 등대공장이란 사물인터넷, AI, 빅데이터 등 4차산업혁명의 핵심기술을 적극 활용해 세계 제조업의 미래를 혁신적으로 이끌고 있는 공장에 수여하는 명예라고 할 수 있다. 포스코는 자체 스마트팩토리 플랫폼인 '포스프레임'을 통해 공장의 데이터를 수집, 정형화하고 제어하는 스마트제철소를 구현하고 있으며, 2016년부터 2019년까지 321건의 과제를 수행하여 기존 기술로는 개선이 어려운 난제를 극복하였다. 이를 통해 총 2,520억 원의 원가절감을 이루었다. 스마트팩토리는 사물인터넷기술로 현장의 데이터를 수집하고, 빅데이터와 AI기술을 통해 공정을 분석·최적화하여 자동 제어하는 것이다. 광양제철소는 2017년 후판공장을 대상으로 스마트팩토리를 구축·운영하였고, 2018년에 자동차강판 생산공장에 확대·적용하였다. 포항제철소는 2017년 에너지·발전공장에 스마트팩토리 인프라 구축을 시작으로 2019년까지 고로, 제강, 연주, 열연, 냉연, STS냉연으로 확산하여 다수의 단위공정 스마트과제를 수행하였다. 이를 기반으로 포스코는 2020년에는 성과가 확인된 스마트과제를 유사공정으로 확산하고, 2개 이상의 단위공정을 관통하는 공정통합과제를 다수 수행할 예정이다. [그림 11-11]은 스마트팩토리에 사용된 대표적인 예로, 포스코의 AI 용광로의 원리를 보여준다.

그림 11-11 포스코의 AI 용광로 작동원리

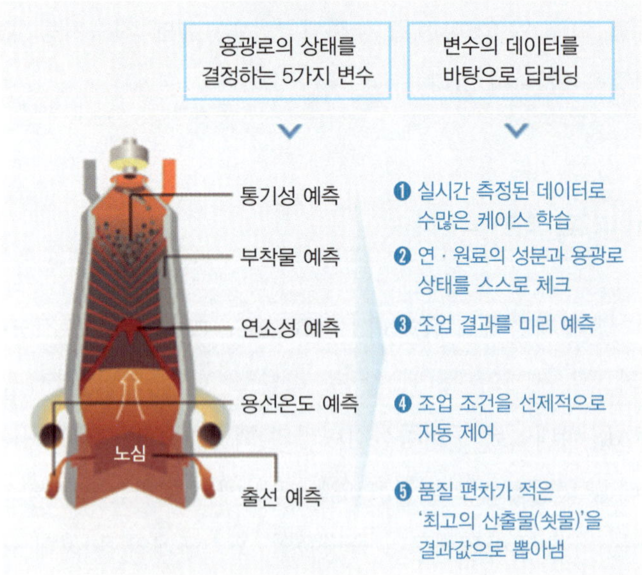

출처: POSCO(2020), 〈기업시민보고서〉

4.3 한국국토정보공사

한국국토정보공사는 현대식 국토정보시스템 구축이 필요한 개발도상국을 대상으로 한국형 국토정보관리체계를 활용하여 해당 국가들의 다양한 토지 행정 관련 문제를 해결하는 데 기여하고 있다.[04]

04 UN GLOBAL COMPACT NETWORK KOREA(2020), 〈2019 우수이행 기업 사례집〉, pp. 3-106

(1) 체계적 공간정보체계의 중요성

체계적인 공간정보체계는 국가발전의 중요한 기틀로써 해당 국가의 토지와 자원을 효율적으로 분배할 수 있도록 돕는다. 하지만 아직까지 많은 개발도상국들 내에서는 토지정보를 수기로 관리하고 있기 때문에 토지정보의 기재 오류, 중복 생산, 실제 토지 상황과 토지정보 간의 불일치, 관련 부서 간 토지정보 불일치 등의 문제들을 겪고 있다. 이는 국가 토지정책 수립에 필요한 기초자료를 신속하게 확보할 수 없게 만드며 토지 관련 행정업무의 비효율을 야기하는 등 지속가능한 국토개발과 관리에 어려움을 초래하고 있다. 이러한 문제를 해결하기 위해 개발도상국들은 토지행정 및 관리요건을 반영하는 국가공간정보체계를 구축하고자 많은 노력을 기울이고 있다. 한국국토정보공사는 2016년부터 우즈베키스탄 정부와 대한민국 정부 사이에 체결된 대외경제협력기금(EDCF) 차관협정에 따라 추진된 '우즈베키스탄 국가공간정보체계(NGIS) 구축사업'을 지난 2019년 7월에 성공적으로 완료하였다. 이를 통해 우즈베키스탄의 공간정보체계를 개선하고 선진 공간정보정책을 제시함으로써 지속가능한 국토개발과 토지행정에 기여하고 있다.

(2) 우즈베키스탄 국가공간정보체계(NGIS) 구축사업

한국국토정보공사는 우즈베키스탄 주요 도시 내 위성항법시스템을 활용하는 50개의 상시관측소를 설치하고 네트워크를 연결하는 우즈베키스탄 측위체계(UzPOS)를 구축하여 더욱 정확하고 효율적인 지적측량 기반을 마련했다. 또한 아리랑-3호와 아리랑-3A 위성으로 촬영한 농경지 및 도시지역 121,000km^{2}에 대한 0.7m급 모노영상, 사막 등 기타 지역 343,000km^{2}에 대한 0.7m급 스테레오영상을 제공하여 디지털 지형도 제작을 지원했다. 나아가 국가공간정보체계 표준화 및 마스터플랜 수립 등 한국의 공간정보정책을 바탕으로 가장 효율적이고 체계적으로 우즈베키스탄의 공간정보정책을 수립 · 시행할 수 있도록 최적화된 방향을 제시하는 업무를 수행했다. 특히 한국국토정보공사가 제안한 마스터플랜은 향후 5~7년간 우즈베키스탄 국가공간정보체계(NGIS)정책 수립의 기초자료로 활용될 예정이며, 우즈베키스탄 정부에서 국정과제로 추진하고 있는 전자정부사업의 핵심 구성요소인 부동산 및 공간정보 DB가 포함되어 있어 전자정부 연계사업에도 매우 중요한 역할을 담당하게 될 예정이다. 한국국토정보공사는 대한민국의 우수한 공간정보산업 기술력을 바탕으로 우즈베키스탄, 우루과이, 칠레, 튀니지, 모로코, 투르크메니스탄, 캄보디아, 베트남 등 17개 국가의 효율적인 토지행정과 선진지적제도 구축에 기여함으로써 지속가능개발목표의 11번째 과제인 '지속가능한 도시 및 주거지 조성'에 동참해 왔다.

4.4 한국건설기술연구원(KICT)의 스마트시티

한국건설기술연구원(건설연)은 과학기술정보통신부 산하의 출연기관으로 건설기술 관련 연구개발, 정책수립 및 기술지원, 품질인증 및 시험업무를 수행하고 있는 정부 출연연구기관으로 스마트시티분야의 연구도 수행하고 있다.

주요 연구개발과 기술지원, 품질인증과 시험인증 세부분야에서 △스마트시티 및 스마트건설분야의 기술개발에 필요한 공동 학술 · 연구활동 수행, △기술개발 추진을 위한 개발환경 제공, 시험 검증, 테스트베드 제공 및 운영협력, △스마트시티 조성 및 활성화를 위한 사업발굴, 홍보마케팅 및 국제기술교류, △해외사업 공동추진 등을 주요 골자로 유관기관과 협력하여 스마트시티 구축 및 운영 노하우와 건설연의 스마트시티 디지털인프라 구축 및 스마트건설 관련 기술 교류, 과학기술정보통신부와 국토교통부 등의 국가 R&D 성과물을 활용하여 국내외 스마트시티 적용방안을 모색하고 있다. 최근 스마트시티 분산형 물재생 콤플렉스 개발을 추진하기도 하였다.

건설연은 교통, 환경, 수자원, 에너지, 생활 · 주거복지(스마트홈, 모듈러 주택), 안전(재해재난 대응, 범죄구난, SOC시설물통합관리) 등의 분야에서 박사급 연구진 370명을 포함 830여 명의 인적 역량을 갖추고 있다. 국가전략사업으로서 스마트시티에 관한 기술인력을 이만큼 보유하고 있는 기관은 한국 내에서도 없고 한국 외에서도 찾기 어렵다. 건설연은 이러한 기술과 역량을 베트남과 같은 협력국과 공유함으로써 국가 간 건설기술의 장벽을 허물고 유기적으로 연계하는 길만이 개방형 · 체감형 스마트시티 서비스기술, 사람 중심 도시를 실현하는 길이다.

스마트시티에 대한 콘셉트로 도시화 문제는 제어하기 어려운 인간 욕망의 잔해라는 측면, 도시화 문제의 솔루션은 기술혁신보다 사람 중심이라는 접근이 필요하며 도시는 하나의 살아있는 유기체이며 도시화 문제는 사람에게 기인하였고 그 해결책도 사람에게 있다는 접근으로 사람 중심 스마트시티(People-centric smart city) 기술 사례를 개발하고 있으며 도시화 해결을 위한 솔루션 툴박스(Solution tollbox) 개발을 통한 실체가 있는 스마트시티 기술과 서비스를 제공하고자 노력하고 있다.

참 · 고 · 문 · 헌

나눔경제뉴스(2020), [코로나19와 ICT, 삶이 바뀐다] (6) 주거 (http://nanumy.co.kr/View.aspx?No=852093)

장수정 · 남경숙(2020), “주거단지 내 스마트홈 서비스 환경 조성방안 제안: 사례분석을 중심으로”, 〈한국디지털콘텐츠학회 논문지〉, 21(1), pp.219-228.

POSCO(2020), 〈기업시민보고서〉

UN GLOBAL COMPCT NETWORK KOREA(2020), 〈2019 우수이행 기업 사례집〉, pp.3-106

https://baoxaydung.com.vn/viet-nam-va-han-quoc-phat-trien-moi-quan-he-cong-sinh-thong-qua-do-thi-thong-minh-227208.html

[제12장]

SDGs12 지속가능생산과 소비

1. 개념 및 배경
2. 현재의 문제점
3. 문제해결 노력
4. 해당 SDG 문제해결을 위한 기업의 노력

제12장 SDGs12 지속가능생산과 소비

1 개념 및 배경

1.1 정의

지속가능한 발전의 12번째 목표는 바로 지속가능한 생산과 소비에 관한 것이다. SDG12는 모든 국가의 지속가능한 생산과 소비에 관한 10개년 계획(10YFP) 이행을 목표로 하며, 천연자원의 지속가능한 관리 및 효율적 사용을 목표로 한다. 또한 전 세계 인구 1인당 음식물 쓰레기 절반 감량 및 식품 손실의 감소를 목표로 한다. 이외에도 화학물질 및 유해폐기물의 친환경적 관리와 감소, 재활용 및 재사용을 통한 폐기물 감축 등 지속가능한 생산과 소비를 위한 목표를 정하고 있다.

이처럼 SDG12에서는 지속가능한 생산과 지속가능한 소비가 주목표이다. 지속가능생산이란 에너지 자원이 머지않아 고갈될 것이라는 전제하에 지속가능한 생산이 가능할 수 있도록 노력하는 것을 말한다. 2030년까지 천연자원의 지속가능한 관리를 목표로 하고 있으며, 화학물질과 유해폐기물을 친환경적으로 관리하는 것을 목표로 한다. 또한 지속가능한 생산과 소비를 위해서는 개발도상국의 과학기술 역량을 강화하는 지원사업을 실시해야 한다.

1.2 에너지 자원의 고갈: 자원고갈론

지속가능한 생산과 소비의 기본 전제는 “자원이 고갈될 것인가”이다. 이러한 자원고갈론에 대해 찬성론과 반대론이 있다. 찬성론은 석탄과 석유와 같은 자원들의 채굴이 점점 어려워지고 있으며, 채굴이 어려운 지형에서 더 깊게 채굴해야 하는 상황으로 바뀌어 가고 있음을 강조한다. 이들은 이것이 석유와 석탄 등이 점점 더 고갈되어 가고 있는 것에 대한 방증이라고 주장하고 있다. 또한 탄소화학물 연료를 통해 환경파괴가 일어나고, 연료를 사용하지 못하는 날이 곧 올 것이라는 지적이 있다.

이에 반해 반대론 혹은 신중론의 주장은 다르다. 이들은 앞으로 사용할 자원은 있을 것이라 주장하고 있다. 하나의 예로, 석기시대가 끝난 것은 돌이 고갈되어서가 아니라 청동과 철이 나왔기 때문이라고 주장하고 있다. 따라서 앞으로 기술이 발달하면서 기존의 자원을 대체할 수 있는 새로운 에너지원이 나올 것이기에 큰 문제가 없다는 입장이다. 이들은 실제로 기술이 발달하면서 이전에는 석탄에서 석유, 최근에는 셰일가스로 진행되며 앞으로도 또 새로운 화석연료가 등장할 것이라고 이야기한다.

[그림 12-1]을 참고하면 석유 매장량이 점점 변화하고 있음을 볼 수 있다. 1970년대만 하더라도 5,500억 배럴 정도의 매장량으로 인해 1972년 석유 파동이 있었다. 그러나 시간이 지날수록 석유 매장량이 점점 증가하고 있다. 1980년대에는 6,000억 배럴, 1990년대에는 1조, 2016년에는 1조 7,067억 배럴 이상이 매장되어 있다고 전해진다. 따라서 반대론자들은 석유가 고갈될 것이라는 예상은 맞지 않다고 주장하고 있다.

■ **그림 12-1 석유 매장량의 변화**

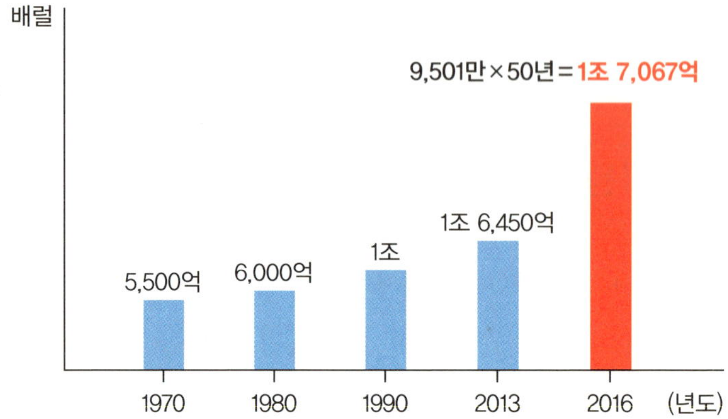

출처: img.mediapen.com/news/201810/news_392277_1540867273_m.jpg

1.3 지속가능소비

지구 운영의 안전성을 고려한다면 자원이 고갈될 수 있다는 것을 염두에 두고 대비해야 한다. 우선 지속가능한 생산을 위해서 새로운 에너지원을 찾아내는 것이 필요하다. 다음으로 에너지원을 소비하는 소비량을 합리화하고 축소시킬 수 있는 방법을 고려해야 하는데, 이것이 바로 지속가능한 소비와 관련된 것이다.

따라서 지속가능소비는 지속가능생산과 밀접한 관련이 있다고 볼 수 있다. 이를 위해 전 세계 인구의 1인당 음식물 쓰레기 발생률을 절반으로 줄이고 과소비와 환경오염을 유발하는 소비를 억제하며 최대한 재활용품을 사용하는 방법이 지속가능소비의 주요 계획이다.

2 현재의 문제점

2.1 음식물 쓰레기

[그림 12-2]와 같이 현재 매우 많은 음식물 쓰레기가 버려지고 있음을 알 수 있다. 트럭을 타고 오렌지를 시장에 판매하고, 해가 지면 팔고 남은 오렌지를 시장 바닥에 버리고 가기 때문에 이것들이 무분별한 쓰레기로 변하고 있다. [그림 12-3]을 보면 대부분의 쓰레기는 가정에서 발생하고 있음을 확인할 수 있다. 음식물 쓰레기가 대부분 가정에서 발생하는 영국에 비해 한국과 일본, 중국처럼 집단을 이루고 회식을 하는 문화가 발달한 국가들은 외식업체에 의해 발생하는 음식물 쓰레기가 상당하다. 또한 [그림 12-4]와 같이 이외의 많은 음식물 쓰레기는 연회장에서 과반수가 발생하고 있다. 음식물 쓰레기를 먹는 동애등에(BSF)에 대한 관심이 높아지고 있는 것도 음식물 쓰레기 문제해결을 위한 순환경제 기반의 접근이라고 할 수 있다.

그림 12-2 버려지는 음식물 쓰레기

그림 12-3 쓰레기 발생 비율

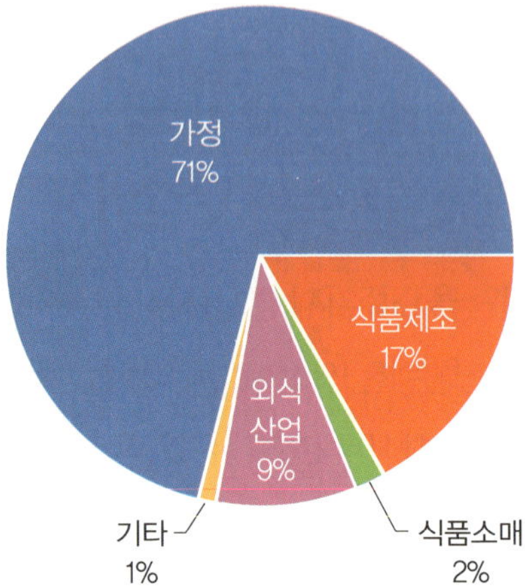

출처: WRAP(2017: 2)

그림 12-4 연회장에서 버려지는 음식물 쓰레기

출처: 상하이방

3 문제해결 노력

3.1 기존 노력

(1) 우수 재활용 인증제품과 GR마크

음식물 쓰레기 문제를 해소하기 위한 노력으로 한국에서는 1995년부터 쓰레기 종량제를 실시했다. 또한 2005년에는 음식물 쓰레기 매립 금지를 명시하고 음식물 쓰레기를 재활용하기 위해 퇴비화, 사료화하는 사업을 실시하고 있다. 음식물 쓰레기를 활용한 자원화 제품의 구매 활성화를 유도하기 위해 공공기관에서 구매할 때는 반드시 [그림 12-5]의 우수 재활용인증제품인 GR마크를 확인하고 구매하도록 되어 있다. 이를 통해 퇴비화, 사료화사업을 도와주며 음식물 쓰레기의 발생량을 최대한 억제하기 위한 노력을 하고 있다.

그림 12-5 우수 재활용인증(GR)마크

출처: 환경부 공식 블로그, 재활용을 촉진시키는 인증, GR(우수재활용제품) 인증사업

(2) 분변토의 자원화

[그림 12-6]과 같은 퇴비화, 사료화의 노력은 지렁이를 활용해 분변토를 자원화한다. 분변을 흙과 섞고 지렁이를 투입하면 분변을 지렁이가 소화시킴으로써 분변을 순환시킨다. 이러한 기능을 'vermicomposting' 작업이라고 하며 주로 유럽에서 많이 진행되고 있다.[01] 또한 [그림 12-7]의 환경을 정화시켜 주는 곤충인 동에등애를 최대한 활용하여 유기물을 분해시킨다.

그림 12-6 분변토 자원화

출처: homegrown.extension.ncsu.edu/2019/09/vermicompost-makes-your-garden-grow/

그림 12-7 동에등애

출처: thewiki.kr

(3) 음식물을 활용한 노력

또한 유럽에서 2012년부터 2016년까지 실행했던 'FUSION'이란 사업도 음식물 쓰레기를 회수하기 위한 노력의 일환이었다. 신승호와 김지원의 2018년 논문을 참고하면,[02] 퇴비화를 한 직후 악취가 발생하는데, 이 악취를

01 Justin Moore(2019), Vermicompost Makes Your Garden Grow (https://homegrown.extension.ncsu.edu/2019/09/vermicompost-makes-your-garden-grow/)

02 신승호 · 김지훈(2018. 10. 31), PE21) "음식물쓰레기 퇴비화 후 발생되는 악취물질 처리 시스템 개발", 〈한국환경과학회 2018년 정기학술대회 발표논문집〉, pp. 253-253

최대한 나지 않도록 하기 위해서는 먼저 고온미생물을 활용해 퇴비를 분해하게 만들고 분해해서 만들어진 결과물을 수분화해서 고온으로 기화시킨다. 그렇게 하면 악취가 나는 액체들이 기화되어 버리므로 악취가 발생하지 않는다. 이처럼 고온처리방법을 통해 악취를 해결하려고 하는 노력들도 의미 있는 연구라 할 수 있다.

다음으로 음식물 쓰레기를 해소하기 위한 노력으로 자선단체를 통해 식품제조 및 유통과정의 잉여 음식물을 구매하여 사회적 사업을 수행하도록 하는 노력들이 영국에서 진행 중에 있다.[03] 또 빵이나 과자류의 폐기물로 포도당용액을 제조하거나, 채소 폐기물을 활용해 영양제를 제조하거나, 파스타 부산물로 포장재를 제조하거나, 호밀 폐기물로 달걀 포장재를 제조하는 등 음식물 폐기물을 이용한 노력도 이루어지고 있다. [그림 12-8]과 같이 실제로 영국에서는 음식물 쓰레기를 활용한 의미 있는 제품들이 등장하고 있다.

그림 12-8 음식물 쓰레기를 활용한 제품(영국)

출처: 안규미(2017)

(4) 유통기한 설정과 제도

또한 영국은 유통기한을 두 가지로 만드는 노력도 하고 있다. 하나는

03 안규미(2017), "영국의 음식물쓰레기 감축 활동", 〈세계농업〉, 203, pp.3-20

display에 해당되고, 다른 하나는 use에 해당된다. 이는 유통매장에서 매장에 올려놓을 수 있는 기한을 'display until'로 설정해 놓고, 이 유통기한이 지나더라도 이틀 정도의 유통기한의 여유를 두는 것이다.

[그림 12-9]를 보면, 이는 7월 23일까지는 음식물을 먹어도 괜찮다는 것을 의미하는 것이다. 즉 'display until'의 날짜와 'use by'의 날짜를 다르게 표기함으로써 각각의 날짜에 해당되는 제품도 먹을 수 있도록 제조하는 것이다. 물론 [그림 12-9]의 경우 22일이 지나면 음식물의 가격을 할인해 주는 제도도 마련하고 있다. 한국의 경우에도 일부 매장에서는 유통기한이 지나더라도 제품을 2~3일 더 두고, 이 제품을 할인하여 판매하는 경우가 있다. 결과적으로 이러한 제품을 먹을 경우 아무 지장이 없기 때문에 더 많은 음식을 소비하게 함으로써 식품의 폐기량이 줄어드는 효과를 기대할 수 있다.

그림 12-9 영국의 유통기한 표기

출처: lowcostliving.co.uk/food

3.2 4차산업혁명기술 활용 노력

(1) RFID를 활용한 음식물 쓰레기 처리

그렇다면 이처럼 음식물 쓰레기 문제해결을 위하여 IT를 활용하여 접근할 수는 없을까? 먼저 RFID를 활용해 음식물 쓰레기를 처리할 수 있다. 음식물 쓰레기를 집어넣을 때, 자신의 RFID를 찍어 돈을 지불하게 하는 방식을 떠올릴 수 있다. [그림 12-10]과 같이 RFID를 활용하면 누가 어떤 음식물 쓰레기를 얼마나 버리는지 확인할 수 있고, 그 사람에게 음식물 쓰레기 처리비용을 청구할 수 있다. 또한 이는 자동으로 측정되기 때문에 여러 방면에서 효율적인 측정이 가능하다.

그림 12-10 RFID를 활용한 음식물 쓰레기 처리

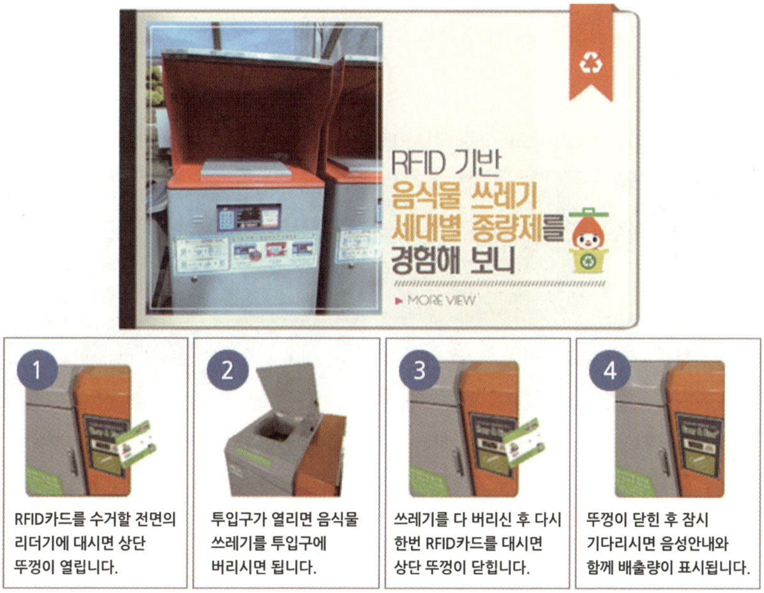

출처: 환경부 공식 블로그, RFID 기반 음식물 쓰레기 세대별 종량제를 경험해 보니

(2) 잔반량 감소를 위한 빅데이터 분석과 AI 활용

다음으로 잔반량 감소를 위한 빅데이터 분석연구도 가능할 것이다. 보통 단체급식을 실시하면 공공기관인 학교의 경우 잔반량이 절반 이상이다. 이 경우 각 요일별로 어떤 날씨, 어떤 메뉴가 얼마나 소비된다와 같은 분석을 통해 날씨, 요일에 따라 그에 맞는 메뉴와 음식물 준비량을 최적화하여 잔반량을 절반으로 줄일 수 있는 빅데이터 연구가 수행된 적도 있다.

또한 [그림 12-11]에서 볼 수 있듯이 Winnow(이미지 기반 식품 검사 AI 활용)의 노력으로 이미지 기반의 식품 검사에 AI를 활용한 사례가 있다.[04] 음식점의 주방에 있는 쓰레기통에 음식물을 만든 뒤 남은 재료를 넣게 되어 있으며 그 위에는 안에 들어가 있는 내용물이 어떤 것인지 파악할 수 있는 AI 카메라가 부착되어 있다. AI 카메라를 통해 안에 있는 내용물들의 색깔과 형태를 통해 어떤 음식물인지 파악할 수 있고, 면적을 계산하여 어느 정도의 양이 버려졌는지를 계산할 수 있다. 이를 활용해 매일 통계값을 누적시키면,

그림 12-11 이미지 기반의 식품 검사에 AI를 활용한 사례(Winnow)

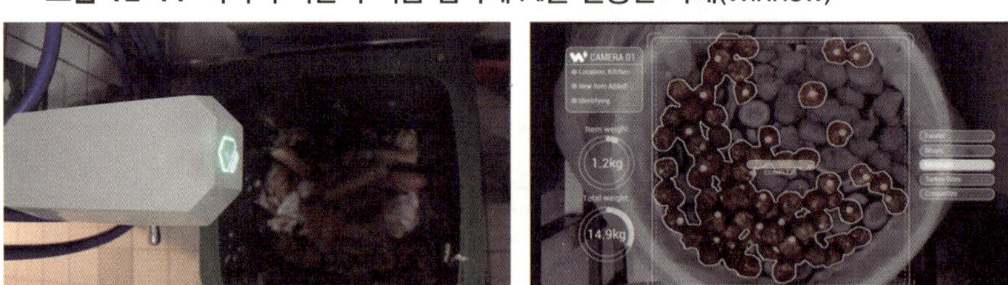

출처: World Economic Forum, This smart trash can weighs food waste to help boost sustainability

04 Mckinsey & Company(2019), How AI can unlock a $127B opportunity by reducing food waste (https://www.mckinsey.com/business-functions/sustainability/our-insights/sustainability-blog/how-ai-can-unlock-a-127b-opportunity-by-reducing-food-waste#)

음식점에서 음식물 재료를 사용하지 않고 버린 건 없는지 쉽게 확인할 수 있다. 또한 출력된 결과를 통해 주방에서 일하는 사람들끼리 회의를 통해 음식물 사용량을 줄이는 노력도 가능하도록 도울 수 있다.

(3) 재활용기술

'Intelligent bins'[05]란 각 쓰레기통의 상태정보를 중앙에 전송해 주고 쓰레기통이 얼마나 쌓여 있는지 예측하여 수거시간을 결정하는 데 유용하게 활용된다. 쓰레기를 사람이 하나씩 확인하며 재활용제품인지, 철인지 하나하나 가려내는 것은 쉬운 일이 아니다. [그림 12-12]와 같이 AI가 있는 로봇팔을 활용하는 것은 이를 도울 수 있을 것이다. 앞의 내용물을 카메라로 확인하고 신속하게 파악하여 자동으로 분류하는 딥러닝을 활용하는데, 이는 로

그림 12-12 쓰레기 분리를 위해 로봇팔, 딥러닝 활용

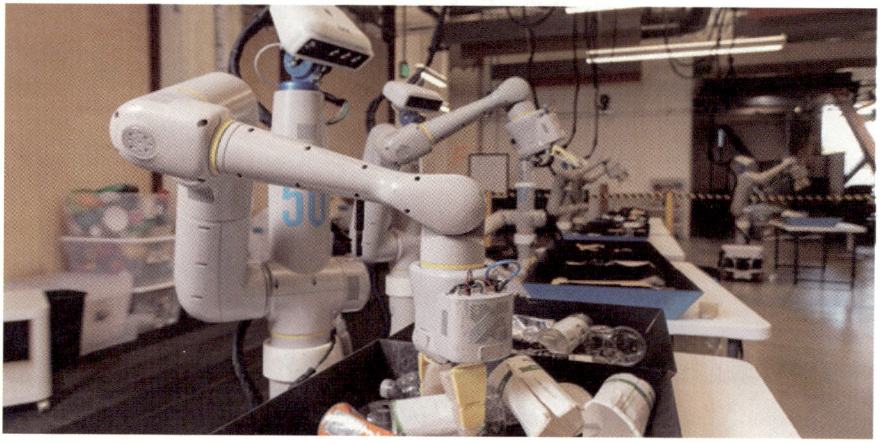

출처: medium.com/@triconinfotech/ai-in-waste-management-recycling-industries-d0719c32a696

05 유사개념으로 "Reliable, intelligent waste collection system with route optimization"으로 정의내릴 수 있다. (https://www.brighterbins.com/)

봇팔과 딥러닝을 통해 쓰레기 분리를 더 효율적으로 할 수 있도록 돕는 사례에 해당한다.

(4) 애플리케이션 개발

다음으로는 애플리케이션을 개발하는 사례가 있다. 재활용 의류, 전자제품 수거, 픽업 등의 정보를 서로 공유하는 앱을 활용할 수 있다. [그림 12-13]과 같이 주변의 비어 있는 쓰레기통 정보를 알려줌으로써 가득 찬 쓰레기통에 쓰레기를 넣지 못하게 하여 불편함을 해소해 준다.

그림 12-13 주변의 비어 있는 쓰레기통 정보를 알려주는 앱

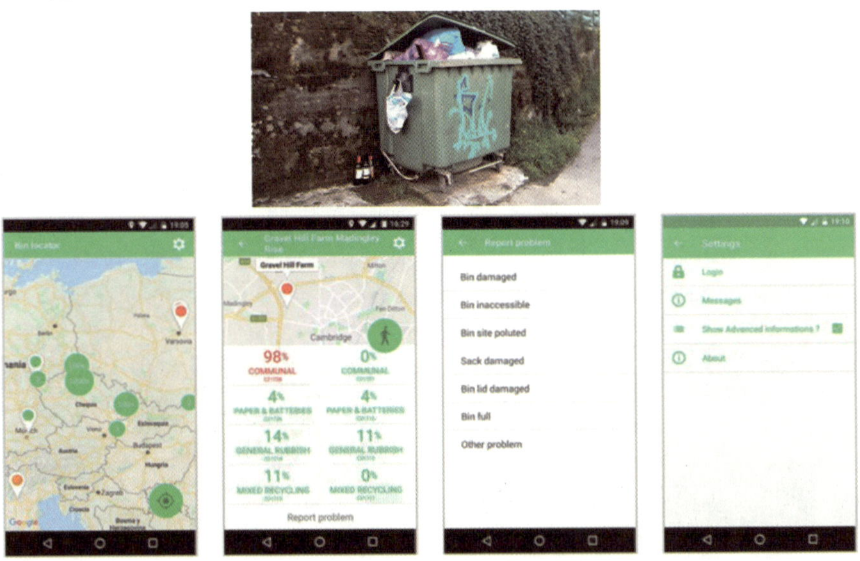

출처: medium.com/@triconinfotech/ai-in-waste-management-recycling-industries-d0719c32a696

(5) 쓰레기를 분리하는 AI

[그림 12-14]와 같이 쓰레기를 분리하는 AI가 포함된 쓰레기통도 존재한다. 'Alpheus'란 중국 회사에서 개발한 쓰레기통으로 중국 상하이에 2천 개 이상이 설치되어 있고 이를 통해 쓰레기를 자동으로 분류해 줌으로써 사람들이 쓰레기를 버렸을 때 이를 분류하는 노력을 경감시켜 준다.

그림 12-14 쓰레기를 분리하는 AI: Alpheus

(6) 종이를 분류하는 AI

또한 종이를 종류별로 분류할 때 도움을 주는 'MAX AI'가 있다. MAX AI란 종이를 분류해 주는 AI로 종이를 보낼 때 [그림 12-15]와 같이 바람을 통해 가벼운 종이는 날리고 무거운 종이는 남게 하여 종이를 종류별로 분류한다. 또한 AI 카메라에 비춰진 모습을 통해 종이의 형태나 유형을 파악한다. 이를 통해 AI가 종이를 분류하고, 바람을 이용해 재질별로 종이를 분류하는 기술을 MAX AI라 한다.

■ **그림 12-15 종이를 분류하는 AI**

바람을 불어 종이 재질별로 분류

종이 색으로 분리

출처: global-recycling.info/archives/2188

(7) 자원탐사와 AI

스마트마이닝이란 자원탐사를 할 때 AI를 활용할 수 있다는 것을 의미한다. Goldspot Discoveries라는 회사를 예로 들자면, 이 회사는 캐나다의 자원탐사기업으로서 시추자료, 지화학 탐사자료, 지구물리 탐사자료, 인공위성사진 등을 활용해 광체 부존지를 추정한다. 이를 기계학습 알고리즘을 이용해 학습하고 그 결과에 따라 탐사 대상지를 선정한다. 이러한 기술을 퀘백에 있는 Abitibi지역에 적용하여 금 부존지역의 86%를 찾아내는 성과를 거두기도 했다. 광물은 대부분 지질데이터이며 지질데이터는 이미지데이터에 해당한다. 이미지데이터를 통해 의미 있는 포인트를 찾아내는 것은 이미지 기반의 딥러닝이 효과적으로 해낼 수 있기 때문에 활용되고 있다.

이와 비슷한 예로 [그림 12-16]의 'Goldcorp'라는 캐나다의 기업이 있다. 캐나다의 온타리오(Ontario)주에 있는 Red Lake 광산에 활용한 것으로 추가적인 금 매장량을 확보하기 위해 IBM Watson을 이용한 IBM과 공동 프로젝트를 수행했다. IBM Watson을 활용하여 탐사자료를 해석하며 신규 광체가 있는지를 판정한다. 이를 통해 광산개발의 효율성을 높여 광맥, 금맥이 어디 있는지 추정하는 데 드는 비용을 절약할 수 있다. 결국, 비용절감을 통해 광산개발의 효율성을 높여 Red Lake광산을 지속해서 운영할 수 있었다.

그림 12-16 Goldcorp

출처: 정보통신기획평가원

다음으로 'Tessema'를 사례로 들 수 있다. 이곳에서는 딥 뉴럴 네트워크(DNN)기법의 하나인 Radial Basis Function Link Neural Network(RBFLN)와 일반 기계학습기법의 하나인 fuzzy-WofE(Weight of Evidence) 기법을 적용하여 크롬철석(Chrimite) 광상의 지역적 부존가능성을 분석했다.[06] 지질도, 중력탐사, 항공 자력탐사, 지화학도, 지질학적 경계도 등의 이미지데이터를 연속적으로 학습시킨 뒤, 광상 여부를 정확하게 예측할 수 있었다. [그림 12-17]과 같이 분석 결과는 가능성이 낮은 지역과 가능성이 중간인 지역, 가능성이 높은 지역으로 분류될 수 있다. 이와 같이 AI가 분석을 하면, 가능성 높은 지역부터 시추를 시작한다. 이를 통해 성공가능성을 높이고 탐사비용을 절감해 주는 시도를 할 수 있었다.

다음으로 [그림 12-18]은 노촌광산의 사진으로 이 광산의 경사면의 변형과 붕괴를 예측할 필요가 있었다. 붕괴가 되면 색깔이 변하고, AI는 이런 경사면의 형태와 색을 이용하여 붕괴 여부를 추측할 수 있었다. 이를 위해

06 Abera Tessema(2017), "Mineral systems analysis and artificial neural network modeling of chromite prospectivity in the western limb of the bushveld complex, South Africa", *Natural Resources Research*, 26(4), pp.465-488.

그림 12-17 광상 부존가능성 분석

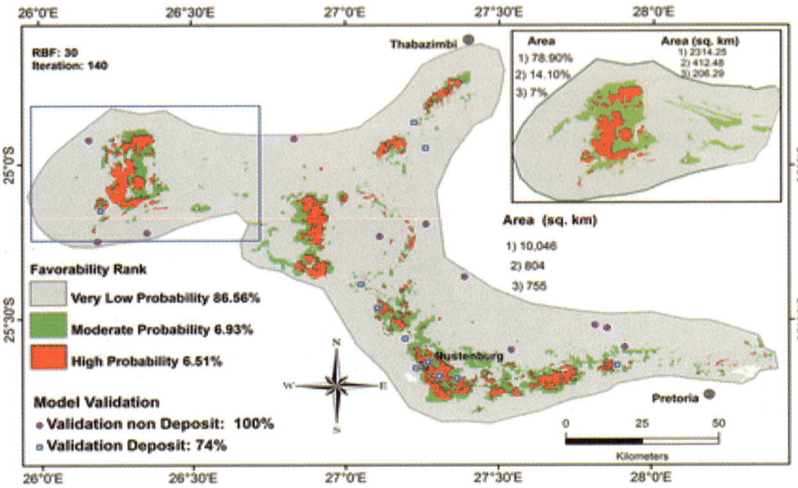

출처: Abera Tessema(2017)

그림 12-18 노촌광산

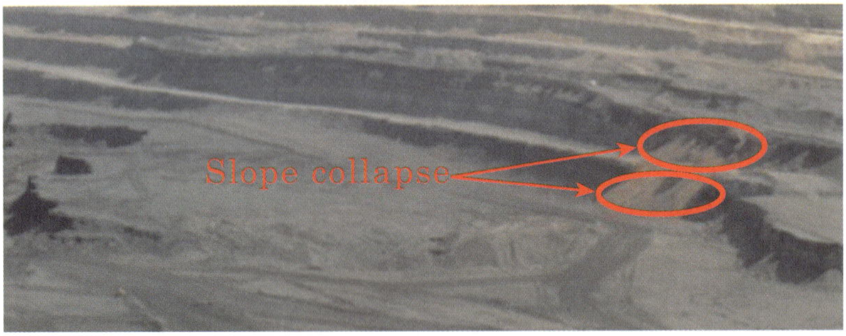

출처: S. Du, G. Feng, J. Wang, S. Feng, R. Malekian and Z. Li(2019)

RNN, svm, RVM, ANFIS 등을 활용했고, 각각의 기법 내에서 어떤 지역의 붕괴 여부를 판정하여 앙상블을 구현했다.[07] 여기서 앙상블이란 다수결의 원칙에 의해 최종판정을 하는 것과 같은 의미이다.

---

07 S. Du, G. Feng, J. Wang, S. Feng, R. Malekian and Z. Li(2019), "A new machine-learning prediction model for slope deformation of an open-pit mine: an evaluation of field data", *Energies*, 12, pp.1288-1302.

연구 결과에 따르면 단위 내 방법을 사용하는 것보다 앙상블을 사용하는 것이 정확도가 더 높았다. [그림 12-19]와 같이 앙상블기법을 보면 우선 Training datasets을 집어넣고 이를 이용해 Weight optimization을 실행한다. 한편 Test datasets을 통해 Member algorithm인 svm, RNN 등을 활용해 각각의 결과를 출력해낸다. 결과를 출력하면 Training datasets에서 확보한 Weight의 값을 활용해 가중치를 체크하며 이 값을 통해 최종판정을 하게 된다. 이는 다수결에 의한 결정과 유사한 과정을 통해 이루어진다. 이러한 과정이 앙상블기법을 의미한다.

그림 12-19 앙상블기법

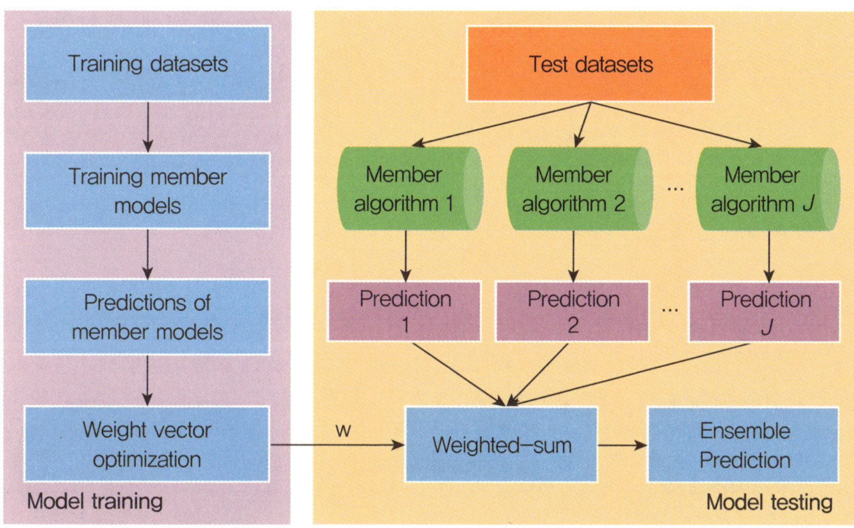

출처: S. Du, G. Feng, J. Wang, S. Feng, R. Malekian and Z. Li(2019)

4 해당 SDG 문제해결을 위한 기업의 노력

4.1 LG전자

(1) 생산사업장 폐기물의 재활용률 95% 달성(~2030년)

LG전자는 사업장폐기물의 재활용률 향상을 위해 배출-집계-처리 프로세스를 개선해 왔다. LG전자는 글로벌 생산사업장에서 발생되는 폐기물의 친환경적인 처리와 함께, 점진적으로 매립 · 소각률을 줄여감으로써 자원순환사회 실현에 기여하고자 한다.[08] 이를 위해 2030년까지 전 세계 생산사업장의 사업장 폐기물 재활용률 95% 달성을 목표로 하고 있다. [그림 12-20]을 참고하면 2019년까지 폐기물 재활용 비율은 88%를 달성했음을 확인할 수 있다.

그림 12-20 폐기물 재활용 비율

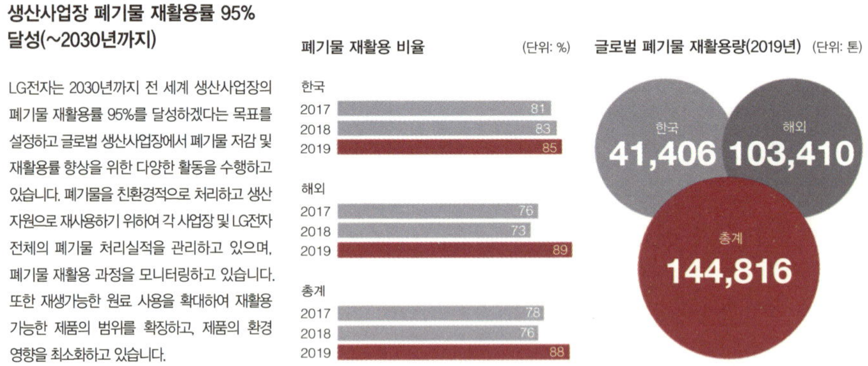

출처: LG전자(2020), 〈지속가능경영보고서〉

08 LG(2020), 〈2019-2020 지속가능경영보고서〉, pp.1-65

사업장의 지속적인 재활용률 향상을 유도하기 위해 모니터링 절차를 강화했으며, 자체 IT시스템인 EESH(Energy, Environment, Health, Safety)[09] Portal을 활용하여 본사의 폐기물 처리실적 집계/모니터링 대상을 국내 생산사업장에서 글로벌 생산사업장으로 확대하고 있다. 또한 사업장 폐기물처리와 관련된 BP 사례 확산을 위해 담당자 정기포럼을 진행하고 있다. 각 사업장에는 발생되는 환경오염물질의 적법하고 안전한 처리 및 관리를 위한 환경 담당자가 지정되어 있다. LG전자는 환경 담당자가 참여하여 서로의 환경지식과 처리기술 노하우를 공유할 수 있도록 환경 담당자 정기 포럼을 활성화하는 노력을 기울이고 있다.

(2) 2030년까지 폐전자제품 누적 회수량 450만 톤 달성(2006년 이후)

글로벌 폐전자제품의 불법투기 혹은 국가 간 불법이동에 따른 환경오염 이슈 예방을 위해서는 각 국가별 정부, 산업계, 국제단체, 소비자 등 다양한 이해관계자의 인식전환 및 협업과 실천이 필요하다. LG전자는 소비자가 사용 후 폐기한 전자제품이 적법하게 회수 · 처리될 수 있도록 지속적으로 노력하고 있으며, 2030년까지 폐전자제품 누적 회수량 450만 톤을 달성하기 위해 다음과 같은 실행계획을 실천하고 있다. [그림 12-21]은 2006년 이후 LG전자의 폐전자제품 누적 회수 · 처리 실적에 대한 지표를 보여주고 있다. LG전자는 2019년까지 약 260만 톤에 달하는 폐전자제품을 회수하는 데 성공했다.

각 국가별 정부와 협업하여 폐전자제품이 적법하게 처리될 수 있도록 폐가전제품의 회수 · 처리체계를 구축 · 운영하고 있다. 이를 위해 신뢰할 수

09 https://winwin.lgdisplay.com/env.ENV03RetrievePage.laf

있는 재활용업체를 선별하여 운영하는 것을 목표로 하고 있다. 또한 LG전자와 거래하는 재활용업체가 불법 매립 · 소각 금지, 개발도상국으로 전자폐기물 수출금지, 아동 · 강제노동 금지, 보건 · 환경 국제기준 등을 만족하도록 노력하고 있다. 국가 · 정부기관에서 폐전자제품 관련 규제 도입 시 LG전자에 축적된 지식 제공 및 기술적 협조를 통해 신규 제도가 안정적으로 운영하기 위한 노력도 기울이고 있다.

그림 12-21 2006년 이후 폐전자제품 누적 회수 · 처리 실적

(단위: 톤)

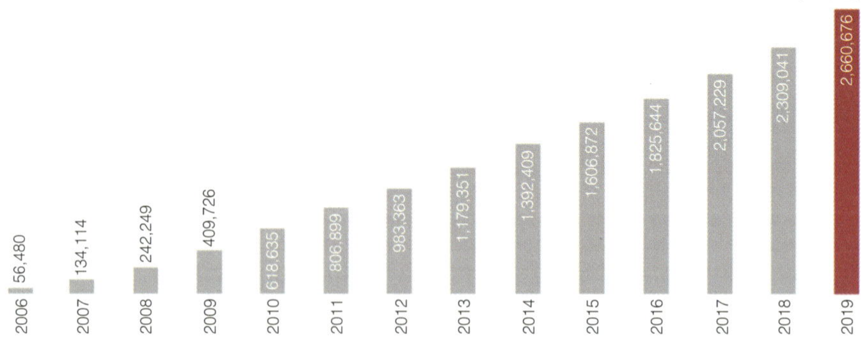

* 일부 지역은 국가별로 회수실적을 보고하는 시기가 다르기 때문에, 보고서 발간 시 자료를 취득할 수 없는 경우 전년도 회수실적 또는 주변 국가의 회수율을 사용한 예측값을 보고함. 따라서 다음 연도 보고서 발간 시 소폭 조정될 가능성이 있음.

출처: LG전자(2020), 〈지속가능경영보고서〉

4.2 아모레퍼시픽

(1) 지속가능한 팜유 사용

아모레퍼시픽그룹은 무분별한 팜 농장 개간이 야기하는 삼림 황폐화를 비롯한 멸종위기종 발생, 온실가스 발생 등의 문제해결을 위해 노력하고 있다.[10] 이에 RSPO(Roundtable on Sustainable Palm Oil)시스템을 통한 산업

10 아모레퍼시픽, 지속가능한 원료 구매 (https://www.apgroup.com/int/ko/sustainability/

계 전반의 지속가능한 팜유 사용을 위한 노력을 지지하며, 삼림 벌채 없이 지속가능하게 생산된 팜유의 구매 확대를 위해 노력하고 있다.

아모레퍼시픽그룹은 연간 약 2만 7천 톤의 팜 유래 원료 및 팜 커널 유래 원료를 지방산과 글리세롤, 계면활성제 등의 원료로 사용하고 있으며, 협력사와 함께 이를 RSPO 인증 원료로 전환하는 노력을 하고 있다. 그 결과 2018년부터 RSPO 인증 팜 유래 원료를 직접 구매하거나 Book & Claim 인증방법으로 RSPO 인증 비율 100%를 확보하고 있다. 2019년에는 아모레퍼시픽그룹이 사용하는 팜 유래 원료 중 32%를 RSPO 인증 원료로 구매했다.

(2) 지속가능한 종이포장재

아모레퍼시픽그룹은 FSC 인증지류와 식물 부산물 종이 등 지속가능한 지류를 제품의 2차 포장재인 단상자에 활용하여 삼림 파괴 문제에 대응하고 있다. FSC 인증은 과도한 벌목 대신 지속가능한 방식으로 경영되는 삼림에서 만들어진 지류에 부여되는 국제인증이다. 또한 아모레퍼시픽그룹은 감귤 껍질과 해초 등 버려지는 식물자원을 재생 펄프와 혼합한 식물 부산물 종이를 사용하여 지속가능한 포장재를 만들고 있다.

또한 [그림 12-22]와 같이 이니스프리는 버려지는 제주의 감귤 껍질을 섞어 제작한 감귤지를 사용해 왔으며 2018년에는 그린티 씨드 세럼 등 153개 신제품의 단상자에 사용했다. 리리코스는 해초와 재생 펄프를 섞어 만든 해초지를 사용하며 2018년 딥씨워터폴 크림 등 9개의 신제품 단상자에 활용했다. 2019년 이니스프리와 에뛰드, 리리코스는 감귤지, 사탕수수지, 해초지 등 식물 부산물 지류로 만든 단상자를 신제품에 사용했다.

---

sustainable-life/incorporating-sustainability-into-new-products/sustainable-purchasing.html)

그림 12-22 지속가능한 종이포장재

출처: 아모레퍼시픽

(3) 재활용 가능성을 높인 용기

색이 들어간 플라스틱이나 접착제가 붙은 플라스틱은 재활용가능성이 떨어진다. 이에 아모레퍼시픽은 제품의 재활용가능성을 높이기 위해 투명 플라스틱을 적용하고, 접착제 없이 고정가능한 수축 필름 라벨을 적용했다. 수축 라벨에는 누구나 쉽게 뜯어서 분리할 수 있도록 절취선을 표시했다. 2018년 '해피바스'는 크리미밀크 바디워시에 투명 PET 용기 및 수축 필름 라벨을 적용했다. 2019년에는 이를 더 많은 제품으로 확대했다. 2019년부터 '려'에서도 투명 플라스틱 용기를 도입했다.

또한 고점도 내용물은 기존의 펌프 용기를 사용할 경우 용기에 잔량이 남기 쉽기 때문에 아모레퍼시픽그룹은 이를 개선하기 위하여 [그림 12-23]과 같은 에어리스(Airless) 펌프방식을 활용하는 등 제품 용기의 구조를 개선했다. 이를 통해 사용 후 용기에 남아 버려지는 내용물을 절감함으로써 자원낭비와 환경오염을 방지하고 있다.

그림 12-23 에어리스(Airless) 펌프방식

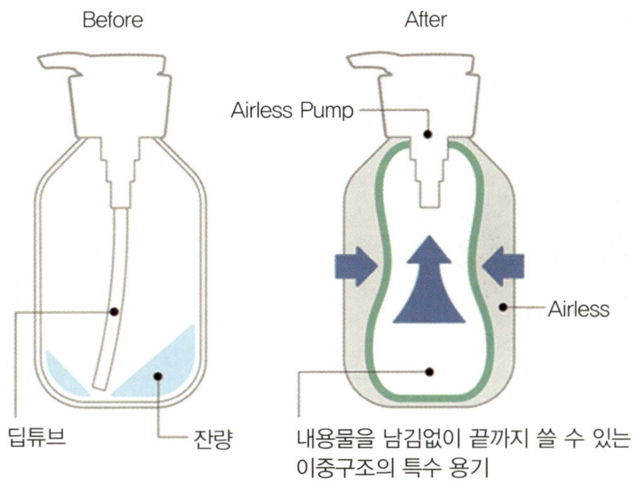

출처: 아모레퍼시픽

4.3 ACI 케미칼

(1) 자연상점: IoT기술을 적용한 폐기물 수거시스템

ACI 케미칼(http://www.acientech.com/)의 IoT 수거시스템 브랜드인 자연상점은 폐기물 수거 시 기존 종량제 봉투수거 및 문전 수거방식을 선결제 후 다회용 용기를 이용한 수거와 거점 수거로 전환하는 모델이다. 주거지의 형태와 제품별 수거를 위한 다양한 모델의 제품을 생산하고 있다.

제품명	사진	설명(약술)
iTainer		자연상점 iTainer는 IoT 기반 자동압축컨테이너로 운영자가 인터넷상 관리시스템으로 운전 상황을 관제하고 시스템 에러 시 원격지원을 통해 문제를 해결할 수 있는 최첨단 컨테이너 수거시스템이다.
iSolarbin		태양광 자동압축 수거함인 자연상점 iSolarbin은 태양광 전지판넬과 센서를 부착한 스마트 폐기물 압축 수거함으로써 도로변, 상가지역, 관광지, 대학캠퍼스 등에 설치하여 행인들이 버리는 폐기물을 수거, 압축 후 인터넷을 통해 실시간 정보를 운영시스템으로 전송하는 최적의 폐기물 수거시스템이다.
iTainer Robot	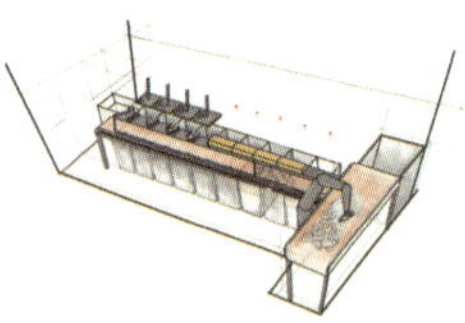	자연상점 iTainer Robot은 Deep Learning 기반 AI 카메라 및 자동선별 로봇이 선별하고 배출구가 구비된 분배 컨베이어, 압착기가 장착된 저장박스로 구성되어 있는 최소형 자동선별시스템이다. 플라스틱, 우유팩, 유리, 종이, 캔 등을 자동 선별한다. 배출된 폐기물은 관련 규정에 따라 보상이 가능하며, 함께 투입되는 폐기물은 종량으로 과금한다.
iMbin		자연상점 iMbin은 스마트 폐기물 수거함으로 주 대상품목은 소각 혹은 매립폐기물, 재활용 폐기물, 음식폐기물 등에 적용된다. 타운하우스의 중심부/아파트 단지 내/대학 혹은 기업 기숙사/시장 및 상가 등 폐기물 중량 발생지에 설치하여, 거주민들이 배출하는 생활 폐기물을 수거 후 인터넷을 통해 실시간 정보를 운영시스템으로 전송하는 최적의 폐기물 수거시스템이다. 폐기물의 종류나 수거함의 종류에 따라 수거 시 계량 후 과금하거나 수거 후 압축하여 폐기물 수거비용의 공정성을 높이며, 비용 효율을 최대화시킨다. 폐기물 수거관리시스템 서버 iEcoproC를 통해서 수거 중량과 부피를 감지하고 분석하여 능동적으로 정보를 송신하며 결제시스템, 저울센서 및 부피 적재량 감지센서를 포함하고 있다.
iDry B		자연상점 iDry-B는 음식 폐기물 계량 후 신용카드 및 RF카드로 비용을 부과한다. 폐기물 배출자는 무인키오스크에 접근하여 결제수단을 선택한 후 음식폐기물을 건조감량기에 투입 후 저온에서 장시간 건조함으로써 악취발생을 최소화하고 수분율의 90%를 건조하는 장치이다.

iEcopro C		자연상점 iEcopro는 수거장비(iTainer, iMbin, iSolarbin, iDry B, iTainer Robot, NastureStore)를 인터넷과 무선통신망으로 연결하여 수거량, 요금총액, 지역별 폐기물 발생량 및 동향정보와 장비의 상태를 실시간으로 확인하여 운영할 수 있는 시스템 서버이다. 또한 iEcopro C는 수거차량 운전자와 AS기사가 소지한 모바일 기기의 앱을 통해 연결되어 업무최적화가 가능하다.

(2) 딥러닝 자동운영시스템을 포함한 재활용 선별장치 및 시스템

재활용가능 폐기물의 선별에 적용되는 장비와 이를 운전하는 시스템으로 수거된 폐기물을 재질별, 형태별로 선별하는 장치와 시스템으로 선별 후 순도를 99% 이상을 목표로 한다.

제품명	사진	설명(약술)
비중 발리스틱 선별기 (Air Ballistic Separator)		ACI 비중발리스틱선별기는 풍력과 발리스틱의 선별 원리를 융합하여 폐기물을 5종으로 선별한다. 비중선별부에서 고비중과 분진을, 발리스틱부에서 패들의 상단으로 2D(플라스틱 필름 및 종이류)제품을, 하단으로는 3D(플라스틱류)제품을 선별한다. 탁월한 선별능력뿐 아니라 사용공기 순환시스템과 카트리지 집진필터가 장착되어 작업환경까지 개선할 수 있다.
발리스틱 선별기 (Ballistic Screen Separator)		발리스틱선별기는 복합폐기물을 발리스틱 패들의 회전을 통해 탄도운동과 경사등반운동을 이용, 폐기물을 3D(플라스틱 용기류)와 2D(플라스틱 필름/종이류)로 선별하는 다종선별기이다. 그외 협잡물은 패들 스크린 홀(Hole)을 통해 선별된다. 특히 패들이 길어 투입 용량이 크며 유리와 모래 등의 마모성 폐기물에 견딜 수 있도록 특수 설계/제작되어 운영 효율이 우수하며 유지관리가 용이하다.

비중 선별기 (Air Shifter)		ACI 비중선별기는 공기 분사방식으로 재질의 비중에 맞게 폐기물을 선별하는 설비이다. 공기 분사압력과 풍량 조절이 가능해 분류 목적에 따라 최적화하여 폐기물을 선별하거나 카트리지 집진필터를 이용하여 폐기물 선별 시 오염된 공기를 정화하여 작업환경을 개선한다.
플라스틱 자동선별 제어시스템 (V4)		CI의 끝없는 연구를 통해 자체 개발된 자동선별 제어시스템 V4는 최소 대수의 자동선별기로 다양한 물질을 선별한다. 세계 유일의 최첨단 고순도 · 선별기술로 투입물 중 매 2분마다 점유도를 측정하여 자동우선선별이 가능하며 선별품의 무게를 측정하여 후단 압축기로 자동이송하는 고순도 선별 · 자동계량 · 압축시스템이다.
파봉정량 공급기 (Bag Splitter)	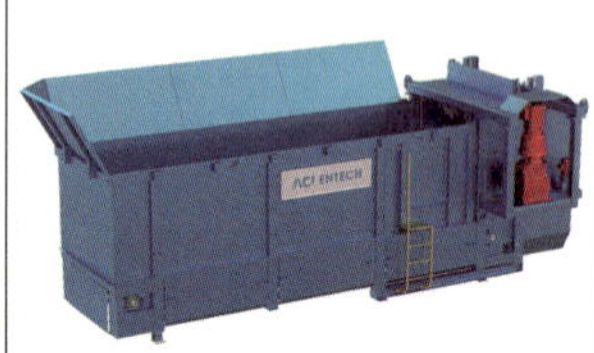	파봉정량공급기는 재활용 봉투의 파봉, 정량공급을 위한 장치이다. 단독주택 및 아파트 등에서 수거된 재활용품은 각각 PP 마대나 비닐봉투의 상태로 반입되고 많은 인력을 투입하여 파봉 작업을 해야 한다. 파봉정량공급기는 이러한 폐기물처리시설의 투입부분에서 인력이 필요 없이 자동으로 파봉을 해주는 장치이다. 파봉정량공급기는 내부의 회전축에 여러 개의 칼날이 장착되어 있으며, 이 회전칼날은 휠로더 등에 의해 투입된 재활용 봉투 등을 찢어주며, 내용물을 적당한 크기로 만들어 준다. 파봉기는 주로 MRF(재활용품선별처리시설)의 폐기물 투입부분에 설치되어 폐기물을 공정에 알맞은 크기로 만들고, 일정한 양으로 공급함으로써 선별라인의 원활한 공정흐름을 가능하게 하는 중요한 역할을 한다. 또한 MBT시설에서도 파쇄기를 대신해 정량공급용으로 사용되며, RDF 공정에서 해단기로도 사용되고 있다.

참 · 고 · 문 · 헌

신승호 · 김지훈(2018. 10. 31), PE21) "음식물쓰레기 퇴비화 후 발생되는 악취 물질 처리 시스템 개발", 〈한국환경과학회 2018년 정기학술대회 발표논문집〉, pp.253-253

아모레퍼시픽, 지속가능한 원료 구매 (https://www.apgroup.com/int/ko/sustainability/sustainable-life/incorporating-sustainability-into-new-products/sustainable-purchasing.html)

안규미(2017), "영국의 음식물쓰레기 감축 활동", 〈세계농업〉, 203, pp.3-20

Abera Tessema(2017), "Mineral systems analysis and artificial neural network modeling of chromite prospectivity in the western limb of the bushveld complex, South Africa", *Natural Resources Resch*, 26(4), pp.465-488

Justin Moore(2019), Vermicompost Makes Your Garden Grow (https://homegrown.extension.ncsu.edu/2019/09/vermicompost-makes-your-garden-grow/)

LG(2020), 〈2019-2020 지속가능경영보고서〉, pp.1-65

Mckinsey & Company(2019), How AI can unlock a $127B opportunity by reducing food waste (https://www.mckinsey.com/business-functions/sustainability/our-insights/sustainability-blog/how-ai-can-unlock-a-127b-opportunity-by-reducing-food-waste#)

S. Du, G. Feng, J. Wang, S. Feng, R. Malekian and Z. Li(2019), "A new machine-learning prediction model for slope deformation of an open-pit mine: an evaluation of field data", *Energies*, 12, pp.1288-1302

[제13장]

SDGs13 기후변화 대응

1. 개념 및 배경
2. 현재의 문제점
3. 문제해결 노력
4. 해당 SDGs 문제를 해결한 기업의 성공 사례

제13장 SDGs13 기후변화 대응

1 개념 및 배경

1.1 정의

지속가능한 발전의 13번째 목표는 기후변화와 그 영향에 대처하는 긴급활동을 시행하는 목표이다. SDGs13은 기후변화 대응 관련 위험 및 자연재해에 대한 모든 국가의 복원력 및 적응력 강화를 목표로 하고, 기후변화에 대한 조치를 국가정책, 전략, 계획에 통합하는 것을 목표로 한다. 또한 기후변화 완화 및 조기경보에 관한 인적·제도적 역량 강화를 목표로 하며 기후변화 완화를 위한 공동 자금 동원 및 녹색기후기금(GCF)[01]의 완전한 운용을 목표로 한다. 그리고 기후변화와 관련된 효과적 계획 및 관리를 위한 역량개발 메커니즘 증진을 목표로 한다.

01 https://www.greenclimate.fund/

1.2 생태주의

환경보호에 대해 살펴보기에 앞서 생태주의에 대해 알아보자. 생태주의적 입장에서 보면 인간의 육체, 장소, 공간, 공기와 물, 음식, 인간의 거주지 등 모든 문제는 인간의 문제이다. 자연과 문화는 분리할 수 없기 때문에 문화에는 자연에 대한 책임도 따른다는 견해가 바로 생태주의이다.

전통윤리는 인간과 인간과의 관계만에 머물러 있지만, 한스 요나스는 자연에 대한 도덕적인 책임을 윤리학에서 제외시켜 왔음을 지적했다. 그는 이런 이유로 인간이 환경에 대한 생각이나 책임감이 적은 것이라며 비판했다. 이와 같은 관점에서 한스 요나스는 자연에 대한 도덕적인 책임도 전통윤리학에서 함께 고려할 필요가 있다고 주장했다. 지구상에서 인간만이 이성이라는 힘을 사용해 자연을 변형시킬 수 있고 문화화하며, 모든 의사결정을 하는 유일한 주체이다. 인간은 이러한 권리가 있는 반면, 그에 대한 책임도 따른다는 의미이다.

2 현재의 문제점

2.1 기후변화의 원인

생태주의적 관점에서 보면 인간은 자연환경에 대해 책임을 져야 하는 유일한 존재이다. 하지만 우리 인류의 삶은 책임이 있음에도 불구하고 그동안 안일했으며, 이는 과소비로 이어지게 되었다. 많은 사람들이 안일함을 포기하지 않고 소비를 줄임으로써 불편함을 감수하려 하지 않는다. 이러한 생각

■ **그림 13-1 기후변화의 원인이 되는 과소비**

출처: 네이버 포스트

들이 과소비로 이어졌으며, 과소비는 지구를 멍들게 하고 결과적으로 기후변화의 원인이 되었다.

2.2 기후변화의 심각성

최근 기후변화는 더 심각해지고 있다. [그림 13-2]를 참고하면 지구의 온도가 올라가기도 하고, 내려가기도 하며 변동성을 보이는 것을 확인할 수 있다. 이에 일부 학자들은 지구는 과거부터 온도가 상승하거나 내려가는 것을 반복했고, 현재는 일시적으로 상승한 것에 불과하며 이는 언젠가는 내려갈 것이라 주장한다. 하지만 다시 [그림 13-2]를 살펴보면 기온이 끊임없이 변동하는 것은 사실이지만 전체적인 추세를 보면 온도가 상승하고 있으며 최근 기온 상승의 정도와 속도는 더 빠르다는 것을 확인할 수 있다. 이러한 기온 상승에 따라 대규모 기상이변의 발생빈도 또한 증가하고 있다. [그림 13-3]을 보면 전 세계 대형 기상이변의 발생빈도의 추이가 점점 증가하고 있음을 확인할 수 있다.

그림 13-2 지구 평균 기온의 변화

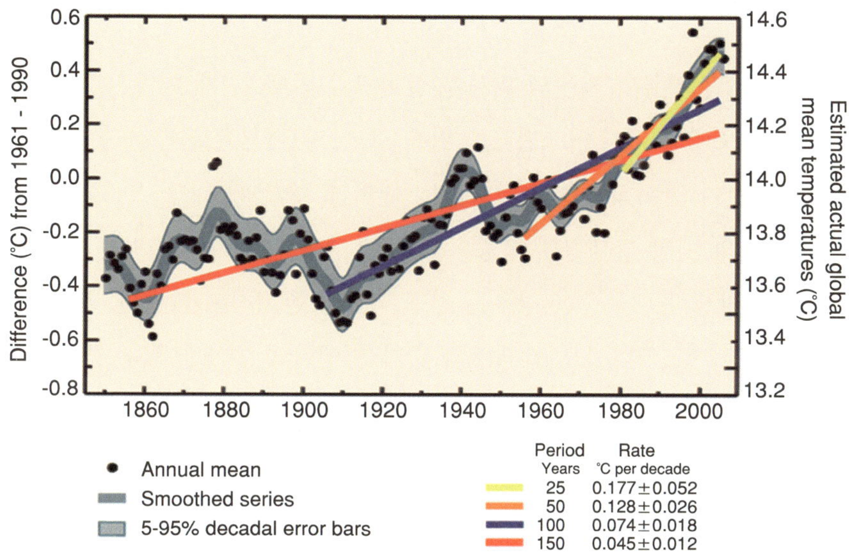

출처: m.blog.naver.com/PostView.nhn?blogId=dgdragon&logNo=221164474761&proxyReferer=https:%2F%2Fwww.google.com%2F

그림 13-3 전 세계 대형 기상이변의 발생빈도 추이

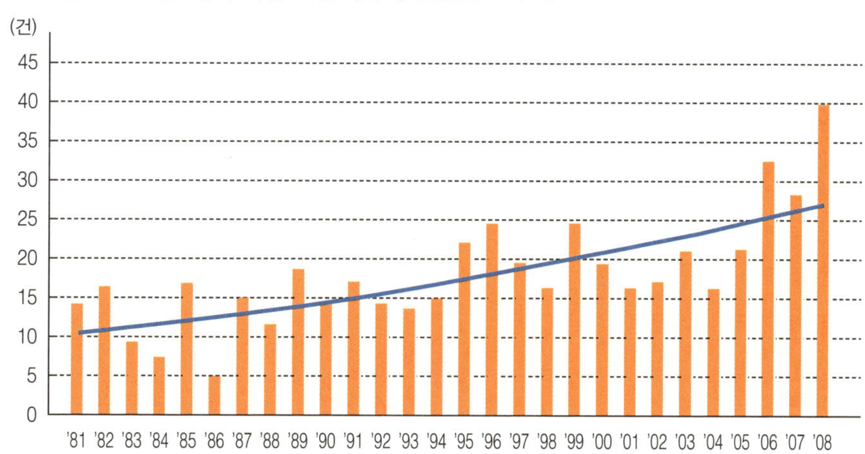

출처: m.blog.naver.com/PostView.nhn?blogId=dgdragon&logNo=221164474761&proxyReferer=https:%2F%2Fwww.google.com%2F

2.3 온실가스의 변화

최근 만년간 인류와 지구의 역사를 살펴보았을 때, 현재 인류는 가장 극적인 시기를 보내고 있다. [그림 13-4]를 보면 지구의 온도가 올라가거나 내려가는 현상이 반복적으로 나타나기는 했지만, 최근에 지구 온도의 증세는 이산화탄소와 매탄 발생량의 폭증으로 인한 결과이다. 이전까지는 이산화탄소와 매탄 발생량이 폭증한 경우는 지구 역사상 존재하지 않았다. 또한 이러한 이산화탄소와 매탄가스 발생량의 증가는 인간의 경제활동과 생산활동에 의해 만들어진 것이다. 즉 인간에 의해 인위적으로 만들어진 지구 온도의 상승이라는 점에서 보면 이는 인류가 이전에 경험했거나 반복되고 있는 현상이 결코 아니다. 이를 미루어 봤을 때 인간의 생산과 과도한 소비를 억제하지 못한다면 미래에는 지구 역사상 인류가 한 번도 경험해 보지 못한 재앙을 맞을 가능성이 존재한다.

더 큰 문제는 기후변화가 발생할 경우 주된 피해자는 개발도상국이라는 점이다. 자연재해는 전 세계에서 발생하지만 개발도상국은 경제적 · 사회시스템적으로 열악한 상황에 놓여 있기 때문에 자연재해가 발생하면 이에 대

그림 13-4 온실가스의 변화

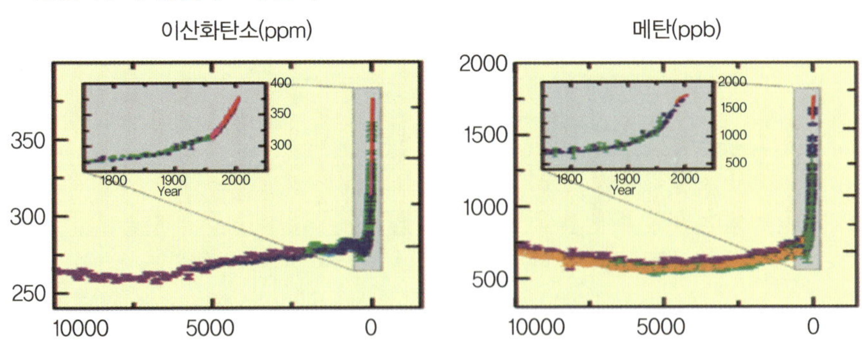

주: 2005년을 0년으로 설정한 후 일만년 전까지의 온실가스 변화를 표시
출처: IPCC

응하기 어렵다. 따라서 기후변화로 인한 피해가 발생하면 개발도상국은 더 큰 피해자가 된다. [그림 13-5]를 보면 기상이변은 지구 전체에서 발생하는 현상임을 확인할 수 있다. 기상이변은 미국, 영국과 같은 선진국에서도 발생하며 아프리카, 아시아, 중남미지역에서도 동일하게 발생한다. 하지만 피해액에 대한 차이는 크게 나타나는 것을 볼 수 있다. 또한 이러한 기후변화와 기상이변의 빈도와 범위 자체와 강도가 점점 증가하고 있다는 점도 큰 문제이다. 앞으로 문제가 더 심각해지고, 지구가 자정능력을 상실하기 전에 문제를 해결하기 위한 조치가 필요하다.

그림 13-5 지구촌 기상이변

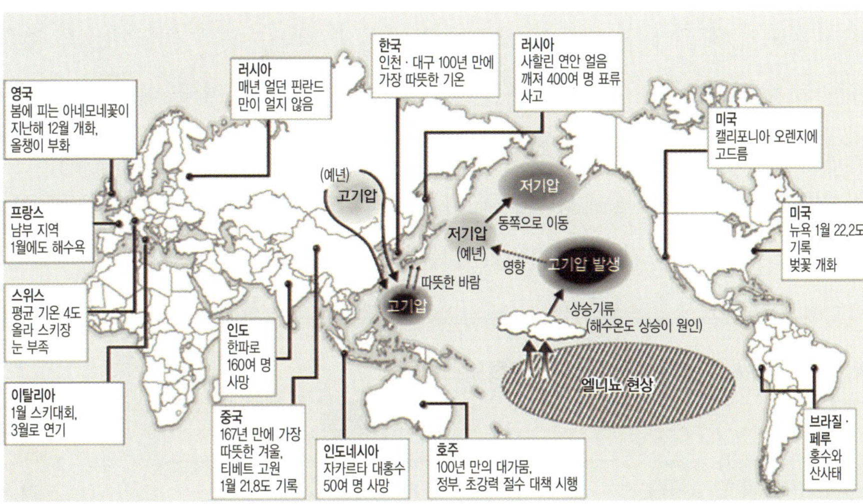

출처: mblogthumb-phinf.pstatic.net/MjAxNzEyMTZfMTk0/MDAxNTEzNDAzMDY2NTk2.gvTcbO_ynvAAgQhYDAfWEKCesc3gwFXXUdhpCh2MIDYg.5d3Pui4uqMiQLgXoQuT2_K4Jr5JQXnoN6A-w-59Kbtwg.JPEG.dgdragon/htm_2007020808415240004010-001.JPG?type=w800

2.4 코로나의 역설

2019년 중국 우한에서 시작한 코로나 바이러스는 2020년 초부터 전 세계적으로 대유행하며 인간의 생산활동과 소비활동에 예상치도 못한 많은 제약를 가져왔다. 인간들의 유흥이 줄면서 술자리가 줄었고, 공장도 가동을 멈추었다. 비행기가 운행을 중단했으며, 이로 인해 많은 사람들이 여행을 다니지 못하게 되었다. 이와 같은 이유들로 인구 증가나 경제활동의 증가는 점점 둔화되고 있으며, 이러한 둔화로 인하여 지구온난화효과는 억제되고 있다.

이를 살펴보기 위해 [그림 13-6]을 보면 인구 증가로 인해 산림이 감소하면 온실가스 흡수원이 감소한다. 또한 경제활동이 증가하면 화석연료를 많이 사용하기 때문에 온실가스 배출이 증가하게 된다. 이는 온실가스가 증가하는 것을 유발하며, 이에 따른 온실효과도 초래한다. 결국 이러한 것들이 모여 지표면의 온도 상승을 초래하며 여러 가지 기상이변을 초래하는데, 이는 인간의 전반적인 경제시스템과 사회시스템에 큰 영향을 미친다. 코로나 바이러스가 인간의 경제시스템과 사회시스템에 큰 영향을 미쳤고, 이로 인

그림 13-6 기상이변과 경제 · 사회시스템

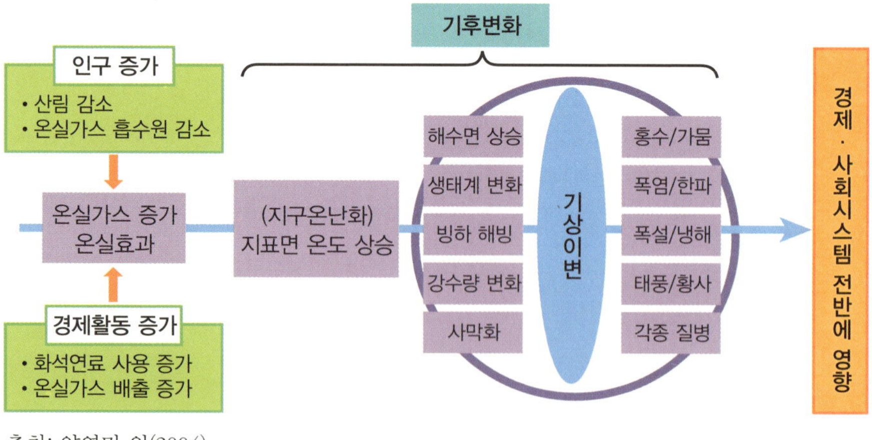

출처: 양영민 외(2004)

해 인구 증가와 인간의 경제활동이 억제되면서 역설적으로 온실효과가 감소되는 현상이 최근에 나타나고 있다. 코로나 바이러스는 어쩌면 탐욕스러운 인간에게 전하는 자연의 경고일지도 모른다.

인류는 코로나 바이러스의 대유행을 겪으며, 생활방식을 변화시킬 필요가 있다. 불필요하거나 과도한 회식을 줄이고, 불필요한 이동이나 소비 등을 줄여가며 지구가 숨을 쉴 틈을 줄 필요가 있다. 코로나 바이러스가 발생하면서 생긴 많은 제약들이 앞으로 전체 인류의 생활습관, 생활방식에 큰 변화를 가져오는 긍정적인 효과를 기대해 볼 수 있을 것이다. 하지만 안타깝게도 바이러스가 사라지면 인간들은 예전처럼 많은 소비와 생산을 다시 하게 될지도 모른다. 변화하지 않는다면 끊임없이 많은 소비와 생산을 하게 될 것이고, 지구는 계속해서 병들어 갈 것이다. 따라서 우리 인류는 이러한 문제에 대해 깊게 고민해 보고 해결할 필요가 있다.

2.5 친환경 기술개발 노력의 허와 실

여러 가지 노력이 이루어지고 있음에도 불구하고 아직까지 친환경 기술개발에는 한계가 있다. 예를 들어, 전기자동차는 친환경자동차임이 분명하지만, 전기자동차를 움직이게 하기 위한 전기를 생산하는 데 많은 화석연료가 소비된다. 전기자동차를 사용한다고 하여 아예 이산화탄소가 사라지지는 않는다는 것을 의미한다. 또한 태양광발전은 태양광 패널을 계속해서 깨끗한 상태로 세척을 해야 효율이 높아진다. 하지만 이때 사용되는 패널 세척액은 또 다른 환경파괴의 주범이 될 수 있다. 언택트 IT기술 역시 이러한 기술을 사용하기 위해 더 많은 컴퓨터를 사용하게 된다. 컴퓨터의 전기와 쿨링을 위해 사용되는 전력도 만만치 않으며 이것이 또 다른 이산화탄소 배출의 원인이 되기도 한다.

따라서 현재의 친환경기술이 앞으로 더 친환경적으로 되기 위해서는 기술혁신이 필요하며 궁극적으로는 우리가 덜 소비하는 생활양식을 갖추어야 문제를 해결할 수 있을 것이다.

3 문제해결 노력

3.1 기존 노력

(1) 환경보호의 노력들

환경을 보호하기 위해 많은 노력을 기울이기도 한다. 환경단체의 범국민계몽운동을 통해 교육을 할 수 있을 것이다. 이는 초중고에서 환경에 관련된 교육도 모두 포함하는 교육을 의미한다. 또는 친환경을 위한 입법을 제안하거나 친환경정책과 위배되는 활동에 대한 감시를 할 필요가 있으며, 더욱 적극적으로 친환경적인 기술을 개발하는 등의 노력이 필요하다.

(2) 당장 실천가능한 것들

꼭 정책을 마련하거나 친환경적인 기술을 개발하는 것과 같은 노력만이 필요한 것은 아니다. 기후변화 문제를 해결하기 위해 우리가 당장 실천할 수 있는 방법도 많다. 우선 육식을 줄이는 것을 예로 들 수 있다. 전 세계의 가축 중 소는 가장 많은 매탄가스를 배출하는 동물로 알려져 있다. 인간은 소고기를 많이 소비하기 때문에 더 많은 소를 키우고, 이로 인해 많은 산림이 훼손되며 발생되는 매탄가스는 온실효과를 초래하게 된다. 따라서 소고기 섭취를 줄이는 것만으로도 기후변화 문제를 해결하는 데 크게 기여할 수 있다. 또는 우리가 스스로 서로에게 자극을 주는 것도 방법이 될 수 있다. SNS 계정을 통해 친환경 스티커를 붙이거나 보여주는 캠페인을 통해서도 크게 기여할 수 있을 것이다. 혹은 환경 난민자들을 경제적으로 도울 수도 있다.

그림 13-7 우리가 쉽게 실천할 수 있는 것들

출처: RTE, BBC

3.2 4차산업혁명기술 활용 노력

(1) 이산화탄소 포집기술

기후변화에 기술적으로 대응하기 위한 노력도 진행되고 있다. 대표적으로 이산화탄소 포집기술(CCS)이 있다. 이산화탄소 포집기술이란 [그림 13-8]에서 볼 수 있듯이 화석연료를 사용해 발생한 이산화탄소가 대기로 배출되기 전에 포집하는 기술이다. 이산화탄소를 포집하여 고농도로 압축을 시키고 이를 파이프라인이나 선박을 통해 저장소로 이송시킨다. 그 다음 해양의 가장 깊은 퇴적층에 고농도로 농축된 이산화탄소를 저장하는 기술이 이산화탄소 포집기술이다. 포집, 수송, 저장으로 이어지는 일련의 기술을 이산화탄소 포집기술이라 한다. 이를 통해 대기 중에 배출되는 이산화탄소의 양을 최대한 줄일 수 있다. 하지만 이산화탄소 포집기술은 아직까지는 많은 비용이 들기 때문에 경제성에 문제가 있다. 최근 경제성 문제로 인해 두산중공업도 이산화탄소 포집기술사업을 포기하는 경우도 나타났다. 따라서 이러한 기술들이 경제적으로 활용될 수 있도록 정부보조나 기술혁신이 필요하다.

그림 13-8 CCS 개념도

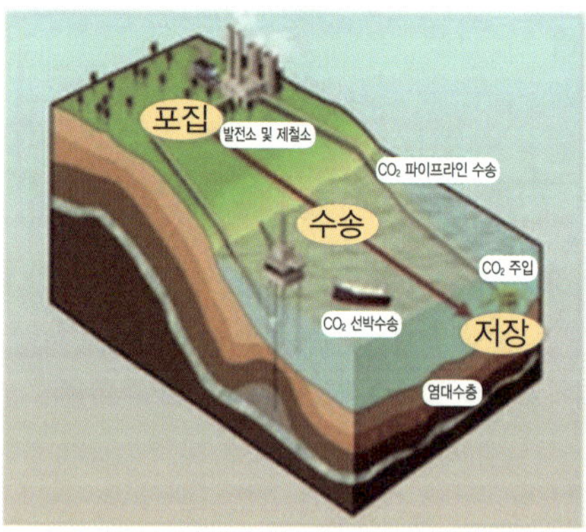

포집 (Capture)	화석연료 사용으로 발생된 CO_2를 대기에 배출하기 전에 분리 · 포집하는 기술
수송 (Transportation)	고농도로 포집된 CO_2를 파이프라인, 선박 등을 통해 저장소로 이송하는 기술
저장 (Storage)	CO_2를 육상 또는 해양의 깊은 퇴적층에 안전하게 저장하는 기술

출처: 현대해양(2015. 11. 16)

(2) 바이오매스를 이용하는 노력

[그림 13-9]와 같이 자연유래물질을 뜻하는 바이오매스(Biomass)[02]를 이용해 바이오 플라스틱, 바이오 연료를 만드는 노력도 이루어진다. 바이오 플라스틱은 시간이 지나면 기존의 플라스틱과는 달리 썩기 때문에 자연으로 완전히 돌아갈 수 있도록 하는 친환경적 물질을 만들 수 있는 것이다. 플라스틱 사용을 당장 억제할 수는 없기 때문에 썩는 물질을 만드는 것이 환경보호를 위한 중요한 기술 중 하나이다.

02 https://renewableenergyfollowers.org/2559

그림 13-9 바이오매스 이용

출처: TIN 뉴스

(3) 스마트빌딩

[그림 13-10], [그림 13-11]과 같은 스마트빌딩을 통해 우리가 살고 있는 거주지의 에너지 효율을 높이는 방법이 있다. 특히 제로에너지빌딩이라고 하여 최대한 에너지를 적게 사용하고 집에서 스스로 에너지원을 만들어내는 태양열, 지열 등을 이용해 건물 안으로 에너지가 유입될 필요가 없게끔 하는 자족적인 거주지나 빌딩을 건설하는 시도가 의미가 있다. 삼성이나 KT 등에서는 제로에너지빌딩사업을 실시하고 있다. 이는 냉난방 에너지의 사용을 최소화하려는 목적도 있으나, 신재생 에너지를 생산하는 개념이 합쳐져 제로 에너지빌딩이 형성된다. 고단열의 벽채, 고단열의 지붕을 통해 더운 공기를 바깥으로 빼거나 태양전지에서 전력을 공급하거나 태양열을 활용해 온수를 공급하거나 태양열을 차단해 바깥의 뜨거운 열을 회피하게 하는 등 다양하게 활용될 수 있다.

스마트빌딩은 중동 국가에서 가장 필요로 할 것이다. 아랍에미리트연합

그림 13-10 제로에너지빌딩

출처: 한국에너지공단 블로그

그림 13-11 제로에너지빌딩의 개념도

출처: 한국에너지공단 블로그

(UAE)의 도시인 아부다비에는 마스다시티라는 도시가 있다. 이 지역에서는 [그림 13-12]에 나온 것처럼 태양광을 이용해 온수를 만들고, 사람이 없으면 전기가 자동으로 꺼지는 자동 전기 점멸시스템을 활용하고 있다. 또한 가끔 내리는 비를 받아 용수로 사용하기도 하며, 에너지를 적게 쓰는 LED를 이용해 조명으로 활용하기도 한다. 그리고 바람을 활용할 수 있도록 자연통

그림 13-12 스마트빌딩

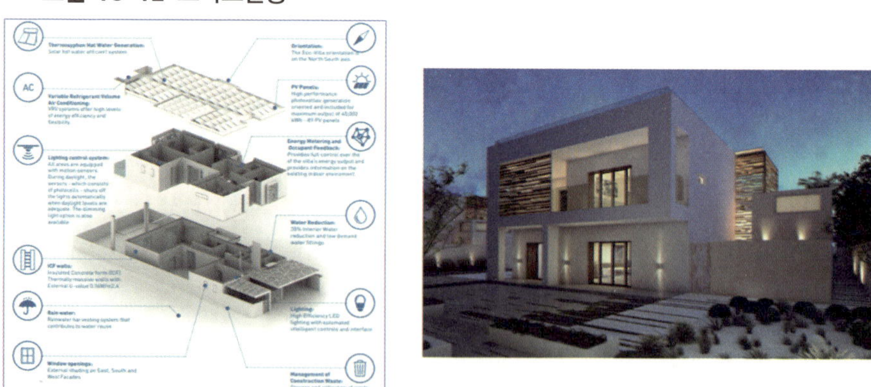

출처: puranova.tech

풍시스템을 활용하기도 하고, 재활용 쓰레기를 저장하거나 많은 기술을 집적시켜 에너지 효율을 높이는 빌딩을 건설하기 위한 시도가 이루어지고 있다.

이러한 제로에너지빌딩이 모여 있는 장소를 제로에너지타운, 제로에너지시티, 에코시티라고 부른다. [그림 13-13]은 제로에너지타운의 규모별 분포를 보여주는데, 한국의 동탄도 제로에너지타운에 해당한다. 이외에도 많은 국가에서 노력이 이루어지고 있음을 확인할 수 있다.

그림 13-13 제로에너지타운의 규모별 분포

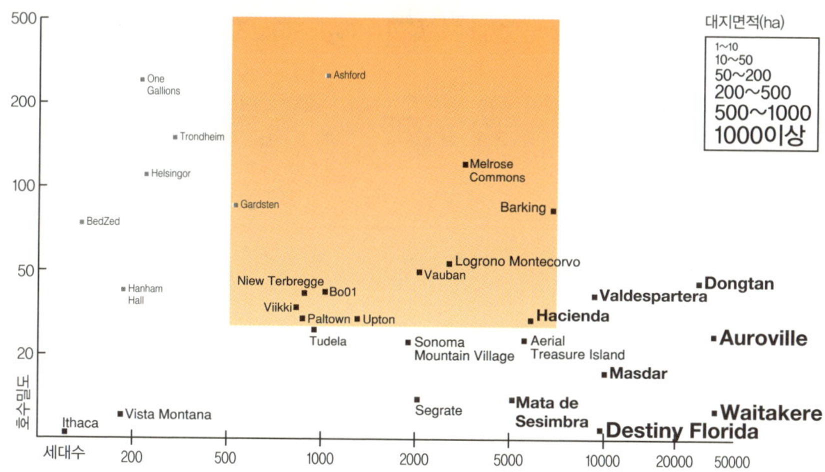

출처: 김민경(2011)

(4) 기후변화와 AI

AI는 기후변화에 크게 기여할 수 있다. 기후변화를 예측하는 업무를 AI에게 맡길 수 있다. 기후변화를 정확하게 예측할 수 있다면 이에 대응할 수 있는 정책을 내릴 수 있게 된다. 따라서 보다 정확하고 적절한 환경정책을 만드는 의사결정을 하기 위해서는 예측의 정확도가 높아야 한다. 정확도를 높이기 위한 방법으로 AI가 활용될 수 있다. AI는 예측정확도를 향상시킴으로써 환경정책의 적절성과 정확성을 제고하는 데 크게 기여할 수 있다. [그림 13-14]는 열대성 저기압 태풍, 사이클론, 허리케인 등을 예측하는 데 지도기반학습을 활용한 AI의 사례이다.

그림 13-14 지도기반학습을 활용한 AI

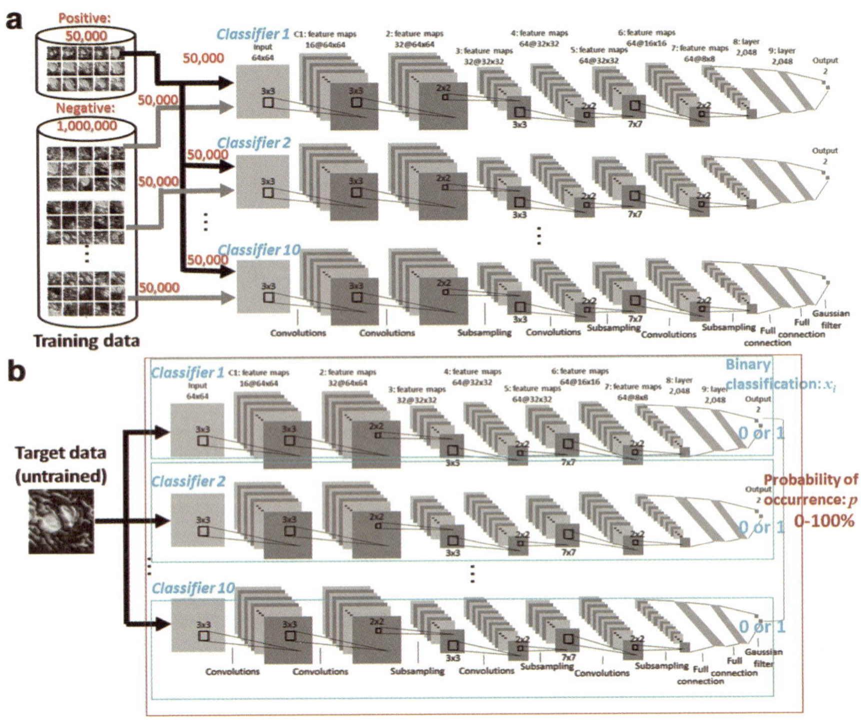

출처: link.springer.com/article/10.1186/s40645-018-0245-y

그림의 우측에는 Positive(열대성 저기압이 발생된 이미지)와 Negative(열대성 저기압이 발생하지 않은 상태의 이미지)가 나타나 있다. 전체적으로 봤을 때 태풍이나 열대성 저기압이 발생하는 빈도는 많지 않기에 Positive는 소수이다. AI에게 예측하도록 하는 모델을 제작할 때, Positive와 Negative가 비등해야 정확한 예측이 가능하지만, 한쪽의 케이스가 적은 경우에는 정확도가 떨어지는 경향이 있다. 이처럼 데이터가 한쪽에 기울어진 현상을 'Data Imbalance' 혹은 'Class Imbalance'라고 한다. 이러한 불균형이 나타나는 데이터셋을 활용하고, CNN을 반복적으로 활용한다. 이를 단순화시켜 얼마 되지 않는 벡터값으로 줄인 다음 이를 활용해 학습을 한다. 이후 최종적으로 나온 결과들의 분포를 통해 이미지가 열대성 저기압에 해당되는지 아닌지를 판정한다. [그림 13-15]는 이러한 기술을 이용해 열대성 저기압을 예측한 결과를 보여주는데, 꽤 정확도가 높은 것으로 나타난다.

그림 13-15 열대성 저기압 예측 결과

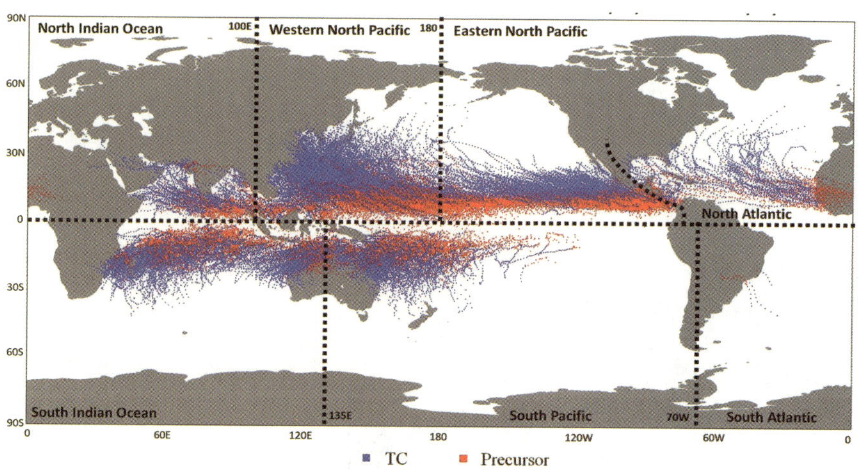

출처: link.springer.com/article/10.1186/s40645-018-0245-y

(5) 딥러닝과 기후현상 예측

딥러닝을 통해 기후학적인 현상들을 해석하려는 노력도 이루어지고 있다. 과거에는 데이터를 집어넣고 그 안에서 정답을 찾으려는 노력이 이루어져 왔다. 그렇기 때문에 기상청에서는 슈퍼컴퓨터라는 대용량의 컴퓨터를 활용해야 했으며, 슈퍼컴퓨팅 리소스를 활용해 모델과 데이터를 고려해 가장 잘 맞는 모델을 만들어냈다. 하지만 이 과정은 매우 복잡한 수식을 만들어낸다. 이처럼 기후현상을 정확하게 설명하는 물리학적 모델을 구축하는 것은 매우 어렵기 때문에 [그림 13-16]과 같은 딥 뉴럴 네트워크(DNN)를 통해 근사화하려는 시도가 이루어졌다. 이를 통해 컴퓨팅 리소스의 부담을 줄일 수 있었으며 인근지역의 기후를 90% 이상 예측할 수 있었다. 예를 들면, 한국의 데이터를 입력하더라도 인근지역인 일본의 기후를 예측할 수 있게 되는 것이다. 물론 아주 정교한 물리학적 모델을 찾아낸다면 그것이 최선의 방법이겠지만, 물리학적 모델은 굉장히 복잡한 수식으로 형성될 가능성이 높고 복잡하기 때문에 현실적으로 쉽지 않다. 물리학적 모델을 직접 찾는 것도 하나의 연구라 할 수 있으나, DNN과 같이 딥러닝을 활용하여 경제적으로 접근하는 방법도 필요할 수 있다.

그림 13-16 DNN

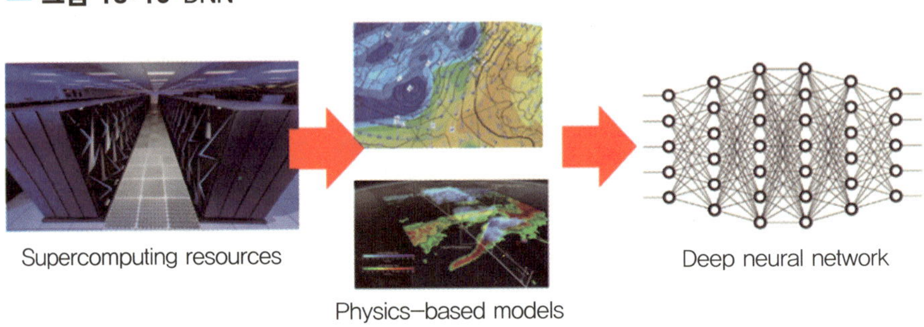

출처: towardsdatascience.com/how-deep-learning-is-helping-weather-predictions-and-climate-models-389ba226b7ab

(6) Google AI의 날씨 예측

또 다른 예로 Google AI는 날씨를 예측하는 업무를 하기도 했다. [그림 13-17]의 x축은 recall, y축은 precision의 성능을 나타내는 지표로 이루어져 있다. 오른쪽으로 갈수록 recall과 precision이 완벽해지는데, 기존의 모

그림 13-17 AI의 예측 정확도

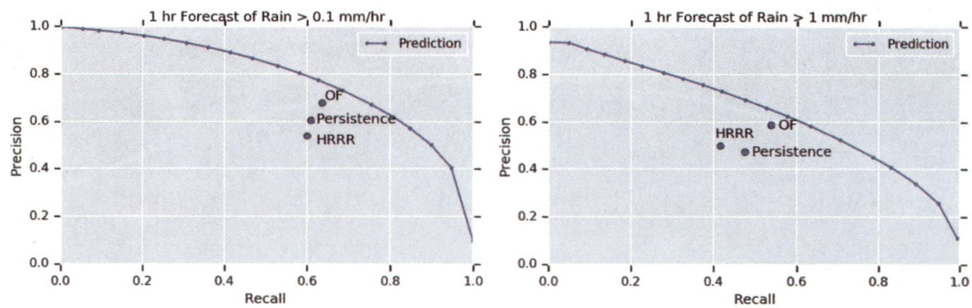

출처: neowin.net/news/google-ai-model-outperforms-traditional-methods-of-weather-prediction/

델에 비해 Google AI가 만들어낸 결과는 더 오른쪽 위에 위치해 더 정확한 결과를 만들어냈음을 확인할 수 있다.

(7) The Lake Ice Project

The Lake Ice Project는 호수에 얼어 있는 얼음이 얼마나 얼었는지 혹은 얼마나 녹았는지를 모니터링한 프로젝트이다. 이를 위해 [그림 13-18]처럼 인공위성에서 Optical satellite data를 확보했으며, 이미지데이터를 활용해 AI를 학습시키기 위해 지도기반학습을 실시했다. 이에 대한 결과는 [그림 13-19]에서 확인할 수 있다. 붉은색은 얼어 있지 않은 상태(non-frozen)를 의미하며, 파란색일수록 얼어 있는 상태(frozen)를 의미한다. 이를 통해 호수가 얼었는지에 대한 여부를 꽤 정확하게 예측하여 분석할 수 있었다. 이러한 기술은 기후변화의 양상에 대해 파악하는 데 큰 도움을 준다.

그림 13-18 인공위성을 통한 데이터 확보

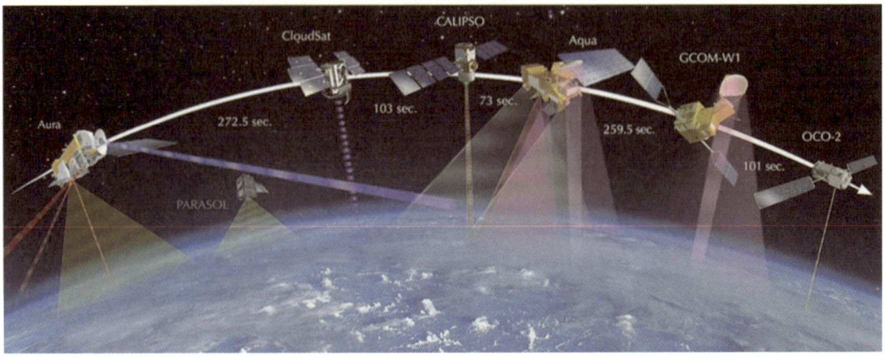

출처: miro.medium.com/max/1000/1*6085NzFFo392M_CTyLgOLA.jpeg

그림 13-19 이미지 데이터를 활용해 호수상태 예측

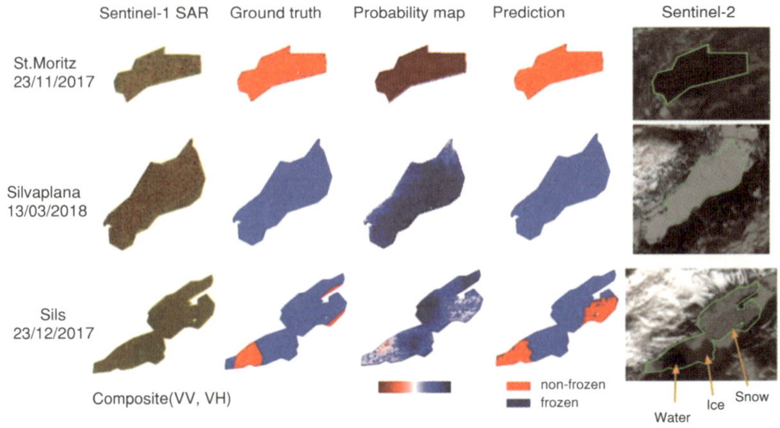

출처: eol.ucar.edu/field_project/lake-ice

(8) 북극해 동결을 예측하는 연구

한국의 UNIST에서는 북극해의 동결을 예측하는 연구를 진행했다. [그림 13-20]과 같이 북극해의 위에서 사진을 찍으면 동결된 곳은 하얀색으로 나타난다. 여러 데이터를 통해 이미지 기반으로 예측할 수 있었다. 이는

■ **그림 13-20 북극해를 촬영한 데이터**

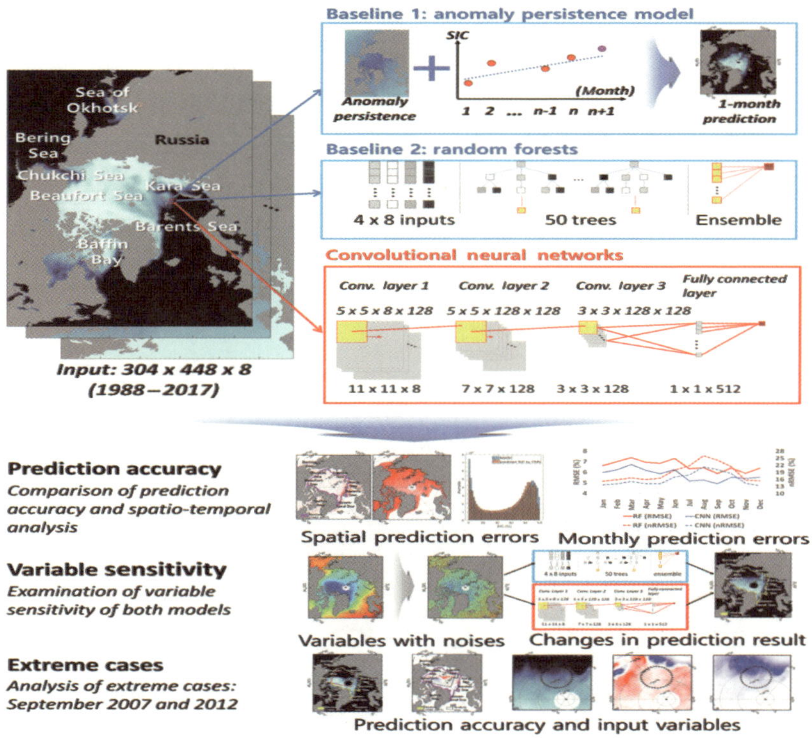

출처: tc.copernicus.org/articles/14/1083/2020/

Random Forest로 판정을 내리고 CNN을 통해 판정을 하는 복합 판정을 실시했다. 그 결과 예측의 정확도를 올릴 수 있었다. [그림 13-21]은 여기 활용된 데이터를 보여주는데, ResNet이 가장 좋은 성능을 보였다고 한다.

ResNet이란 마이크로소프트 북경연구소에서 개발한 것이다. 기본적으로 VGG-19의 구조를 따르고 있으며, 깊은 layer를 보유하고 있다는 것이 큰 특징이다. 2014년의 GoogleNet이 22개의 층으로 구성된 것에 비해 ResNet은 152개 층으로 구성되어 있다. 또한 기존의 딥러닝에서는 최종적으로 산출되는 값을 최소화하였는데, ResNet은 처음 입력된 값을 주고 출력된 값에 입력값(x)을 합쳤다. 즉 [그림 13-22]와 같이 잔차를 의미하는 'F(x)−x'를

그림 13-21 활용한 데이터

Variable	Source
SIC 1 year before (sic_1y)	NSIDC
SIC 1 month before (sic_1m)	NSIDC
SIC anomaly 1 year before (ano_1y)	NSIDC
SIC anomaly 1 month before (ano_1m)	NSIDC
Sea surface temperature 1 month before (SST)	NOAA OISST ver. 2
2 m air temperature 1 month before (T2m)	ECMWF ERA-Interim
Forecast albedo 1 month before (FAL)	ECMWF ERA-Interim
The amount of υ wind 1 month before (υ wind)	ECMWF ERA-Interim

출처: tc.copernicus.org/articles/14/1083/2020/

그림 13-22 ResNet

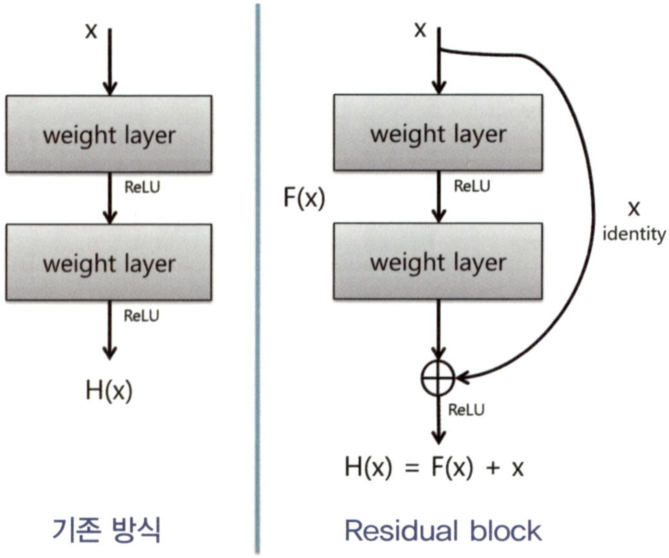

출처: bskyvision.com/644

최소화하는 방향으로 학습한 것을 의미한다. 그 결과 Top 5 에러를 줄이는데 효과가 있었다.

[그림 13-23]과 같이 딥러닝 알고리즘은 굉장히 많다. 어떤 알고리즘을 활용하고 어떻게 설정해야 하는가를 아는 것이 바로 전문지식이다. 따라서

알고리즘을 선정할 때에는 문제의 특성과 데이터의 특성에 따라 적합한 알고리즘이 있기 때문에 신중하게 선정할 필요가 있다.

그림 13-23 딥러닝 타임라인

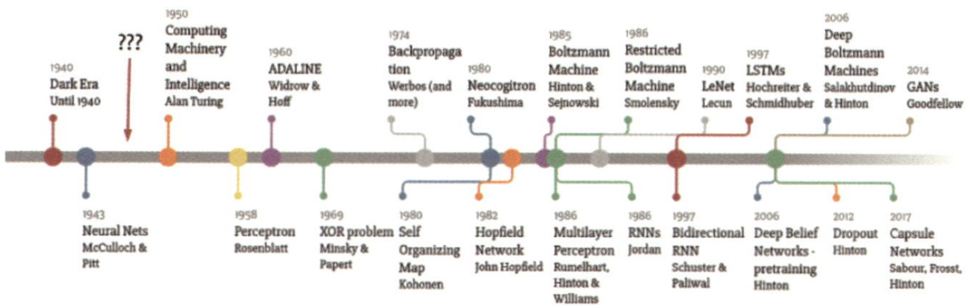

출처: bbvadata.com/a-weird-introduction-to-deep-learning/

4 해당 SDGs 문제를 해결한 기업의 성공 사례

4.1 포스코

(1) 고로 수재슬래그 재활용

포스코는 고로 수재슬래그를 재활용하고 있다. 고로 수재슬래그는 제선 공정에서 발생한 용융상태의 고로 슬래그에 물을 분사하고 급냉시켜 만든 것으로, 시멘트와 유사한 화학 조성을 가지므로 이를 분말화하여 시멘트 생산에 활용하고 있다. 슬래그를 시멘트 클링커 대체재로 활용하면 석회석과 같은 천연자원을 보존하고 시멘트 소성에 사용되는 에너지와 이때 발생하는 이산화탄소를 줄일 수 있어, 시멘트사들은 일반 시멘트를 제조할 때 중량의

5% 범위에서 슬래그를 혼합한다. 포스코가 개발한 포스멘트는 기존의 슬래그 시멘트보다 슬래그 함량을 더 높이고, 압축 강도 등 물리적 성질을 개선한 시멘트로, CO_2 발생을 기존 시멘트 대비 약 60% 줄일 수 있다. 포스코는 2017년 한 해 1,095만 톤의 수재 슬래그를 시멘트 원료로 활용하여 860만 톤에 달하는 사회적 온실가스 감축효과를 거둔 것으로 파악하고 있다. [그림 13-24]는 포스코의 시멘트 제조공정을 보여주며, 고로 수재 슬래그 재활용을 통해 CO_2 감축효과가 나타났음을 보여준다.

그림 13-24 고로 수재 슬래그 재활용(포스코)

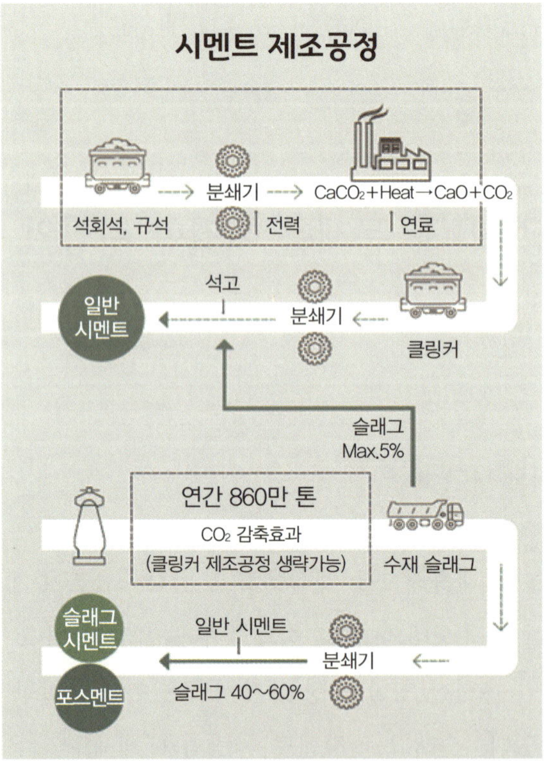

출처: shinailbo.co.kr/news/articleView.html?idxno=1169461

(2) 에너지 고효율 전기강판 개발

발전기, 송배전 변압기, 모터 등에 주로 사용하는 전기강판은 이들의 에너지 효율과 관련되어 있어 고효율일수록 전력 사용량을 줄일 수 있다. 포스코가 개발한 에너지 고효율 전기강판은 일반 전기강판에 비해 저철손과 고자속 밀도 특성으로 최종제품의 에너지 효율을 높이는 효과가 있다. 포스코가 2017년 공급한 에너지 고효율 전기강판은 45만 톤으로 전년 대비 5% 증가하였으며, 이는 2010년 판매량 대비 1.3배 증가한 수치이다.

4.2 SK이노베이션

(1) 베트남 맹그로브 숲 복원사업

SK이노베이션은 지구온난화로 인한 기후변화 대응 및 생물 다양성 보존 등 환경 사회가치 실현을 위해 노사가 함께 1% 행복나눔기금(임직원 기본급의 1% 자발적 기부)을 모아 2018년 첫 맹그로브 숲 복원사업을 시작하였다. 맹그로브 숲 복원사업을 위한 첫 번째 지역으로 베트남 짜빈성을 선택했다.[03] 베트남 국가는 인구 증가와 급격한 산업화가 진행되고 있고 환경규제 정책이 부족하다 보니 환경 및 생태계 보전보다는 경제개발이 우선시되어 산림벌채 및 토지 황폐화와 생물 다양성 손실이 크고 기후변화에 가장 취약한 나라 중 한 곳이다. 베트남의 맹그로브 숲은 무분별한 개발로 전체 44만 ha 중 70% 이상이 파괴되었으며 최근 맹그로브의 중요성이 부각되면서 베트남 정부에서도 관심을 갖기 시작했다. SK이노베이션 임직원은 베트남 짜

03 UN GLOBAL COMPACT NETWORK KOREA(2020), 〈2019 우수이행 기업 사례집〉, pp. 3-106

그림 13-25 베트남 맹그로브 숲 복원사업

출처: news.naver.com/main/read.nhn?oid=277&aid=0004438807

빈성을 직접 방문하여 지역 주민들과 함께 맹그로브 묘목 3만 5천 그루를 식수하였으며 베트남 짜빈성과 산림청, 유엔환경계획(UNEFP), SK에너지 화물차휴게소 JV 파트너(Saigon New Port)와 MOU를 맺고 맹그로브 숲 복원사업을 진행하고 있다.

(2) 친환경 사회적 기업 육성

SK이노베이션은 비영리 목적사업을 추구하고, 취약계층을 고용하는 사회적 기업의 특성상 일반 기업 대비 사업 경쟁력 및 지속가능성 확보가 매우 불리한 조건이라고 판단하고, 우선적으로 생존과 자립이 가능한 사회적 기업 육성을 적극 추진하고 있다. 특히 버려지는 자동차 가죽시트, 에어백 등 폐기물을 업사이클링해 지속가능한 패션 상품을 생산, 판매하는 사회적 기업 ㈜모어댄과 고래를 테마로 해양환경을 보호하고 환경의식을 개선하는 ㈜우시산 등 친환경 사회적 기업을 중점 육성하고 있다. SK이노베이션은 유통망 확대, 홍보마케팅, 글로벌시장 진출전략 수립 등을 통해 사회적 기업을 지원하고 있으며 이러한 친환경 사회적 기업 육성을 글로벌로 확대시키고 있다.

(3) 임직원 참여 환경 캠페인 조성

SK이노베이션은 임직원의 생활 속에서 환경분야의 사회적 가치를 창출할 수 있는 '아그위그(I green We green)' 캠페인을 진행하고 있다. 그 첫 번째로 '일회용품 안 쓰기'를 시행, 전 임직원이 개인 텀블러나 머그컵을 사용하도록 장려하였다. 본사인 서린사옥 사내 카페에서는 테이크아웃 고객에게 텀블러를 대여하여 일회용 컵 사용을 최소화하였고, SK종합화학, SK루브리컨츠 등이 입주해 있는 그랑서울에는 임직원 누구나 자유롭게 사용할 수 있도록 수백 개의 머그컵과 세척기를 구비하는 등, 임직원들이 불편함 없이 일회용품을 줄일 수 있도록 지원하고 있다.

SK이노베이션의 아그위그 캠페인은 SUPEX 추구협의회, SK E&S, SK하이닉스 등 관계사로도 확장되며 SK그룹의 환경 캠페인의 하나로 자리매김하고 있다. 또한 아그위그 캠페인의 대상을 대외 공중으로 확대, '아그위그챌린지'라는 이름의 대외 캠페인을 진행하고 있다. 본인의 SNS에 일회용품을 줄이는 사진을 게재하면, 유엔환경계획 한국협회를 통해 참여자 수만큼 지

그림 13-26 SK이노베이션 아그위그챌린지

출처: ajunews.com/view/20181211090923083

구온난화 방지에 효과적인 맹그로브 묘목을 기부하는 형태이다. 의미 있는 취지에 공감하는 많은 사람들이 활발하게 참여 중이며, 연예인들의 참여도 이어져 화제를 모으고 있다. SK이노베이션의 임직원뿐만 아니라 다양한 이해관계자들이 생활 속 작은 실천을 통해 환경분야의 사회적 가치를 창출하도록 기획된 아그위그 캠페인은 앞으로도 지속될 예정이다.

4.3 한국과학기술연구원(KIST) 부설 녹색기술센터(GTC): 과학기술정보통신부 출연연구소

(1) 기후변화 대응을 위한 기후기술 RD&D 국제협력 중장기 로드맵 개발

우리나라 기후기술 RD&D(Research, Development & Demonstration) 수준을 파악하고 이를 토대로 추격형 기술에 대해 선진기술 보유기관과 R&D(Research & Development) 협력을 통해 기술을 습득하고, 실증 및 확산형 기술에 대해 개도국의 현지 맞춤형 연구개발(R&D) 협력을 통해 우리나라 기술 확산 기반을 마련하고자 기후변화 대응 중장기 글로벌 파트너십 로드맵 개발을 추진한다.

(2) 개도국 RD&D 협력지원체계 구축

한국과 기후변화 대응 개도국과의 협력분야에서 RD&D 협력 필요성이 강조되고 있으며, 국내에서도 다양한 실증사업(RD&D)을 추진하는 등 증대되는 국내 기후기술의 글로벌 시장 확대 수요에 대응하기 위한 한 · 개도국 협력프로그램 개발 및 시범사업 수행 추진 및 지역 문제해결형 한 · 협력국 시범사업을 수행하고, 지속적인 수요발굴과 협력 네트워크 확대를 통해서 글로벌 기술실증 협력 생태계 구축을 추진한다.

(3) 녹색기술–탄소시장 연계 기술협력 프로그램 운영

탄소시장은 기후기술이전이 간접적으로 이루어지는 매우 중요한 트랙으로, 국제 탄소시장체계화 및 우리나라 대응체계를 활용한 국제감축사업에 기후기술 개발 및 이전 측면에서 체계적으로 지원할 필요가 있으며 덴마크 소재 기후변화 대응 국제기구(CTCN: Climate Technology Center and Network) 기술지원(TA: Technical Assistance)사업 결과를 탄소시장에 연계하기 위한 기술–탄소사업화 협력사업을 추진하며 더불어 기술지원(TA)사업의 감축 잠재력, 투자 가능성 등에 대한 협력 모델 · 프로그램 개발을 추진한다.

그림 13-27 KIST 부설 GTC 기후변화 대응 기후기술협력전략

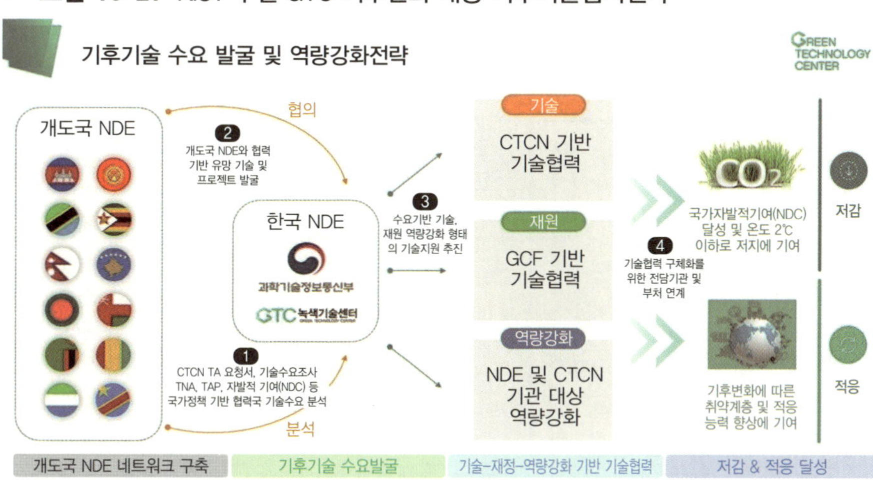

(4) 기후변화 대응 기후기술 플랫폼 기반 기술협력 확대

협력 플랫폼별로 실질적인 기후기술협력 성과 도출을 위해 운영전략, 활용방식, 기대효과 등에 대한 체계적인 접근 계획 수립 및 이행을 추진한다.

① CTCN 협력 연락사무소: 우리나라가 2020년 유치하고 2021년 인천 송도에 개소하여 CTCN 한국사무소를 통한 기후변화 대응 기술 중심 글로벌 파트너십을 추진한다.

② 인도네시아 거점센터: 2019년 개소한 인도네시아 녹색기술협력 거점센터를 기반으로 기후변화 대응 및 연계추진을 위한 한국형 기술협력 전주기지원 거점센터로 추진하여 10개 아세안(ASEAN) 협력국 지역을

플랫폼	활동 유형	협력방식	예상 성과
CTCN 협력 연락사무소	① CTCN-GCF 협력 ② 개도국 NDE 지원 ③ 기후기술 RD&D 지원 ④ 프로보노 TA 지원	• 연간 공적 재원(20억 규모)을 활용하여 아 · 태지역 개도국 기후기술 RD&D 협력 주도 • CTCN-GCF 연계사업 초점	• 아 · 태지역 기후기술 RD&D 협력 확대 • 기술-재정 메커니즘 연계사업
인도네시아 글로벌 문제해결 거점센터	① 현지수요 기반 연구기획 및 발굴 ② 현지맞춤형 R&D ③ 역량강화 ④ 기술사업화	ASEAN 10개 협력국 대상으로 이해관계자 파트너십 개발 및 오픈 이노베이션체계 구축지원 및 지속가능협력 추진지원	개도국 현지 주요 맞춤형 R&D 협력사업 발굴/이행 및 역량강화
국제개발 협력사업 협의회	① 수요발굴 ② 사업기획 ③ 현지실증 ④ 성과홍보 · 확산 평가관리	국내 ODA 지원사업 관련 기관들과의 협력 플랫폼을 활용해 기후기술협력사업 평가관리 지원	ODA 재원을 활용한 기후기술협력사업의 평가 측면 지원
기후기술 비대면 국제협력 플랫폼	① 온라인 협업시스템 개발 ② 기후기술협력사업 온라인 발굴 및 이행	비대면 국제협력 플랫폼을 구축하고, 이를 토대로 기후기술 협력사업들을 추진	비대면사회로의 전환에 대응한 기후기술협력에 특화된 온라인 협업시스템 개발 및 활용

아우르는 기후기술협력 허브로 우리나라 기후기술의 확산 및 사업 추진 거점으로 개도국 지역개발 및 현지 커뮤니티 삶의 질을 제고한다.

③ 국제개발협력사업협의회: 2018년 12월 기후기술 개별 협력 증진을 목표로 발족한 국사협을 통해 기후기술협력사업 평가관리 측면을 지원한다.

④ 비대면 국제협력 플랫폼: 코로나19 이후 비대면사회로의 전환에 대한 국제적 수요를 반영하여 기후기술협력분야에서 비대면으로 협력연구를 수행할 수 있는 플랫폼 구축을 추진한다.

(5) 기후기술 빅데이터 플랫폼(CTis) 운영을 통한 정보체계의 고도화

기후기술협력에 대한 수요가 증대하고 협력 성과가 확대되면서 기후기술 빅데이터 플랫폼(CTis, www.ctis.re.kr)이라는 온라인 정보 플랫폼을 통해 관련 정보들을 통합적으로 집적 · 공유 · 홍보하는 것이 필요하고, 동시에 기후기술협력을 위한 매칭 플랫폼을 운영함으로써 기후기술협력의 가능성을 제고한다.

국내 기후기술 관련 정책 및 현황에 대한 정보 집적 · 생산 · 공급 강화를 통한 기후변화 대응 기후기술정보 제공, 기후기술 유관자료(국가 법령 · 계획 · 정책자료 등) 수집 및 정보 생산 · 제공 및 국내 기후기술 산업통계 및 국가연구개발사업 분석 통계자료를 공유한다.

국내 · 외 유관 빅데이터 자료 수집을 통해 체계적인 기후기술 빅데이터 분석환경 제공 및 국제협력 강화를 위한 정보 제공 및 기후기술 국제협력 이행트랙별 우리나라 과학기술정보통신부(MSIT) 차원에서 진행된 협력사업 결과물 정보 집적 · 갱신 추진과 기후기술협력에 필요한 개도국 협력, 국제재원, 국내외 R&D 동향 정보 제공 및 정보 및 전문가협의체를 통해서 수요자(연구기관, 기업 등) 맞춤형 컨설팅을 지원한다.

참·고·문·헌

김민경 · 김민영(2011), "해외 제로에너지타운 사례를 통해 본 제로에너지 타운 정책 방향", 〈서울도시연구〉, 12(1), pp.159-180

양영민 · 강인식 · 유진호 · 안경희(2004), "기상정보가 사회 경제에 미치는 영향과 효과분석", 〈한국기상학회지〉, 40(2), pp.37-62

https://www.ctis.re.kr

https://www.gtck.re.kr

https://www.mist.go.kr

[제14장]

SDGs14 해양생태계 보호

1. 정의 및 개념
2. 현재의 문제점
3. 문제해결 노력
4. 해당 SDGs 문제해결을 위한 노력

제14장 SDGs14 해양생태계 보호

1 정의 및 개념

지속가능발전목표의 14번째는 다음과 같다. 첫 번째, 2025년까지 모든 형태의 해양오염, 특히 해양폐기물, 영양분 오염 등 육상활동으로 인한 오염을 예방하고 현저히 감소시킨다. 두 번째, 해양 및 연안 생태계를 지속가능하게 관리하고 보호하며, 건강하고 생산적인 바다를 만들기 위해 복원 조치를 한다. 세 번째, 어류 포획을 규제하고 남획, 불법·미신고·비규제어업(Illegal, Unreported, Unregulated) 및 파괴적 어업 관행을 근절한다. 네 번째, 소규모 영세 어업 종사자가 해양자원과 시장에 접근할 수 있도록 한다. 위와 같은 해양생태계에 대한 여러 목표가 있다.

2 현재의 문제점

해양생태계의 가장 큰 문제점은 해양쓰레기이다. [그림 14-1]은 현재 우리 바다의 모습이다. 이렇게 특정 지역에는 엄청나게 많은 플라스틱 쓰레기가 쌓여 있다. 바다에는 이런 거대한 쓰레기 지대가 있는데 특별히 태평양 거대 쓰레기 지대를 GPGP(Great Pacific Garbage Patch)라고 부른다. 1997년 미국의 항해사 찰스 무어는 "플라스틱 건더기가 떠 있는 수프 같았다"라고 언급할 정도로 많은 쓰레기가 버려져 있다. 이런 쓰레기가 버려져 있으면 수중 생물들이 플라스틱을 섭취하게 되고 섭취된 그것은 다시 인간의 먹거리에 올라가기 때문에 해양의 푸드 체인에 커다란 위협을 주는 요소가 된다.

그림 14-1 바다에 쌓인 쓰레기 사진

출처: wsj.com

3 문제해결 노력

3.1 기존 노력

(1) 광역해양생태계(LME) 관리모델

광역해양생태계(LME: Large Marine Ecosystem) 영역은 [그림 14-2]와 같이 전 세계 대륙의 연안으로 여러 나라가 함께 바다를 공유하는 지역이다. 만약에 한 바다의 지역을 한 국가가 관리한다면, 그 국가 내에서 쓰레기를 버리지 않는다든가 어획에 대한 관리통제가 될 텐데, 그림에 표시되는 LME 지역은 대부분이 두 나라 이상이 함께 수산자원을 공유할 수 있는 곳으로 한 나라가 열심히 특정 어종에 대해서 남획을 금지한다고 할지라도 이웃 국가가 남획하면 의미가 없다. 이에 따라 LME 관리모델은 두 나라 이상이 함께 공유하는 지역을 관리하는 일종의 매뉴얼을 만든 것이다. 유류오염, 해양쓰레기와 같이 한 국가의 관할권을 넘는 월경성(越境性) 환경 문제를 다루는 모델로서 주목을 받고 있다.

그림 14-2 LME영역

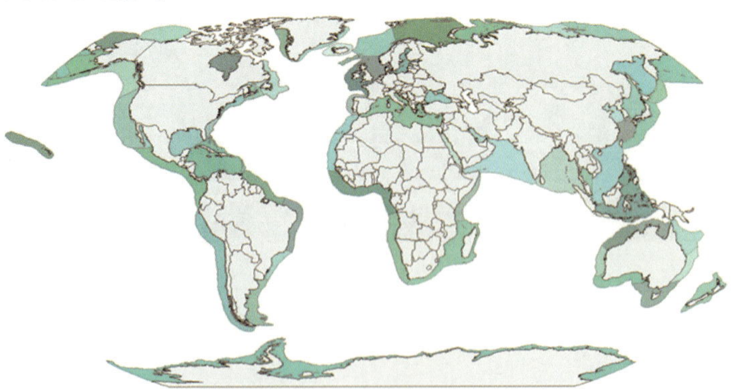

출처: ecomarres.com

(2) 황해광역 해양생태계 보전사업

한국에서는 중국과 함께 황해광역 해양생태계 보전사업(YSLME: Yellow Sea Large Marine Ecosystem)을 진행한다. 이것을 줄여 YSLME이라고 하는데 해양수산부에서 관리하고 있다. 지구환경기금(GEF)과 유엔개발계획(UNDP)의 광역 해양생태계 보전사업의 일종으로서 한국과 중국 정부가 참여하는 사업이다.

그림 14-3 황해광역 해양생태계 보전사업

출처: 해양수산부

(3) 해양수산부 해양생태계 구축방안

한국의 해양수산부는 해양생태계 구축방안을 모색 중이다. 그 방안 중의 하나로 한반도를 둘러싼 3면의 바다를 크게 5대 핵심 해양생태축으로 제안하였다. 서해에서 '서해안 연안습지 보전축', '물범-상괭이 보전축', 남해에서 '도서 해양생태 보전축', 동해에서 '동해안 해양생태 보전축', 또 남 · 동해에서 '기후변화 관찰축'이라고 하는 5가지의 해양생태축을 만들고 각각의 축별로 조사하고 연구하고 정책을 수립하여 한반도에서 해양생태계를 유지하려고 하는 노력을 기울이고 있다.

그림 14-4 5대 핵심 해양생태축

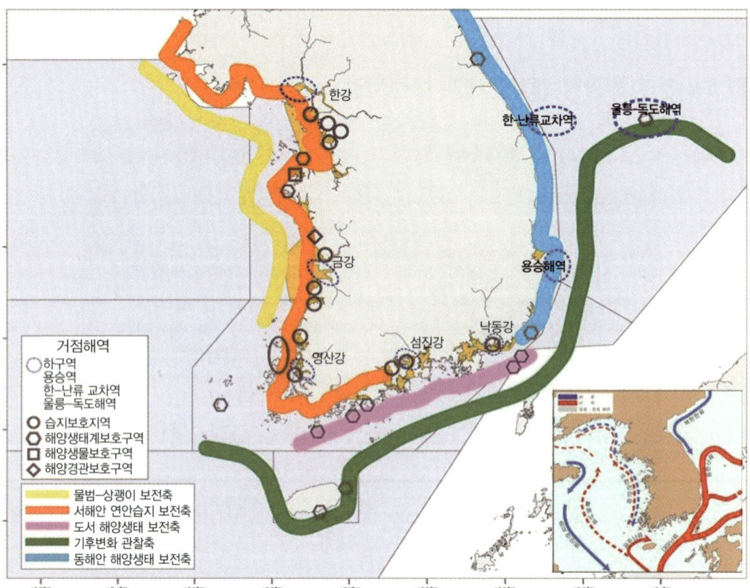

출처: edaily.co.kr

(4) 해양생태계 보전 및 관리에 관한 법률

「해양생태계의 보전 및 관리에 관한 법률」(2020년 8월 28일 시행)로 법적으로 해양 보존을 강제하고 있다. 전문은 국가법령정보센터에서 볼 수 있다. 제1조 목적만 본다면 다음과 같다.

제1조 목적
이 법은 해양생태계를 인위적인 훼손으로부터 보호하고, 해양생물 다양성을 보존하며 해양생물자원의 지속가능한 이용을 도모하는 등 해양생태계를 종합적이고 체계적으로 보전·관리함으로써 국민의 삶의 질을 높이고 해양자산을 보호함을 목적으로 한다.

(5) 해양생태계보전협력금

기관에서 또는 기업에서 해양생태계를 훼손하는 경우 훼손된 면적에 따라서 해양생태계 보전협력금을 부과하는 일종의 벌금을 부과하고 협력금을 부과하는 제도가 만들어졌다. 바다 인근에서 개발사업을 할 때 협력금을 부과함으로써 난개발을 방지하고, 해양생태계를 개선하는 목적으로 만들어졌다. 토목사업을 할 때 불가피하게 필요한 것이 모래이다. 바다에서 모래를 채취하면 인근의 생태계가 붕괴할 가능성이 있다. 이에 따라 현재 모래를 채취할 때마다 협력금을 부과한다. 이런 협력금을 부과한 것에 대해서 해당하는 개인이나 기관 또는 기업은 반론을 제기하여 심사해서 받아들여지면 돌려주는 제도도 운영 중이다.

그림 14-5 모래 채취 사진

출처: 뉴스1

3.2 4차산업혁명기술 활용 노력

(1) Microsoft AI

마이크로소프트는 AI를 이용해 해양 보전을 위한 여러 가지 제안과 시스템을 제공하고 있다. 웹사이트(https://www.microsoft.com/en-us/ai/ai-for-earth)에서는 마이크로소프트가 AI기술을 통해서 지속가능해양의 어업가능성에 대해 큰 노력을 기울이고 있다는 것을 잘 나타내 주고 있다.

그림 14-6 Microsoft AI

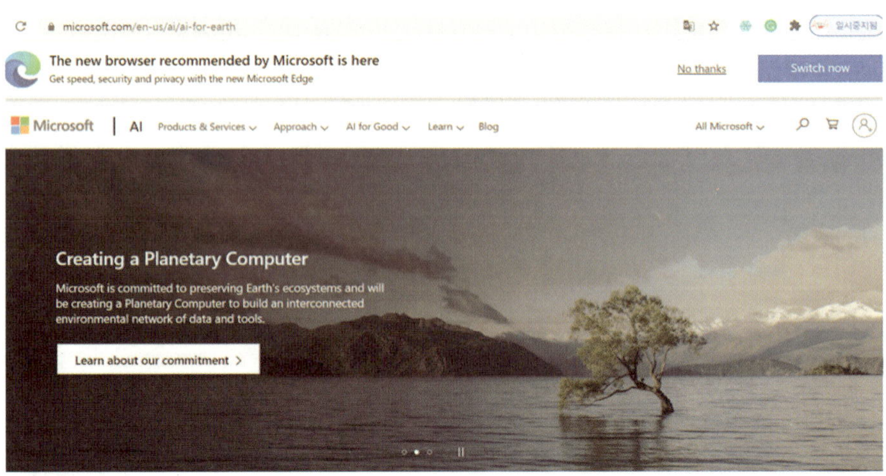

출처: microsoft.com

(2) JustOneOcean

JustOneOcean은 영국의 자선단체이다. 기부를 받아 지구, 바다를 지키고 보존하고 쓰레기를 치우는 관련 일들을 한다.

그림 14-7 justoneocean

출처: justoneocean.org/

(3) The 2 Minutes Foundation

The 2 Minutes Foundation은 영국의 자선단체로서 한 번에 2분씩 자연을 보호(청소)하자는 운동이다. 바다를 방문했을 때 이 기관에서 제공하는 쓰레기 주머니를 가져가서 쓰레기를 2분 동안 줍는 운동이다. 2분 동안 해안가를 치우는 2minutebeachclean운동, 2분 동안 쓰레기를 줍는 2minute litterpick운동, 2분 동안 길거리를 청소하는 2minutestreetclean 등의 운동을 장려한다. 영국을 중심으로 시작되어서 전 세계로 흩어져서 운동이 전해지고 있다. 미국과 북미에서 북아프리카 일부 동아시아와 오세아니아지역에서 협력이 되고 있다. [그림 14-9]에서 볼 수 있듯이 한국을 포함한 동북아시아에서는 그다지 활동이 활발하지는 않다.

그림 14-8 The 2 Minutes Foundation

THE 2 MINUTE FOUNDATION

출처: beachclean.net

그림 14-9 The 2 Minutes Foundation 현황

출처: beachclean.net

(4) 마이크로소프트

마이크로소프트(Microsoft)에서 해양의 이미지를 분석해서 인공물질(쓰레기)을 자동으로 발견하는 AI를 개발했다. 바다, 연안, 갯벌, 해수욕장을 비추게 되었을 때 쓰레기와 돌을 구분하기 위한 AI를 만들기 위해서는 많은 양의 데이터 학습이 필요하다. 쓰레기를 발견하고 그 후에 자원봉사단체, 관련기관 사람들이 찾아가서 쓰레기를 수거할 수가 있다. 사람이 일일이 찾는 것

그림 14-10 Microsoft

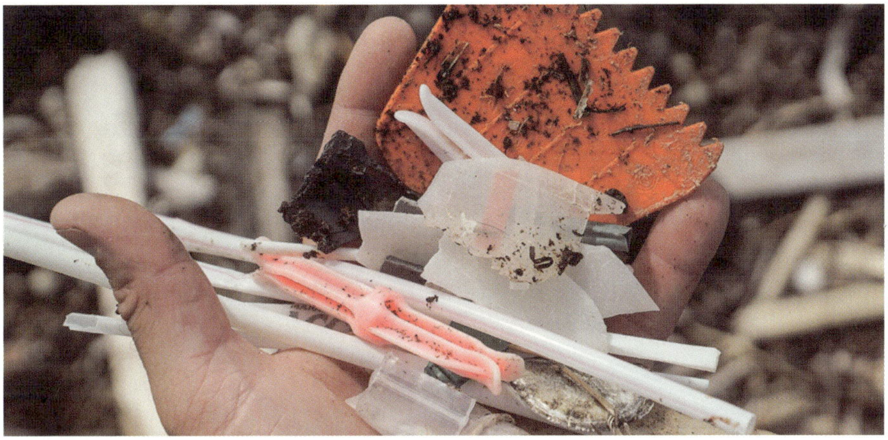

출처: news.microsoft.com

보다 AI가 찾게 되면 시간과 비용을 아낄 수 있다.

(5) 웨이스트 샤크

해양에 많은 쓰레기를 일일이 보트를 타고 다니면서 줍는 것은 쉽지 않고 위험한 일이다. 그래서 네덜란드 기업인 린마린 테크놀로지는 웨이스트 샤크(Waste Shark)라는 바다에 뜨는 드론, 즉 부양 드론을 개발하였다. 웨이스트 샤크는 배가 아니면 육지에서 드론을 띄운다. 주변을 돌아다니면서 마치 쓰레기를 먹어 치우듯이 모두 수거를 한다. 수거를 한 다음에 드론 위치에 서 있으면 판이 위로 올라가면서 드론에 있는 쓰레기를 수거한다. 현재 부양 드론은 아직 한국에서 사용하고 있지 않다. 그렇다면 좀 의미 있는 사업을 하기 원하는 사람들은 웨이스트 샤크 인 코리아를 만들어서 드론으로 청소를 하는 사업을 실시하면 좋을 것이다. 꼭 이 사업을 하지 않더라도 NGO단체 같은 걸 만들어서 수거를 하면 좋을 것 같다.

그림 14-11 WasteShark

출처: en.reset.org

(6) 플라스틱 타이드

영국의 환경보호단체인 플라스틱 타이드(Plastic tide)는 드론을 이용한 해안가 청소 캠페인을 전개하였다. 드론이 바다에 플라스틱 쓰레기가 있는 곳의 위치정보를 전송하면 사람들이 찾아가 쓰레기를 치운다. 드론이 갯벌이나 해안 위를 지나가면서 이미지에 어떤 모습이나 색깔을 근거로 해서 거기

그림 14-12 Plastic Tide

출처: news.itu.int

에 이름을 달아준다. 어떤 쓰레기인지 명명해서 구글 맵에 표시하면 지도의 위치정보에 근거해 사람들이 찾아가서 수거한다.

(7) 바닷속 쓰레기를 인식하는 AI

NEC와 일본 Japan Agency Marine-Earth Science and Technology (JAMSTEC)가 공동 개발한 AI는 해양 이미지를 보고 미세 플라스틱 쓰레기인지 아닌지와 그 크기를 자동으로 계산하여 정확한 조사를 한다. 해양생태계 보호를 위한 드론, AI, 사람이 함께 공동으로 협력하는 성공모형이다. 바닷속에도 쓰레기가 있을 수 있어서 바닷속에 쓰레기를 인식하는 AI가 따로 개발되었는데, 특히 미세한 플라스틱 쓰레기인지 아닌지를 판단한다. 부양물이 사실은 플라스틱 쓰레기일 수도 있고 아닐 수도 있다. 따라서 모습과 이미지를 가지고 파악을 해서 쓰레기라면 그 크기를 자동으로 계산해서 특정 지역에 어떤 쓰레기가 어느 정도 많이 있는지를 파악하게 함으로써 사람들이 파견되어 조사하기 이전에 정확한 사전 조사를 하는 데 의미가 있다.

그림 14-13 바닷속 쓰레기

출처: zdnet.com

(8) 옵테크

캐나다의 옵테크(Optech)사는 해양쓰레기 모니터링 감축 노력으로 [그림 14-14]처럼 바닷속을 들여다볼 수 있는 기술(depth penetration tech)을 활용하여 바닷속 쓰레기를 광학적으로 탐지하는 기술을 만들었다.

그림 14-14 Optech의 최신 해양기술

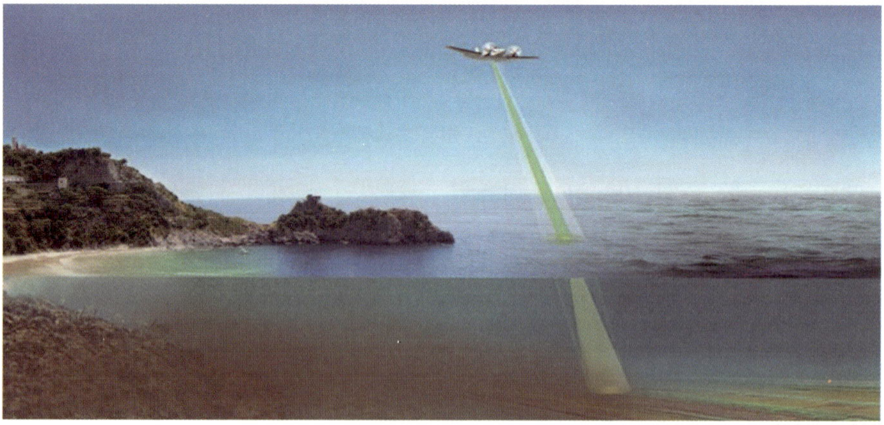

출처: spatialsource.com

(8) 빅데이터를 활용한 해양예보기술

다종 위성자료를 활용한 해수면온도(SST) 합성기술을 활용하여 해수면의 온도를 합성할 수 있다. [그림 14-15]처럼 특히 일정지역의 낮 이미지와 밤 이미지를 만들어서 이것을 학습해서 해수면의 온도가 낮에 얼마, 밤에 얼마가 변경되는지 추정한다. 학습하기 위해서는 많은 이미지 관련 빅데이터가 필요하다고 볼 수 있다.

■ **그림 14-15 이미지 기반 해수면 온도 추정**

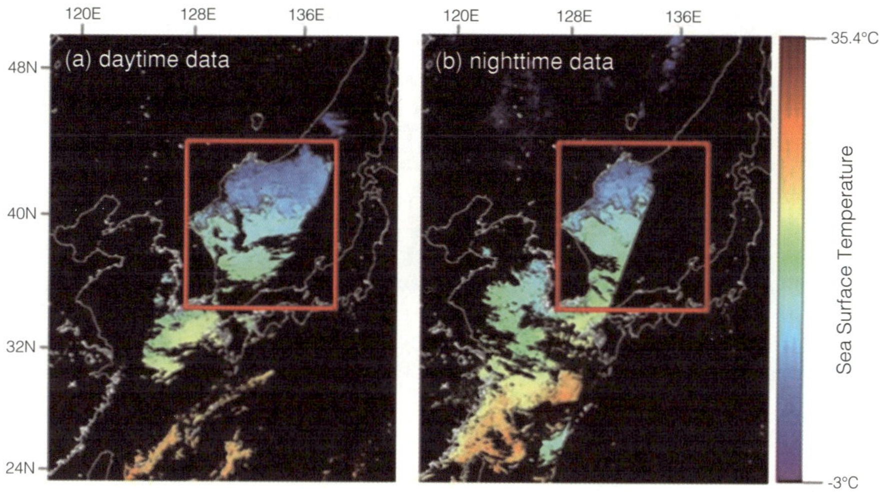

(10) National Snow and Ice Data Center(NSIDC)

해양생태계 건강성을 복원하기 위한 해양 IT기술로서 해양생태계 건강정보를 파악하는 해양에 관련된 빅데이터, 해양생태계에 대한 조사자료를 수집하고 데이터베이스를 구축하는 것이 필요하다. National Snow and Ice Data Center(NSIDC)는 해양 관련 빅데이터를 가지고 있는 데이터센터이다. 이곳에 들어가면 특정 검색 조건에 맞춘 정보를 모아서 열람이 가능하고 지역별 정보도 열람이 가능하다. 정보가 다양하다 보니 기간이나 상태 등의 조건에 따라서 검색할 수 있게 되어 있다. [그림 14-16]에서 북극해를 보면 예전에 빙하가 있던 지역인데 이제는 얼마 남지 않은 것을 비교해서 확인할 수 있다.

그림 14-16 National Snow and Ice Data Center(NSIDC)

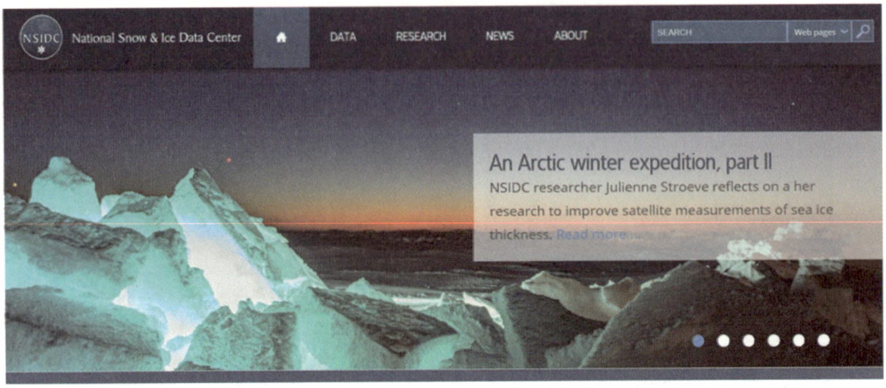

출처: nsidc.org

그림 14-17 NSIDC 검색 결과

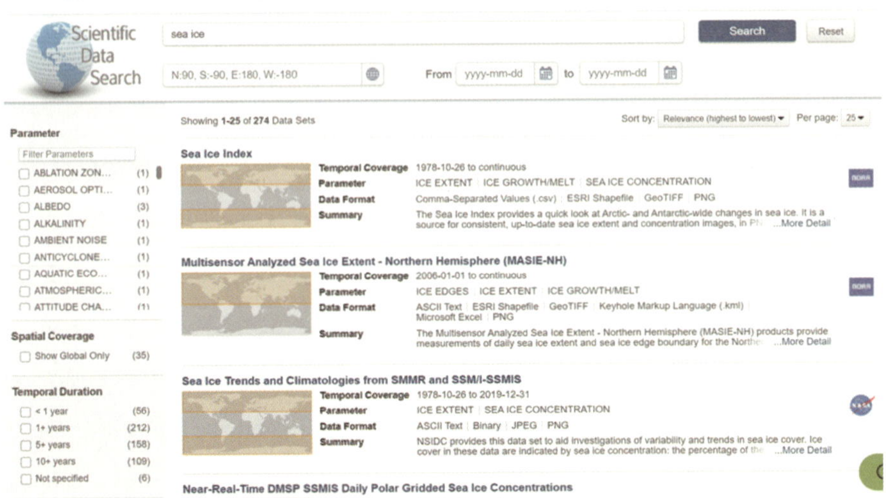

출처: nsidc.org

그림 14-18 NSIDC 이미지데이터 예

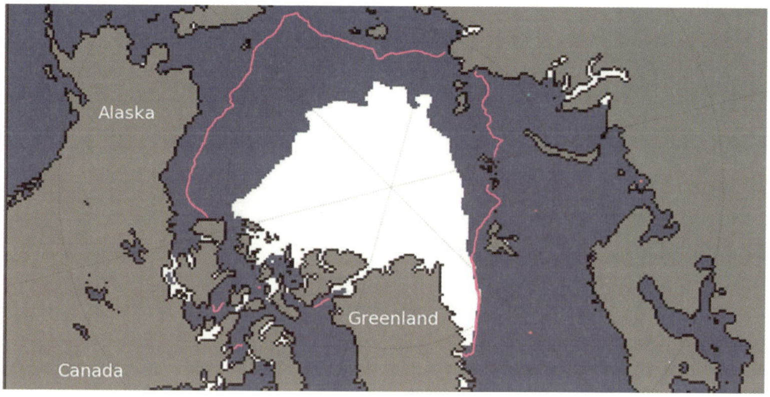

출처: nsidc.org

(11) 인공지능 해저 로봇기술

해저상태를 모니터링하고 그 속에서 어떤 물건을 집어 올리는 작업을 하려면 로봇이 필요하다. 인간이 깊은 바다의 수압을 견딜 수도 없고 해저에서 일한다는 것은 상당히 많은 시간과 비용이 드는 일이다. 따라서 로봇을 이용한다면 매우 효과적이다. 스탠퍼드 대학에서 휴머노이드를 변형시켜 바다에서 섬세한 손동작을 가능하게끔 했다. 이를 통해서 많은 의미 있는 일들을 할 수 있게 되었다.

그림 14-19 인공지능 해저로봇기술

출처: hani.co.kr

(12) 오션 마인드

남획을 방지하는 것도 이번 목표에서 중요한 것 중의 하나이다. 글로벌 어업 감시를 위해서, 사실 모든 배는 GPS를 설치하게 되어 있다. 모든 배의 GPS가 켜져 있다는 가정하에 [그림 14-20]처럼 전체 지도의 모든 배의 현재 위치가 다 보이게 할 수 있다. 이것은 하나의 중요한 빅데이터라고 볼 수 있다. 전체 운행 중에 불법 어업으로 인한 어획량이 전체의 거의 30%를 차지한다. 사람이 일일이 찾아보기 어렵기 때문에 AI가 일부 감시한 것을 보는 것만 해도 효율적인 관리가 가능하다. 조업을 금지하는 지역에 어떠한 배들이 있는지를 한눈에 볼 수 있다. 그런 정보를 발견해서 관련 당국에 제공하는 일을 오션마인드(Oceanmind)에서 하고 있다. 바다에서는 우리가 육지처럼 쉽게 정보를 획득할 수 없기 때문에 바다에 있는 정보를 어떻게 획득할 수 있느냐에 대한 연구를 많이 진행하고 있다.

그림 14-20 글로벌 어업 감시

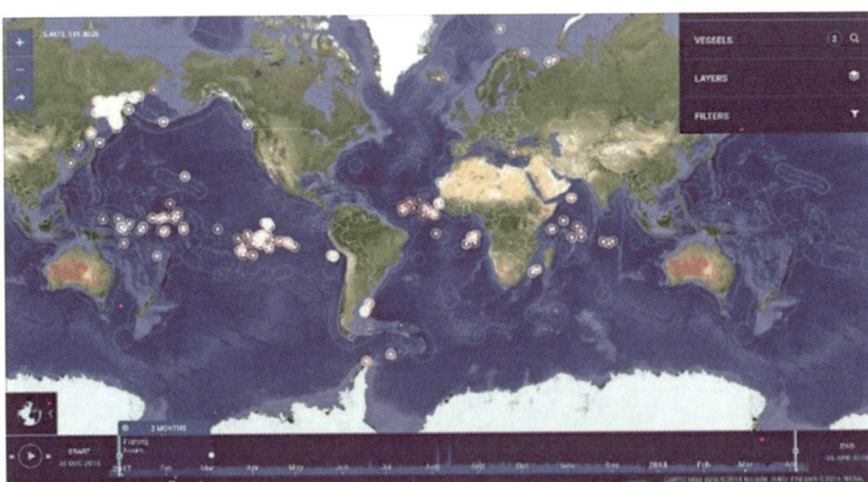

출처: 한국경제(2018. 6. 11)

그림 14-21 OceanMind

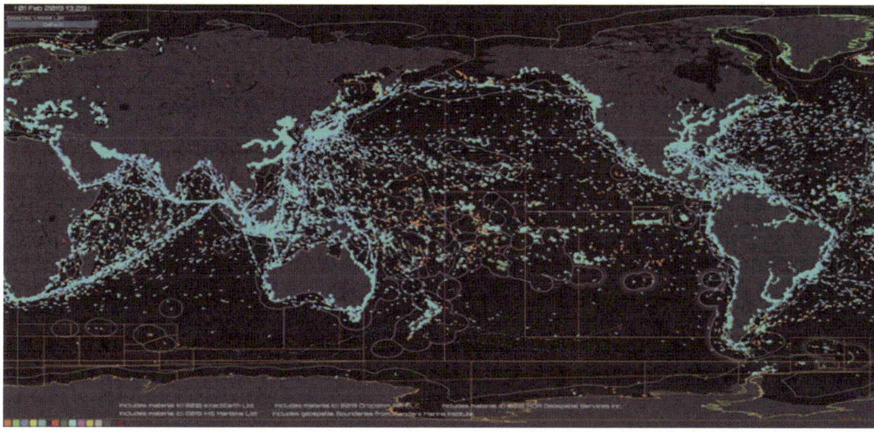

출처: oceanmind.global

4 해당 SDGs 문제해결을 위한 노력

4.1 천리안 2호 공동활용 플랫폼 구축사업

신남방 국가들과의 동반성장을 위하여 기상 및 해양 재해재난 피해 저감, 국가 차원의 모니터링 및 관리능력 제고가 필요하다. 해색(ocean color), 환경, 기상 위성(천리안위성 2호기) 및 다목적 위성 공동 활용 프로그램 개발을 통하여 국가들은 태풍, 집중호우, 쓰나미, 연안범람 등 기후 및 해양 재해로 인한 막대한 피해를 줄일 수 있다.

상대적으로 긴 해안선 또는 수천 개의 섬으로 이루어진 동아시아 국가들의 경우 직접적인 관측망 구축은 불가능하며, 원격탐사기술을 적극 활용할 수 있으며 천리안위성 2호기의 기상 및 해색 위성은 동아시아를 중심으로 반구 전체를 커버하며, 고정(stationary) 위성으로서 매일 위성자료를 취득

그림 14-22 천리안 해양위성 2호

출처: 해양한국

그림 14-23 차세대 기상위성 천리안 2A호

출처: 해양한국

할 수 있어 전국적 모니터링 및 변화 감지에 탁월하다.

천리안위성 2호기의 해색, 환경, 기상센서와 다목적 위성의 고해상도 영상을 복합 활용가능하며, 이를 이용한 원격탐사기술은 기상예보, 기상 해양

재해재난 피해 저감뿐만 아니라 토지이용관리, 산불 감시, 오염 감시, 환경 변화 탐지 등 국가행정 전 분야에 활용이 가능하다.

4.2 오션클린업

오션 클린업 프로젝트는 1994년생 네덜란드 보얀 슬랫(Boyan Slat)이라는 청년의 "바다 스스로 쓰레기를 청소하게 만들겠다"는 아이디어로 시작되었다. 보얀 슬랫은 바다에 많은 양의 플라스틱 쓰레기가 떠다니는 것을 보고 쓰레기를 치우기 위하여 2013년 비영리단체 오션클린업(The Ocean Cleanup)을 창립하였다. 보얀 슬랫이 개발한 오션클린업 프로젝트 인터셉터는 플라스틱 수거장치로 거대한 모양의 이 장치는 해류가 일정한 방향으로 흐른다는 사실에 착안하여 바다 쓰레기를 한곳에 모으겠다는 취지에서 시작하였다. 흐르는 강에 구조물을 설치해 플라스틱 폐기물을 비롯한 부유물을 컨베이어벨트로 유도하여 수거하는 원리이다. 인터셉터의 크기는 장착되는 쓰레기통 크기에 따라 다양하지만, 대체로 하루 50,000kg의 쓰레기를 치우고 최적의 조건으로 최대 100,000kg까지의 용량이 수거가 가능한 용량에 해당한다.

그림 14-24 Ocean CleanUp

출처: theoceancleanup.com

원형으로 순환하는 해류 소용돌이를 이용해 플라스틱을 한곳으로 모으고 이를 수거하는 간접적 청소를 하겠다는 접근으로 길이 100km, 높이 3m에 달하는 U자 모양의 플라스틱 막대를 설치한다. 해류가 회전하면서 플라스틱은 막대에 와서 저절로 붙게 된다. 물고기 등 다른 바다생물체는 3m 하단으로 통과하게 된다는 과학적 논리이다.

참 · 고 · 문 · 헌

곽노필(2018), 인공지능 '아바타', 해저 보물선 유물 건졌다 (http://www.hani.co.kr/arti/economy/it/744361.html)

한광범(2019), 해양생태계, 5대 보전축 중심 더 체계적으로 관리된다 (https://www.edaily.co.kr/news/read?newsId=02482966625863712&mediaCodeNo=257)

해양생태계의 보전 및 관리에 관한 법률 (http://www.law.go.kr/법령/해양생태계의보전및관리에관한법률)

Anthony Wallace(2016), Mapping the Great Pacific Garbage Patch (https://www.spatialsource.com.au/gis-data/mapping-great-pacific-garbage-patch)

Bob Glancy(2019), Artificial intelligence takes on ocean trash: Cleaning up the world's beaches with the help of data (https://news.microsoft.com/apac/features/artificial-intelligence-takes-on-ocean-trash-cleaning-up-the-worlds-beaches-with-the-help-of-data/)

Briony Harris(2018), How AI-powered drones are helping fight ocean plastic. https://news.itu.int/ai-drones-ocean-plastic/

Jasmina Schmidt(2018), WasteSharks: How Floating Drones Are Helping Clean up Our Seas (https://en.reset.org/blog/wastesharks-how-floating-drones-are-helping-clean-our-seas-09262018)

John Murawski(2019), People With Autism Are Hot Hires for AI Jobs (https://www.wsj.com/articles/people-with-autism-are-hot-hires-for-ai-jobs-11564651804)

Justoneocean (https://justoneocean.org/)

Large Marine Ecosystems (https://ecomarres.com/?page_id=145)

National Snow and Ice Data Center(NSIDC) (https://nsidc.org/)

The 2 Minutes Foundation (https://beachclean.net/)

[제 15 장]

SDGs15 육상생태계 보호

1. 정의 및 개념
2. 현재의 문제점
3. 문제해결 노력
4. 해당 SDGs 문제를 해결한 기업의 성공 사례

제15장 SDGs15 육상생태계 보호

1 정의 및 개념

SDGs15 육상생태계 보호의 목표는 육상생태계를 보호하고 복원하고 지속가능하게 이용하고, 삼림을 지속가능하게 관리하며, 황폐화를 방지 및 삼림을 복원하고, 생물다양성의 손실을 방지하는 것에 있다. 생태계 보호의 여섯 가지 세부 대상은 ① 육지와 내수면 생태계, ② 삼림 복원, ③ 사막화 방지, ④ 동식물 멸종위기종 보호, ⑤ 생태계 교란 방지, ⑥ 포획과 밀거래 방지이다.

2 현재의 문제점

2.1 육지와 내수면 생태계

육지와 내수면 생태계 관련된 위협이 되는 요소 중 하나는 외래종이다. 외래종은 천적이 없기 때문에 개체 수를 자연적으로 제어할 수 없다는 것이 문제이다. 외래종 철새가 텃새가 되고 천적이 없어서 개체 수가 급증하여 호수, 연못, 강 같은 내수면에 서식하는 어종들이 극감할 수 있는 가능성이 있다. [그림 15-1]은 한국에 사는 민물가마우지이다. 민물가마우지는 원래 외래종이 텃새화된 사례다. 인위적인 댐 건설로 인해서 대형 담수어종들이 살 수 있는 길이 사라진다. 대형 담수어종은 회유를 통해서 알을 낳기 때문에 댐 건설은 회유 길을 막아 현재 담수어종들이 급감하는 경향이 있다.

그림 15-1 민물가마우지

출처: ecotiger.co.kr

2.2 사막화

대형 산불은 빠르게 삼림을 파괴하고 사막화를 진행한다. 무분별한 벌목, 남획으로 인하여 전 지구적 기후변화가 진행되고, 특히 가뭄현상을 야기하는 기후 때문에 사막화가 일어나기도 한다.

2.3 습지의 고갈

빈번하게 또는 일정기간 이상 물에 잠겨 있거나 젖어 있는 곳을 습지라고 한다. 기후변화, 화재 발생, 캠핑 등 다양한 이유로 습지가 사라지고 있는데, 습지야말로 생태계의 보고이다. 현재 문제점은 엄청나게 많은 종이 습지 안에 있는데 습지가 사라짐으로써 종 다양성 위기도 같이 겪게 되는 것이다. [그림 15-2]를 보면 브라질 습지들이 불타버려 재규어라든가 많은 멸종위기종 동물들이 위기인 것을 알 수 있다.

그림 15-2 습지 위기 뉴스

BBC News 코리아

브라질 산불: 불타버린 '세계 최대 늪지'...재규어 등 멸종위기 동물도 위기

브라질 당국에 따르면, 이미 불길이 2만9000 평방킬로미터 이상의 습지 면적에 영향을 준 것으로 파악된다. 이는 전체 판타나우 면적의 19% 정도며, ...

1 week ago

출처: BBC News 코리아(2020. 9. 28)

2.4 멸종위기종

현재 전 지구적으로 봤을 때 동식물의 1백만 종 정도가 멸종위기에 놓여 있다. 세계자연보전연맹(IUCN)에서는 조류의 1/8, 포유류의 1/4, 침엽수의 1/3, 양서류의 1/3, 바다거북의 6/7에 달하는 종들이 멸종위기라고 한다. 또 문제점은 농작물들의 75%가 유전정보를 상실했다는 것인데 이는 다시 복원이 안 된다는 얘기이다. 우리가 아직 유전정보를 합성 또는 생성할 수 있는 능력이 없는 상태에서 유전정보가 상실되었다는 것은 비극이다. 종 다양성 상실의 원인으로는 경제발전으로 서식지가 파괴되고 기후변화, 외래종 침입, 무단 남획들을 통해서 멸종위기종들이 더 많이 생기고 결국 멸종한다는 것이다.

3 문제해결 노력

3.1 기존 노력

(1) 내수면 어종 회복 위한 방류사업

내수면에 급감한 어종을 회복하는 가장 손쉬운 방법은 방류사업이다. 육지에서는 내수면 어종 방류사업이 가능하다. 또 갯벌을 인공 조성한다. 인공 조성을 통해서 생태계 회복이 일어나게 하고 그 다음에 인공 어초 투하 및 인공 산란장을 조성하는 것이다. 인공 어초를 통해서 물고기 휴식과 산란을 할 수 있다. 특종 어류들을 보호하기 위해 인공 산란장을 조성해서 산란시키는 방법도 있다. 가장 자연스러운 것은 원래 자기가 살던 지역에서 편하게 살 수 있는 것이지만 그것이 현재 불가능하므로 위와 같은 작업을 하는 것이다. 생태계가 회복되는 이런 운동 자체가 관광이 될 수가 있다. 생태계를 보호하는 체험 같은 것도 관광 상품화가 가능하다. 정읍에서는 치어방류사업, 바다식목일 조성과 같은 1차산업에 해당하는 농어촌산업과 이제 3차산업인 관광이 복합된 6차산업을 진행한다. 한국에서도 여러 곳에서 6차산업들이 진행되고 있다. 생태계 회복의 장이 6차산업으로서 관광지가 되며, 생태계 보호 체험도 관광 상품화가 가능하다.

그림 15-3 치어방류사업

출처: 매일일보

그림 15-4 바다식목일 기념비

출처: 연합뉴스

(2) 삼림 복원 온라인 기부

삼림 복원을 하고 사막화를 방지하려면 현장에 가서 직접 불을 끈다든가 나무를 심는다든가 여러 가지 조사를 해야 한다. 이렇게 직접 가서 해야 하므로 그런 일을 하는 단체나 사람들을 도와주는 기부를 온라인으로 진행한다. [그림 15-5]처럼 액수가 미리 정해져 있고 클릭을 통해서 기부할 수 있는 사이트가 많이 있다.

그림 15-5 Online donation

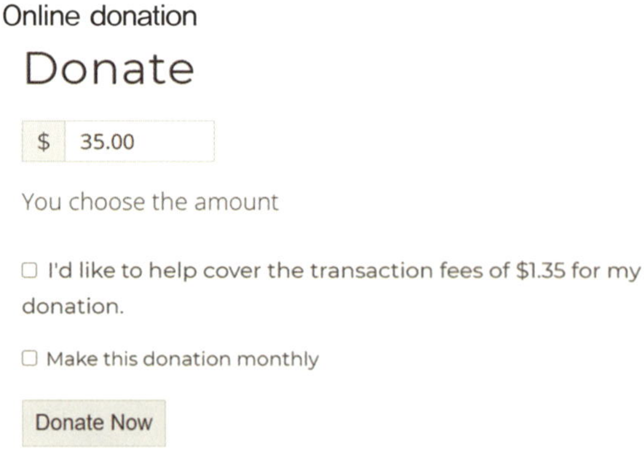

출처: google.com/

(3) 람사르 습지 조성

습지 하면 람사르가 생각이 날 것이다. '람사르협약'은 1971년도에 이란의 북쪽 끝에 있는 도시인 람사르에서 습지를 보호하는 협약을 맺은 것이다. 이란 북쪽 끝이 카스피호와 연결되는데 그 북쪽에 아름다운 관광도시인 람사르가 있다. 한국도 1997년 이 협약에 가입하여 2020년 기준 23개가 람사르 습지로 등록되었다. 제주도만 해도 다섯 군데의 람사르 습지가 있다. 동백동산, 1,100고지, 물장오리, 숨은물뱅듸, 물영아리 습지이다. 이런 습지를 잘 유지하는 것이 생태계를 보호한다는 원초적인 의미도 있지만, 생태문화시설을 운영함으로써 관광효과를 꾀할 수도 있다. 자연을 잘 보호하는 것은 모든 사람이 함께 공유할 수 있는 자원을 보호하는 것이다. 경제적인 손실과 기회비용을 포기하는 것이 아니라 오히려 경제적으로 도움이 될 수 있다는 것을 잘 기억하면 좋겠다.

그림 15-6 람사르 위치

출처: Google Earth

그림 15-7 제주도의 5대 람사르습지

출처: 네이버블로그

그림 15-8 1100고지 습지

출처: 제주투데이

(4) 멸종위기종 보호 연구

멸종위기종 보호를 위해서는 멸종위기종에 관한 연구를 할 수 있는 기관이 필요하다. 예를 들어, 경북 영양군에 있는 멸종위기종복원센터에서는 멸종위기종을 증식하고 복원 연구한다. 그리고 일반 국민을 대상으로 생물 다

그림 15-9 멸종위기종복원센터

출처: 경북일보

양성 교육을 하고 생태계 보호구역을 확충하고 관리한다. 나아가서 우리 스스로 소비 규모를 줄이는 것 역시 멸종위기종을 보호하는 데 도움이 된다.

3.2 4차산업혁명기술 활용 노력

(1) 교란종 예측 AI

어떤 지역의 침입 교란종 탐지에서 끝나는 것이 아니라 일정시간이 흐른 다음에 그 교란종이 얼마나 번식할 것인지를 예측하는 인공지능을 개발할 수 있다. 시각적 정보를 해석하는 능력과 현재의 데이터를 가지고 미래를 예측할 수 있는 능력을 갖춘 인공지능이 많은데, 이렇게 AI와 같이 컴퓨터 프로그램을 통해서 생물학의 연구를 하는 것을 'Mathematical Biology'라고

그림 15-10 생태계 교란 외래 어종

출처: 서울Pn

한다. 캐나다에 있는 앨버타 대학에서는 수중 침입 교란종 판정을 위해 물속에 어떤 동물이 포착되었을 때 그것이 침입 교란종인지 아닌지를 판정하는 것을 AI한테 시킨다. 다양한 어류들로 학습을 시키면 지식이 만들어지는데 의사결정나무(Decision Tree)로 지식을 표현하여 생태 교란종인지 아닌지를 판단할 수 있게 되는 것이다.

Keen AI가 영국의 환경센터인 UK Centre for Ecology & Hydrology (UKCEH)와 협력해서 만든 기술은 차량으로 이동하면서 촬영을 통해 외래종이 있는지 없는지 바로 파악할 수 있다. 사람이 직접 걸어 다니면서 체크하는 거보다 훨씬 더 효율적으로 확인할 수 있다. [그림 15-11]에 보이듯이 차량에 비친 나무를 보고 즉각 외래종인지 여부를 판단한다. 침입교란종 조사를 하루에 120마일 이상을 할 수 있다. 120마일은 거의 200km로 약 서울에서 대구까지 가는 거리이다. 이미 그 이미지데이터베이스를 가지고 있는 UKCEH와 AI가 만나면서 시너지효과가 발생한다. Keen AI는 이런 프로젝트를 통해서 자사의 기술력을 소개할 수 있고, 이를 통해서 사업을 확장해 나갈 수 있다.

그림 15-11 Keen AI

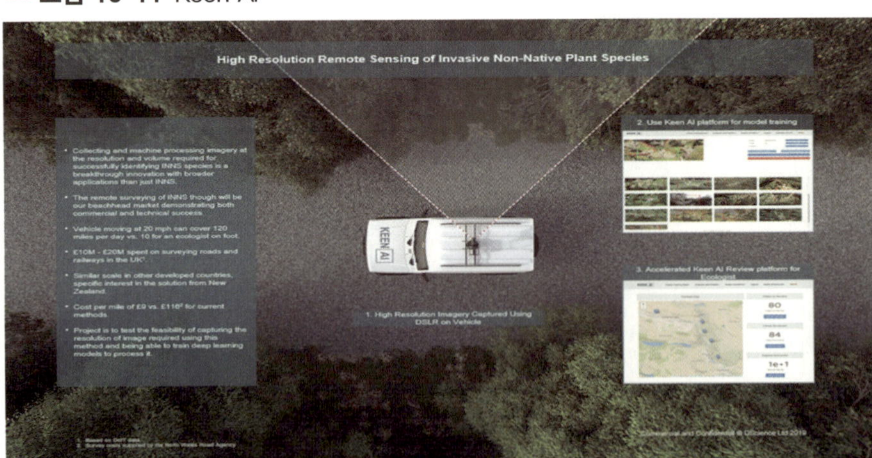

출처: keen-ai.com/

(2) 테라모니터

인공위성, 드론을 띄워 이미지를 통해서 삼림의 상태를 실시간으로 감시하는 것이 가능하다. 불법 삼림 훼손이 순식간에 일어나는 것도 아니고 며칠, 몇 달에 걸쳐 서서히 벌어지기 때문에 굳이 드론으로 조사할 필요가 없이 지구상을 계속 돌고 있는 인공위성 이미지를 이용한다. 삼림 훼손지역은 사람들이 들어가기 어렵고 폭넓은 지역이기 때문에 드론으로 조사하는 것이 큰 비용이 들 수도 있다.

핀란드는 매우 많은 삼림을 가진 국가이기 때문에 핀란드 정부에서 위성 이미지 사진을 활용하여 삼림을 모니터링하는 테라모니터(TerraMonitor)사에 자금을 지원하였다. [그림 15-12]처럼 인공위성 사진을 단순화한 다음 삼림의 건강도를 점검한다. 데이터를 제공해서 정책을 하는 사람들에게 삼림에 대한 의사결정을 하는 데 도움을 준다. 이미지를 인식하는 것은 마이크로소프트 AI를 활용했다고 알려져 있다.

그림 15-12 SilviaTerra

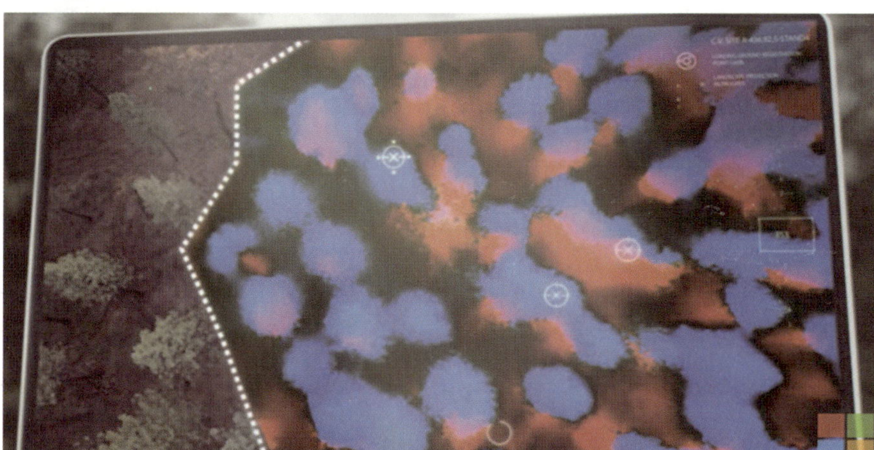

출처: silviaterra.com

그림 15-13 TerraMonitor

출처: terramonitor.com/

(3) 습지 지리정보시스템

이 시스템은 습지 위치와 정보를 가르쳐 주는 정보시스템이다. 습지를 관리하기 위해서 DB 수집을 해야 하는데, 습지 같은 경우 드론으로 가능하다. 삼림의 경우 워낙 넓고 접근이 용이하지 않기 때문에 인공위성을 사용했던

그림 15-14 습지 지리정보시스템

출처: gis.wetland.go.kr

것이고, 습지는 드론으로 가능하고 드론은 근접 촬영이 가능하다. 습지를 확인하는 방법으로는 인공위성으로 볼 수 있는 뷰가 있고, 비행기 같은 것으로 볼 수 있는 뷰가 있고, 드론을 통해 볼 수 있는 뷰가 있다. 자세한 뷰를 보려면 낮게 촬영한다.

(4) 드론 및 원격 센싱을 통한 습지관리

또 하나의 방법은 원격 센싱이다. 습지 같은 곳에 센서를 달고 센서를 통해 자료를 수집할 수 있다. 물론 자료를 수집하는 방법은 드론을 띄우면 드론에서 센서를 지나가면서 자료를 수집할 수 있다. 다음은 드론을 이용한 습지관리 사례이다. 라이카(Ryka UAS)사가 미국의 공원관리국과 협력하여 'Hyperspectral Sensors'를 장착한 드론을 띄워 세균 및 침입 교란종 유무 및 서식 정도 같은 현장정보들을 습득함으로써 인공위성정보보다 훨씬 더 디테일하게 분석할 수 있다.

그림 15-15 드론 및 원격 센싱을 통한 습지관리

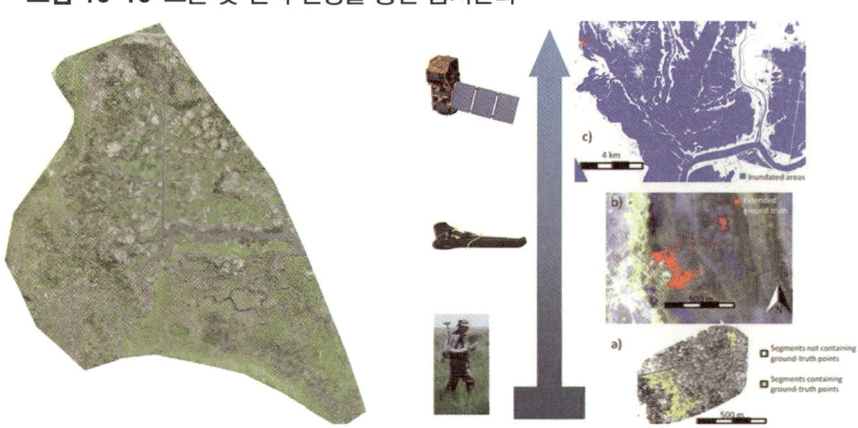

출처: mdpi.com

(5) 스웨그봇

습지 분석에는 드론 이외에도 작은 로봇을 이용하는 방법이 있다. [그림 15-16] 같은 스웨그봇(Swagbot)은 습지에도 활동이 가능한 긴 다리를 가지고 있는 아이디어 로봇이다. 사람이 들어갈 수 없는 습지 내부에 들어가서 특정 잡초를 제거하면서 이동하는 [그림 15-17] 같은 닛산의 로봇 덕(Duck)의 경우는 오리발로 이동한다. 태양광으로 충전하고, GPS로 위치를 인식하며 WiFi로 인간과 통신한다.

그림 15-16 Swagbot

출처: modernfarmer.com

그림 15-17 Duck

출처: engadget.com

(6) 멸종위기종 빅데이터관리

멸종위기종관리를 위해서는 어디에 무엇이 있는지 알아야 하므로 멸종위기종별로 설명과 이미지와 동영상들을 모아놓은 사이트를 운영하고 있다. 한국의 경우 국립생태원의 멸종위기종 관련 데이터베이스가 있다. 재미있는 것은 종류별로 전문적 웹사이트가 있는 경우가 있는데, 개미 전문 데이터베이스 사이트(http://www.antweb.org)도 있다.

■ **그림 15-18** 국립생태원의 멸종위기종 데이터베이스

출처: nie.re.kr

1) AI로 환경이 종다양성에 미치는 영향 연구

Shipher Wu 대만 교수는 온도에 따라서 나방의 색깔이 어떻게 변하는지

■ **그림 15-19** AI로 환경이 종다양성에 미치는 영향 연구

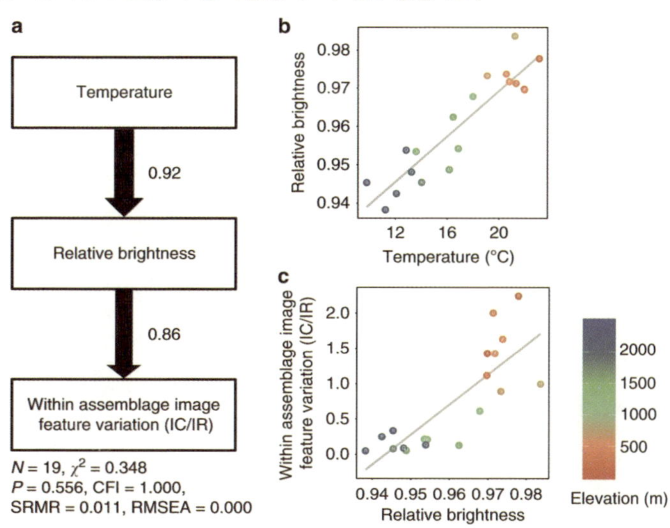

출처: nature.com

연구했다. 19종의 온도가 상승이 되면 색깔이 밝은 나방들의 개체 수가 증가하는 결과를 보여줌으로서 온도가 나방의 다양성에 영향을 준다는 연구 결과를 발표하였다. 이를 딥러닝방식으로 규명하였다.

(7) NBN Atlas(the National Biodiversity Network Gateway)

영국에서는 생물종 다양성을 위해서 사이트를 운영하고 있다. 사이트에 들어가 위치별로 어떤 주소를 치면 그 주소 주변에 서식하는 종들의 종류, 생물의 종류에 대해서, 특히 멸종위기종에 대해서 볼 수가 있다. 특정 지역을 선택한 다음에 특정 종류에 대해서 또는 세부지역에 대한 정보를 찾을 수 있다. [그림 15-22]처럼 '회기동'에 관해 검색해 본 결과 '회기동'에는 전혀 데이터가 없었다. 아무 종이 없다는 얘기는 아니고, 데이터를 입력하지 않은 것인데, 한국에서 데이터관리가 잘 안 되고 있다는 것을 보여준다. 이런 것들을 관심을 가지고 데이터를 수집할 수 있는 것이 선진국이라고 할 수 있다.

그림 15-20 the National Biodiversity Network Gateway 1

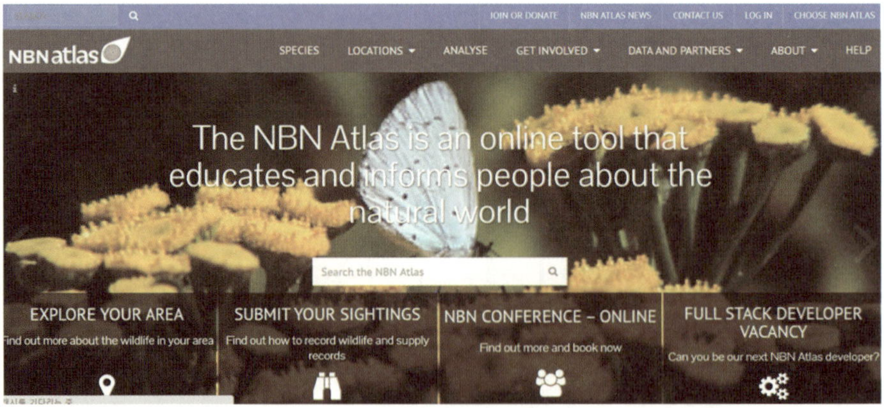

출처: nbnatlas.org

그림 15-21 the National Biodiversity Network Gateway 2

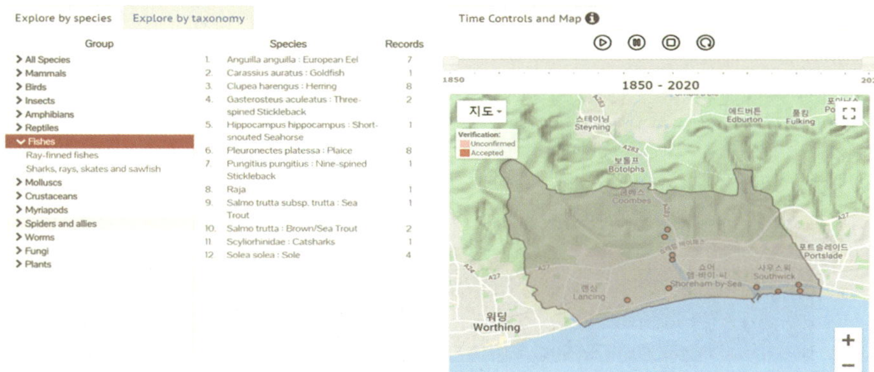

출처: nbnatlas.org

그림 15-22 the National Biodiversity Network Gateway 3

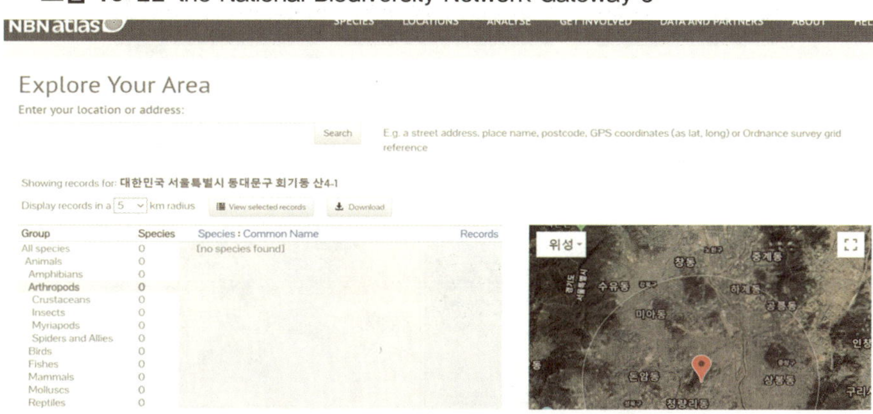

출처: nbnatlas.org

(8) 스캐치팹

스캐치팹(Sketchfab)에서는 곤충정보를 3차원의 형태로 볼 수 있다. 이는 굉장히 수준 높은 3D 형태의 빅데이터인데, 증강현실을 이용해서 현장에서 어떤 곤충이 발견되면 가장 유사한 곤충을 찾아서 발견한 것이 기존에 있는 곤충과 유사도를 비교하여 새로 발견된 종인지 아닌지 구분한다. 정보를 잘

등록하고 보존을 한다면 훨씬 멸종위기종 관리가 더 용이할 것이다. 이런 시도와 연구를 스캐치팹에서 하고 있다. [그림 15-24]를 보면 테이블 위에 특정한 곤충을 위에다 띄워놓고 함께 회의하는 것을 볼 수 있다.

그림 15-23 Sketchfab

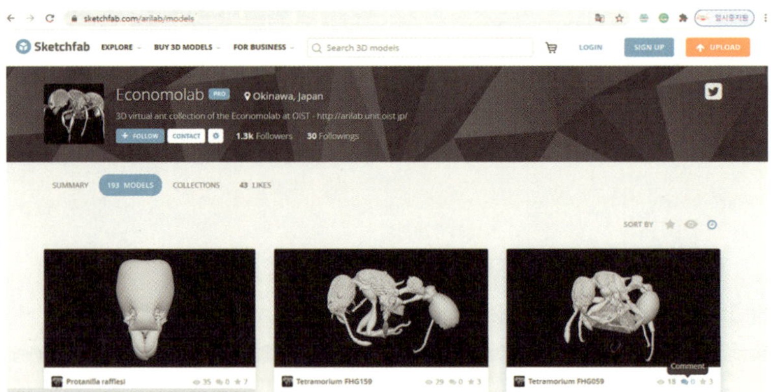

출처: sketchfab.com/

그림 15-24 Insects3D app

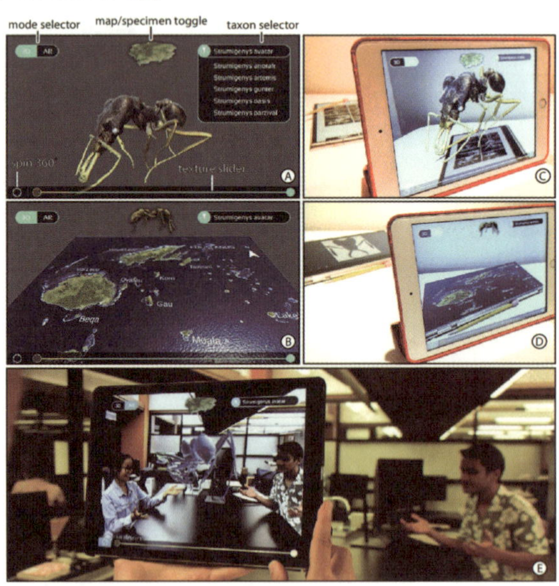

출처: researchgate.net

4 해당 SDGs 문제를 해결한 기업의 성공 사례

4.1 드론 매핑 정보분석 데이터 플랫폼: 엔젤스윙

인도네시아는 지리상 '불의 고리(Ring of fire)'로 불리는 환태평양조산대에 포함되어 역사적으로 끊임없이 지진이 발생하고 수많은 인명과 재산피해가 발생하고 있다. 엔젤스윙(https://www.angelswing.io/)은 2018년 9월 술라웨시섬 강도 7.5 규모의 지진 발생지역 팔루에 투입되어 재난재해 피해범위를 분석하고 피해지역 복구계획을 신속하게 수립하여 현지 팔루지역에 대한 정밀한 3D 드론 매핑을 추진한 기업이다. 인도네시아 국가재난방지청(BNPB)과 협업하여 현대건설과 한국과학기술연구원 부설 녹색기술센터와 협력하여 인도네시아 지진으로 인한 재난재해에 긴급하게 대응했던 경험이 있는 한국 스타트업이다. 대규모 재난재해 발생으로 인하여 도로, 전력, 환경기초 인프라에 대한 재건사업과 이재민 주거단지 신축 등 다양한 복구사업을 위하여 인도네시아 해양조정부, 국가개발기획청(BAPPENAS), 공공주

그림 15-25 엔젤스윙 현장 가상화 드론 매핑

출처: angelswing.io

택부(PUPR) 등이 술라웨시 복구사업 담당 주무부처로서, 국내외 원조기관들과 협조하여 다양한 재건사업들을 수행하였다.

엔젤스윙의 SaaS로서의 플랫폼은 클라우드 기반으로 드론 매핑 데이터를 처리하고, 시각화된 데이터를 간편하게 활용할 수 있고, 관리하거나 공유할 수 있게 제공하고 있으며 데이터 용량 제한이 없기 때문에 넓은 매핑영역에 대한 데이터를 처리할 수 있다는 장점이 있다. 사용자 입장에서도 인터넷만 연결되어 있으면 고용량 데이터를 간편하게 활용할 수 있다는 장점이 있다. 더불어 플랫폼 내의 기능들이 새로 개발되거나 개선되더라도 업데이트 없이 곧바로 활용할 수 있어 그 편의성이 매우 높다고 할 수 있다.

4.2 인공지능 지도 데이터 구축 플랫폼: 다비오

다비오(https://www.dabeeo.com/)는 인공지능 지도 데이터 구축기술을 연구개발하는 기업으로 측위기술에 인공지능(AI) 딥러닝기술을 접목, 카메라만 켜면 이미지를 분석해 현재 위치를 알 수 있는 서비스를 제공하고 있

그림 15-26 다비오 Eartheye 주요기능

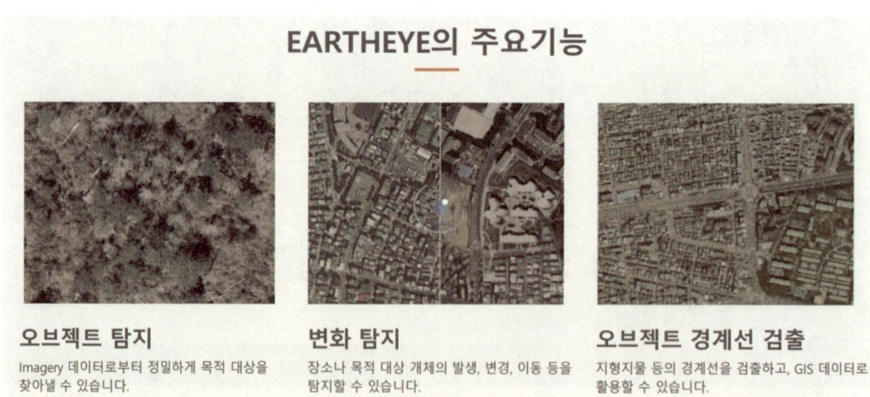

출처: dabeeo.com

다. 다비오는 전 세계 모든 자동차 · 지도 플랫폼에 자사의 기술데이터가 들어가도록 하는 것을 목표로 2012년 시작한 스타트업이다. 실내지도기술뿐 아니라 위성사진 · 항공사진 등으로 실외지도를 추출하는 기술도 보유하고 있으며 지도데이터 외에도 차량, 건물 등의 데이터를 뽑아내는 것도 가능하다. 과거에는 사람이 직접 수작업을 해야 했지만, AI 기반 다비오의 솔루션으로 작업시간이 대폭 줄어들었다.

지도기술개발이 가능한 다비오는 개방형 지도인 오픈스트리트맵 기반 오프라인 지도 제작, 지도편집 플랫폼을 개발하는 등의 사업 수행을 시작으로 AI기술 등을 기반으로 현재는 에어버스 · 막사테크놀로지와 같은 유수의 해외기업과 삼성전자 · LG전자 · 네이버와 같은 국내 대기업들과 협력하고 있다.

참 · 고 · 문 · 헌

김정문(2020), 민물가마우지 (http://www.ecotiger.co.kr/news/articleView.html?idxno=30237)

습지지리정보시스템 (http://gis.wetland.go.kr)

He F.(2019), "The global decline of freshwater megafauna", *Glob Change Biology* (https://doi.org/10.1111/gcb.14753)

Jon Fingas(2019), Robot 'duck' keeps weeds out of rice paddies (https://www.engadget.com/2019-06-23-robot-duck-for-rice-farms.html)

Ricardo Díaz-Delgado(2019), Rapid Assessment of Ecological Integrity for LTER Wetland Sites by Using UAV Multispectral Mapping (https://www.mdpi.com/2504-446X/3/1/3)

Shipher Wu(2019), Artificial intelligence reveals environmental constraints on colour diversity in insects (https://www.nature.com/articles/s41467-019-12500-2)

Sketchfab (https://sketchfab.com/)

Swagbot (https://www.youtube.com/watch?v=TxAWlhRlQ9U)

the National Biodiversity Network Gateway (https://nbnatlas.org/)

https://blog.naver.com/angelswing16

https://www.venturesquare.net/797927

https://www.angelswing.io/

https://www.dabeeo.com/

[제16장]

SDGs16 인권, 정의, 평화

1. 정의 및 개념
2. 현재의 문제점
3. 문제해결 노력

제16장 SDGs16 인권, 정의, 평화

1 정의 및 개념

모든 형태의 폭력을 철폐하여 인종, 종교, 성별에 상관없이 안전한 삶을 누리도록 하고, 뇌물 수수와 부정부패(bribery, corruption) 대폭 감소 그리고 이런 것들을 위해서 효과적인 공공제도를 구축한다는 세부목표를 가지고 있다.

2 현재의 문제점

2.1 테러

테러가 전 세계에 계속해서 존재한다고 볼 수 있다. 미국에서 테러 하면 9 · 11사태를 많이 얘기하지만 [그림 16-1]에서의 조사와 같이 미국에서 가

그림 16-1 미국 내 극우단체

출처: 조선일보(2020. 6. 30)

장 우려하는 것은 미국 내 극우단체들의 테러이다. 또한 스리랑카의 한 성당이 이슬람교 근본주의자들에 의해 테러를 당한 일도 있다.

다음은 전 세계적으로 벌어진 테러사건들이다.

2008년 뭄바이 테러

2009년 자카르타 폭탄테러

2010년 모스크바 지하철 폭탄테러

2011년 노르웨이, 뭄바이, 민스크 등

2012년 벵가지, 부르가스 버스 폭탄 테러

2013년 보스턴 마라톤 폭탄 테러

2014년 우루무치 폭탄 테러, 그로즈니, 오타와, 나이로비 등

2015년 파리, 방콕, 코펜하겐, 바르도 박물관 총기 난사

그림 16-2 스리랑카 성당 테러

출처: 뉴시스

2016년 이스탄불, 카불, 앙카라, 바그다드, 뮌헨 총기 난사

2017년 모가디슈, 카불, 런던, 테헤란, 예루살렘 등

2018년 카불, 미국 우편 폭탄 테러

2019년 스리랑카 부활절 폭탄 테러, 크라이스트처치 모스크 총기 난사

이렇게 경제적 · 인종적 · 종교적인 이유로 지속적이고 꾸준하게 테러범죄가 끊이지 않고 있다. 테러 피해 빈도와 피해 강도 수준을 보면 [그림 16-3]에도 나와 있지만 발생건수는 2014년도를 정점으로 찍고 감소하는 추세이다. 사망자 수 추이도 [그림 16-4]에 따르면 2014년을 정점으로 최근 공격건수 및 사망자 수는 감소 추세를 보인다. 3~4년 동안은 조금 감소하는 추세인데 테러가 극심했던 이슬람 극단주의 IS 종식, 각종 카메라기능과 같은 감시기술 발달, 근본주의 완화 추세로 인한 것으로 보인다. 또한 테러의 징후를 사전에 발견하는 이유도 있다. IS 극단주의자들의 활동과 여러 가지 많은 부정적인 사건을 보면서 무슬림(이슬람 신자)들조차도 환멸감을 느껴 이슬람을 포기하는 사람들도 많이 속출한다. 근래 종교의 근본주의 자체가 많이 감소하였다.

그림 16-3 테러 발생건수 추이

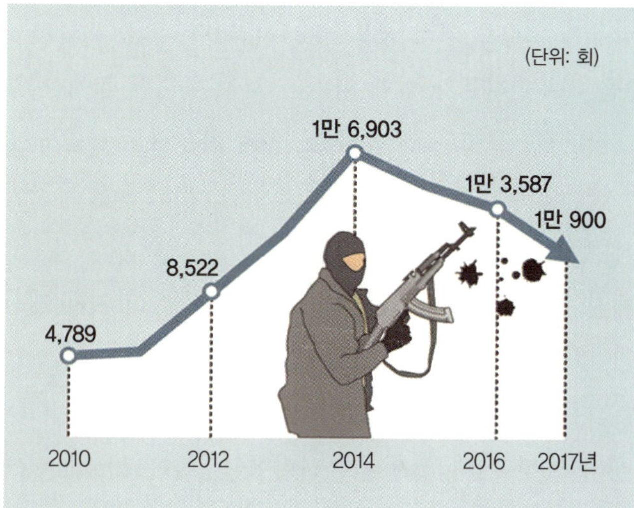

출처: GTD

그림 16-4 테러 사망자 수 추이

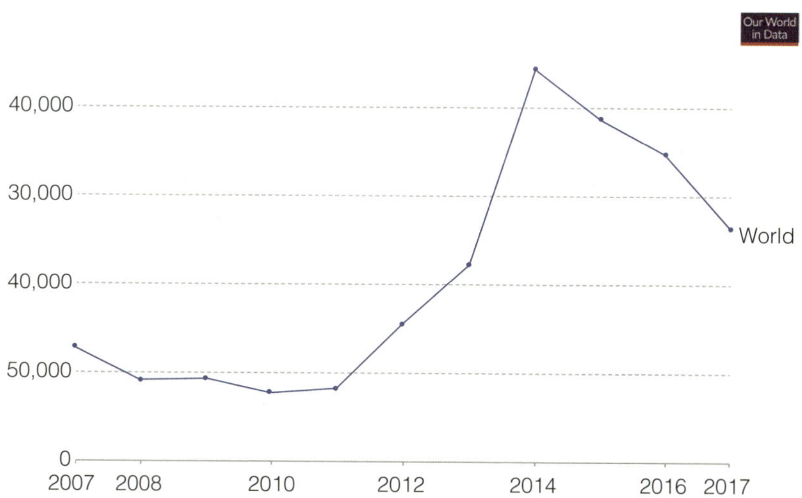

출처: ourworldindata.org

테러로 인한 사회적 병리현상은 다음과 같이 정리할 수 있다.

첫째, 트라우마 도출로 테러 공포증이 나타난다. 고층 건물에 올라가거나 비행기 탑승을 거부한다든가 밖에 나가는 것이 두려워 집에만 있어서 외로움을 느끼고 극단적으로 그 두려움을 못 이겨 자살하는 사람도 있다. 또 이런 공포증의 양상이 바뀌면 상대에 대한 노여움, 분노가 생겨 무슬림을 상대로 한 고의적 폭력이 증가한다.

둘째, 경제적인 손실이 발생한다. 테러가 일어나면 그 자체 재산피해도 있지만, 테러가 일어난 지역 내지는 테러리스트들이 활동하는 지역을 당연히 여행하지 않는다. 예를 들어, 2001년도 9 · 11 이후 미국 실질GDP에서 600억 달러 이상과 50만 개의 일자리가 사라졌다. 이는 2011년 경제성장률의 1.5%를 차지하는 수준이다.

셋째, 난민이 발생한다. 테러현상으로 인한 외국인 혐오, 다문화에 대한 부담감, 이슬람 근본주의에 대한 두려움으로 인하여 난민을 꺼리게 되었고

그림 16-5 테러 피해자 추모 현장

출처: 연합뉴스

난민으로 위장한 테러리스트에 의한 파리 테러 이후로 더욱 심화한 경향이 있다. 선진국들이 난민들을 받아들인다고 하지만 논의만큼 진전이 되지 않는 것도 사실이다.

한편, 전쟁용 살상 무기가 IT에 의해서 강화되는 경향이 있다. AI기능이 들어간 무기가 대표적인 예시이다. AI를 활용해서 테러를 일으킨다면 심각한 문제를 일으킬 것이다. AI가 활용된 로봇으로는 첫째, 킬러 로봇(Killer Robots)으로 이는 미군에서 개발 운영 중인데 도시지역이든 광야지역이든 지나다니면서 사람들을 살상할 수 있는 로봇이다. 둘째, 타라니스 드론(Taranis Drone)으로 영국에서 만들어진 무인 전투용 드론이다. 무인용이라서 혹여나 격추되더라도 인명피해가 없다.

이렇게 사람이 조종하지 않고 AI의 도움을 받아 자율적으로 움직이는 로봇이 살상력을 가질 수 있기 때문에 이런 무기들이 테러리스트 손에 들어갈 때 오히려 더 큰 위협이 된다.

그림 16-6 Killer Robots(US Army)

출처: BBC News

그림 16-7 Taranis Drone

출처: Youtube

2.2 부패

김성수 한양대 교수의 2019년 연구에 의하면 정치부패의 원인은 첫 번째는 관료의 임금 수준이다. 관료의 임금이 너무 낮다 보니까 돈은 필요한데, 본인이 권한을 활용하되 이를 악용하여 뇌물수수 횡령의 유혹이 생기게 된다는 것이다. 두 번째는 범죄의 정도에 비해서 훨씬 더 관대한 처벌 때문이다. 세 번째는 지도자의 모범의식, 윤리 수준도 문제이다. 부정부패는 자원이 불공정하고 비효율적으로 배분되게 만들고 빈곤과 불평등을 심화시키며 부패정권의 정치적 위기를 낳는다.[01]

01 김성수(2019), "아프리카의 정치사회적 · 경제적 토대와 지속가능 성장에 대한 연구: 중소국가의 정치부패 문제를 중심으로", 〈평화학연구〉, 20(3), pp.207-226.

3 문제해결 노력

3.1 기존 노력

(1) 국민보호와 공공안전을 위한 테러방지법(약칭, 테러방지법)[02]

제1조 목적은 다음과 같다. 이 법은 테러의 예방 및 대응활동 등에 관하여 필요한 사항과 테러로 인한 피해보전 등을 규정함으로써 테러로부터 국민의 생명과 재산을 보호하고 국가 및 공공의 안전을 확보하는 것을 목적으로 한다. 2016년 3월에 제정된 「테러방지법」은 취지는 동의하지만 정권 유지 목적으로 인한 악용의 가능성 때문에 당시 반대와 우려가 있었지만, 국제적인 테러의 해소를 위해 그리고 국민을 보호하기 위한 대의명분 속에서 소위 테러방지법이 통과되었다.

(2) 테러 방지를 위한 국제공조

테러는 한 국가에서 시작해서 끝나는 것이 아니라 크로스보더(Cross-border)현상을 낳는다. 그래서 국제공조가 필요하고 테러에 대해서 전 세계적으로 강력하게 방지한다는 성명을 내는 것은 선언적 의미가 있다. 이를 위해 G20 성명(Statement)을 공동으로 채택했다. 테러를 막는 가장 효율적인 방법은 테러 수괴를 제거하는 것이지만 테러자금의 경로를 찾아내는 것도 효율적인 방법이다. 이를 위해 자금세탁방지기구(FATF)[03]를 통한 테러자산 동결, 테러자금 조달의 형사 처리, 강력한 선별적 금융제재 등을 통해서 테

02 https://www.law.go.kr [시행 2020. 6. 9.] [법률 제17466호, 2020. 6. 9., 타법개정]
03 https://www.fatf-gafi.org/

러자금 경로를 차단하고 있다.

(3) 반부패회의

1983년 워싱턴DC에서 시작된 국제반부패회의(IACC: International Anti-Corruption Conference)는 2020년도에 제19차 회의가 한국에서 개최되었다. 매년 정례적으로 전 세계적 모임을 함으로써 부정부패에 주의를 환기하고 국제공조를 끌어내는 것이 목표이다.

그림 16-8 IACC 개최 안내문

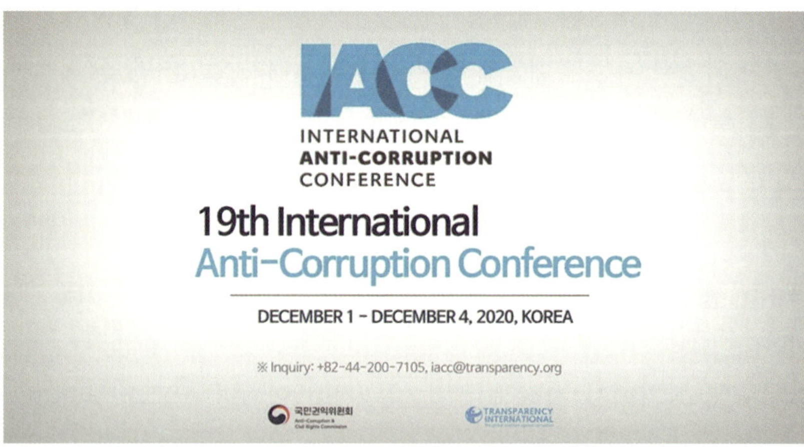

출처: 국민권익위원회

(4) 부패인식지수

부패를 객관적이고 공정하게 비교할 필요성을 느껴 부패인식지수(CPI: Corruption Perceptions Index)가 지정되었다. CPI를 만드는 방법은 World Bank, The World Economic Forum, Private Risk and Consulting Companies, Think Tanks 등에서 제공하는 13개 DB를 활용하여서 각

그림 16-9 부패인식지수

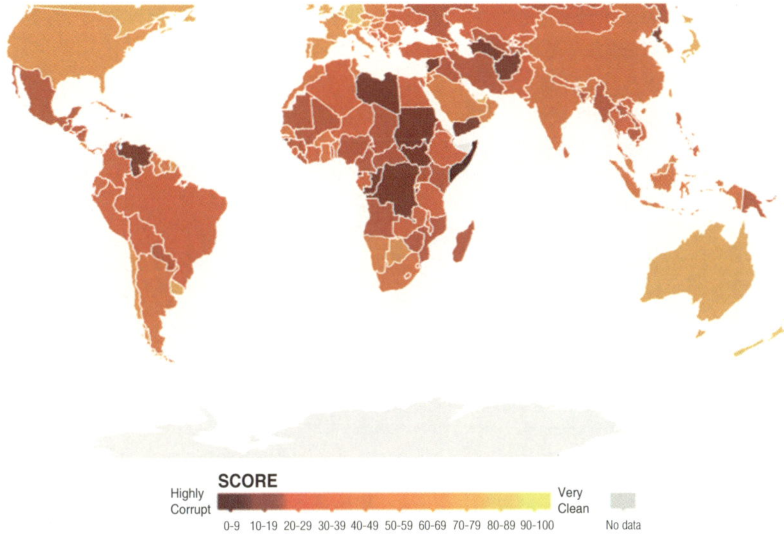

출처: Transparency International

Data source에 따라 1차 계산한 다음 정규화를 하고 100점 만점으로 평가하는 방식이다. 매년 100점 만점으로 평가한 180여 개 나라의 결과가 있다. 덴마크, 싱가포르, 캐나다 등이 좋은 평가를 받고, 아프리카 국가 등이 저평가를 받는다. 유럽이 부패가 적고 아프리카가 부패가 많다고 보이지만 생각만큼 간단하지 않다. 부패의 문제는 종종 국가와 국가를 건너뛴(Cross national problems) 부패 네트워크에 기인하기 때문이다. 따라서 아프리카에서 부패가 일어나긴 하지만 그것이 유럽에 있는 이유에서 발생하는 것일 수도 있다는 것이다. [그림 16-10]처럼 이것은 법적 · 정치적 · 사회적 금융 관계가 서로 링크되고 엮여 있다. 따라서 반부패 문제는 특정 국가가 문제가 아니라 전 세계 네트워크가 문제이다. 유럽이나 일부 지역들이 반부패 점수가 높아서 깨끗한 나라로 알려져 있다 하더라도 이전 세계, 특히 다른 국가에서의 부패 문제에 대해서 자유롭다고 얘기할 수는 없다. 그 연결 끈, 네트워크 등을 찾는 것도 중요한 일이라고 할 수 있다.

그림 16-10 크로스보더현상

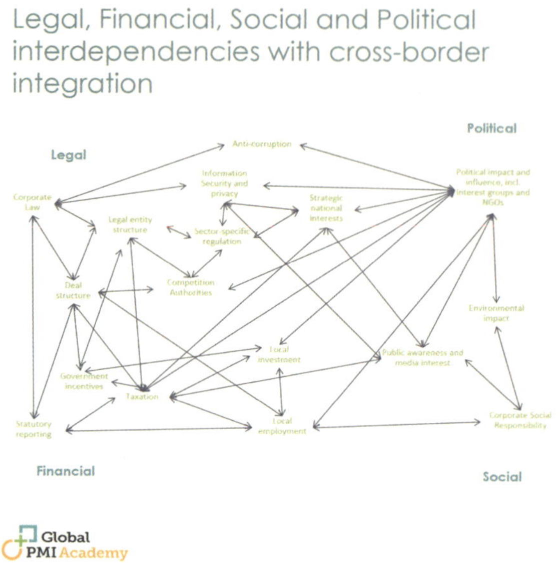

출처: gpmip.cn

독일 소재 반부패운동단체인 국제투명성기구(TI: Transparency International)는 국제기구와 싱크탱크의 데이터를 기준으로 세계 180개국에 대한 부패인식 수준을 100점 만점으로 지수화한다. 0점에서 100점까지 점수가 높을수록 부패가 적고 청렴하다고 인식된다. 공무원의 사익 목적 지위 남용을 막는 정도, 직권남용 공무원의 처벌가능성, 정부의 부패 억제기능 등을 조사한다. CPI는 국가별 공공 · 정치부문에 대한 부패인식 정도를 점수화한 지표다.

최근에 대체로 덴마크와 뉴질랜드는 87점으로 CPI 공동 1위를 기록했다. 동남아시아국가연합(ASEAN) 회원국 중에서는 85점의 싱가포르(4위)가 가장 부패가 적은 것으로 나타났다. 이웃 국가 인도네시아는 100점 만점에 40점을 받아 2018년의 38점에서 약간 개선되며 4계단 순위가 상승했다. 180개국 중 꼴찌는 9점을 받은 소말리아였다. 인도네시아는 거물급 인사의 부정부패를 견제하는 사실상 유일한 기관인 '부패방지위원회(KPK)'가 자율성과 권력을 상실하며 독립성이 좌절되고 있다는 평가를 받고 있다. 인도네시아 의회가 부패방지위원회의 독립성과 권한을 약화하는 내용의 관련법 개정안을 통과시키며 개정에 반대하는 대규모 시위가 수도 자카르타 등 주요 도시에서 열리기도 했다.

3.2 4차산업혁명기술 활용 해결 노력

(1) 테러 징후를 포착하는 AI

테러 징후를 포착하는 AI(AI for counter-terrorism)가 운영되고 있다. CCTV 같은 실시간 정보를 빅데이터화하여 어떤 징후들을 포착하고 얼굴인식을 통해 테러리스트인지를 구별한다. 대표적으로 페이스북에서 테러 관련 콘텐츠 방지를 위해 노력하고 있다. 페이스북은 빅데이터를 보유하고 있는 기업들인 트위터, 마이크로소프트, 유튜브와 협력하여 테러 관련 사진과 동영상에 대한 '해시'를 공유하여 테러리스트의 흔적(fingerprint)을 찾고 있다. 올라온 사진에 테러리스트가 찍혔다든가 아니면 어디에 글을 썼다든가 목격담이 올라와 있다든가 흔적이 있기 때문에 이런 것들을 찾아내는 일들을 AI가 활용할 수 있는데 만약 사람이 하면 많은 시간과 비용이 소요될 것이다. AI를 통해서 최대한 효율적으로 문제를 해결하려는 노력을 하고 있다.

■ **그림 16-11** 중국 항저우의 Hikvision Digital Technology Co.

출처: bernardmarr.com

(2) 데이터 기반 이상 경제 · 금융행동 탐지

이상한 경제행동, 금융행동을 거래 데이터 기반을 통해 발견할 수 있다. 이는 빅데이터와 AI영역이다. Deep Web Analytics, NLP(Natural Language Processing), Web Scraping, Network Analysis, and Volumes and Values Analysis를 활용한다.

1) 이상 탐지

이상 탐지(Anomaly Detection)는 이상행동을 감시하는데 Accounting Ledgers, Travel and Expense Reports, Receipts and Invoices, Emails, Phone Calls, and Text Messages를 활용한다. 이런 것들을 다양하게 활용해서 이상 거래를 찾아낸다. 예를 들어, 일상생활에서도 자주 접하는 비밀번호나 거래금액, 계좌번호를 반복 입력할 때 주의를 시키는 것들이다. 이상행동을 발견하고 기록해 놓는다.

2) 예측적 분석(Predictive Analysis)

과거 역사를 이용해서 앞으로 발생할 수 있을 만한 뇌물과 부패행동을 예측하고 그것에 대응할 수 있다. 실시간으로 감시를 하지만 매번 이것을 예측할 수 없기 때문에 우선은 전형적인 과거의 데이터 패턴을 이용해서 AI가 규칙을 생성하고 이 지식 중에서 의사결정모형(Decision Tree)을 활용하여 부동산값 폭등, 금융위기와 같은 공적 부패(Public Corruption)를 조기 예측하는 데도 활용될 수 있다.

3) DOZORRO AI

우크라이나의 조달청시스템인 ProZorro에서 이상현상을 감지하는 AI 활용기술인 DOZORRO AI는 이상현상을 90% 이상 찾아낼 수 있다.

그림 16-12 DOZORRO AI

출처: slideshare.net

4) COMPAS 이슈

미국에서 가장 많이 사용되고 있는 COMPAS(Correctional Offender Management Profiling for Alternative Sanctions)는 유죄 확정자의 재범위험을 예측하는 프로그램인데, 이것은 많은 논란이 있었다. 예측을 사람이 하지 않고 기계에 의한 것이 믿을 만한지 여러 논란이 있었는데, 위스콘신주에서는 이 프로그램 사용에 대한 합법성을 2017년도에 인정한 바 있다.

여러 가지 걱정거리 중 하나는 판정하는 AI의 성이나 인종편견현상 논란이다. [그림 16-13]에서처럼 백인보다 흑인의 재범위험도가 높게 나오는데 사실상 보게 되면 백인 유죄확정자는 전과 기록과 범죄 기록도 많다. 흑인 유죄확정자는 상대적으로 과거의 범죄 기록이 없음에도 불구하고 이상하게 흑인에 대해서는 재범위험도를 높인다는 것이다. 왼쪽에 있는 사람이 더 많은 죄를 저질렀다는 것이 데이터에 나타났음에도 불구하고 오른쪽에 있는

그림 16-13 COMPAS

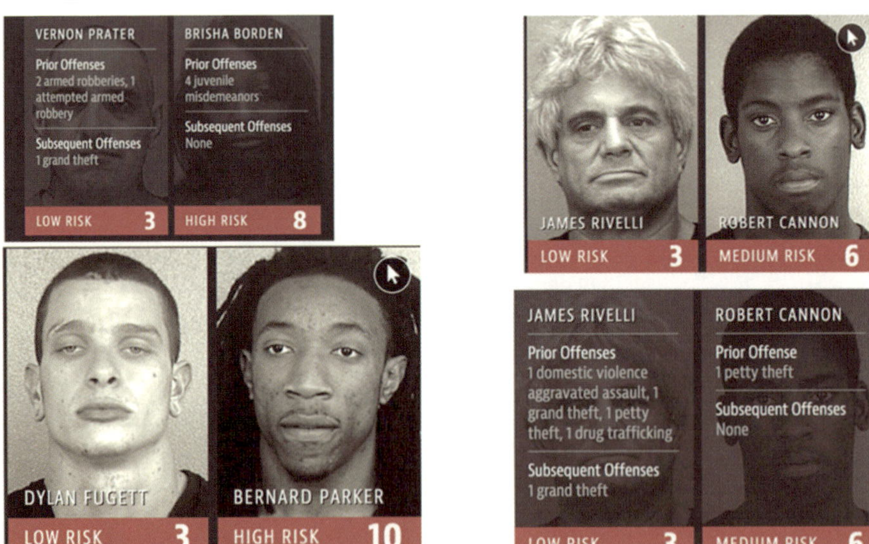

출처: The Comuzi Journal

사람이 더 위험이 크다고 판단한다. 그래서 이것은 사진상에 나타난 인종적 편견이 잘못된 학습을 통해서 나오는 문제가 아니냐는 의심을 받고 있다. 아직까지는 판단에 대한 설명가능한 AI가 개발되어 나오지 않기 때문에 결과에 대해서 의문을 제기하는 사람들이 반박하기가 쉽지 않다는 것이 문제이다.

5) POC(People of Color) 이슈

인종 문제, 유색인종과 백색인종 사이에 있는 이슈를 얘기할 때 색(Color)을 얘기하는 것을 피하기 때문에 POC 이슈라고 표현한다. [그림 16-14]의 오른쪽 이미지들은 전체적으로 어둡지만 [그림 16-14]의 왼쪽 이미지들은 상당히 밝은 이미지이다. 양쪽 다 살인자에 대한 이야기인데 말이다. [그림

그림 16-14 People of Color (POC) 이슈

출처: google.com

16-14]의 오른쪽 사건의 가해자는 자신의 딸을 겁탈하려고 시도한 남자를 살해한 사람이다. [그림 16-14]의 왼쪽 사건의 가해자는 자신의 두 딸과 임신상태의 아내를 살해한 사람 이야기인데 마치 단란한 가정인 것처럼 보인다. 이렇게 똑같은 살인사건에 대한 것인데도 불구하고 사진을 통해서 상당히 다르게 전달하는 의도적인 또는 비의도적인 문제점이 있다는 것이다. 이는 우리가 미디어에 대해서 주의를 당부해야 하는 바를 시사한다.

참 · 고 · 문 · 헌

김성수(2019), "아프리카의 정치사회적 · 경제적 토대와 지속가능 성장에 대한 연구: 중소국가의 정치부패 문제를 중심으로", 〈평화학연구〉, 20(3), pp. 207-226.

Anastasiya Kozlovtseva(2019), Third regional conference on public procurement for ENP East countries (https://www.slideshare.net/SIGMA2013/anastasiya-kozlovtseva-ukraine-third-regional-conference-on-public-procurement-for-enp-east-countries-tbilisi-6-november-2019)

Andrew Scola(2016), Legal, Financial, Social, and Political Interdependencies with Cross-Border Integration (https://gpmip.cn/resource/legal-financial-social-and-political-interdependencies-with-cross-border-integration/)

Bernard Marr(2018), Weaponizing Artificial Intelligence: The Scary Prospect Of AI-Enabled Terrorism (https://bernardmarr.com/default.asp?contentID=1421)

Sciforce(2019), Artificial Intelligence to Fight Fraud and Corruption (https://medium.com/sciforce/artificial-intelligence-to-fight-fraud-and-corruption-edd16244ce7b)

Terrorism (https://ourworldindata.org/terrorism)

[제 17 장]

SDGs17 지구촌 협력 확대, 글로벌 파트너

1. 정의 및 개념
2. 4차산업혁명기술 활용 노력

제17장 SDGs17 지구촌 협력 확대, 글로벌 파트너

1 정의 및 개념

지속가능발전목표달성을 위한 이행수단 강화 및 지속가능발전을 위한 국제적 동반관계 활성화를 목표로 한다. 세부사항은 재원, 기술, 역량 강화, 무역 및 정책과 제도 일관성, 다양한 이해관계자 동반관계, 데이터, 모니터링 및 책무성을 포함한 시스템적인 이슈로 분류되어 있다. 성공적인 지속가능발전 계획은 정부 · 민간 · 시민사회 간의 협력이 필요하며 세계적 동반관계가 필요하다. 정부를 비롯한 공공기관이 개발도상국의 경제발전과 사회복지 증진을 목표로 제공하는 공적개발원조(ODA: Official Development Assistance), 북-남, 남-남 협력 강화, WTO 등과 함께 다자간 무역 활성화, 신뢰할 만한 데이터의 가용성 증대 같은 것들이 17번째 목표와 연관되어 있다.

SDGs17은 이행수단 강화 및 지속가능개발을 위한 글로벌 파트너십 활성화라고 해석할 수 있으며 글로벌 파트너십을 위한 전 지구적 노력으로 연결되는 글로벌 파트너십 활성화를 추구하고 있다. 세계의 여러 국가들이 한정적인 지역의 문제에만 관심을 가지지 않고, 환경이나 여성인권 및 빈곤 문제 등 보편적으로 나타나는 다양한 사회 문제 이슈를 해결할 수 있도록 16개의 지속가능발전목표 전체를 종합적 · 보편적 · 지속적으로 지원하기 위한 접근이라고 할 수 있다.

MDGs 수립 이전 OECD DAC(개발원조위원회)의 1996년 '21세기 개발협력전략'은 공여국의 원조지원에 대한 로드맵을 제시하였던 7대 국제개발목표에서 MDGs로 개편되면서 추가된 목표가 '글로벌 파트너십'이다. MDGs의 8번째 목표 '개발을 위한 글로벌 파트너십 구축'은 저개발국 및 개발도상국의 특수한 문제를 해결하기 위해 공여국과 민간부문의 협력, 기술 혜택과 의료서비스를 제공하는 것 등을 주요 세부목표로 하고 있다.

SDGs로 넘어가면서 '개발을 위한 글로벌 파트너십 구축'은 보다 구체화, 세분화되었다. 전 지구적 문제해결을 위한 공여국, 민간부문의 협력과 노력이 실질적으로 저개발국과 개발도상국에 도달되어야 하는 점이 강조되었다.

결과적으로 SDGs17에서는 MDGs 사후평가부터 2030 지속가능발전목표의 개발 안건으로 이어지면서 UN이 지향하는 5대 가치의 하나인 '파트너십'이 강조되었기 때문에 SDGs목표 이행에 전 세계적인 관심이 요구된다. SDGs17의 핵심 세부목표는 재정(Finance), 기술(Technology), 능력배양(Capacity Building), 교역(Trade)이라고 할 수 있다.

SDGs는 MDGs 이후 포괄적인 이슈에 대한 실질적 접근을 목표로 더욱 구체화된 세부목표 수립과 과제 선정을 계획하였다. 이에 따라 재정 및 인적자원에 대한 필요성이 증가하고, 자발적 원조활동의 증가가 요구되기에 원조를 책임지는 선진국뿐만 아니라 시민사회 및 민간기업 등 다양한 이해관계자들의 참여가 도모되어야 한다.

2 4차산업혁명기술 활용 노력

2.1 AI4SDGs Cooperation Network

AI4SDGs Cooperation Network(http://www.ai-for-sdgs.academy/AI4SDGs-Research-Program-2020)는 지속가능한 발전을 위해 AI를 활용하는 것에 대한 협력네트워크를 구축하여 관련된 기관단체, 기업들이 협력하여 파트너를 형성하고 기업 간 또는 국가 간 협력을 할 때 디지털로 소통하는 AI Innovation을 만들고 마지막으로 AI로 만들어진 결과물이 전 세계에 있는 사람이 서로 공유할 수 있게끔 오픈소스화하려 한다. 대표적으로 'GitHub'라는 사이트가 있다. 또한 AI를 이용하는 여러 가지 많은 아이디어를 선정하여 Grant(보조금)를 주기도 한다. [그림 17-1]을 보면 아이디어의

그림 17-1 AI4SDGs Cooperation Network

Name of the Project	Correlation with Sustainable Development	Outcome	Funding
Sustainable Urban and Community Development and Governance Driven by Artificial Intelligence	11.Sustainable Cities and Communities 9.Industry, Innovation and Infrastructure	Research Report	200,000 RMB
The Leagal System Construction and Problems of Autonomous Driving	11.Sustainable Cities and Communities 3.Good Health and Well-being	Research Report	200,000 RMB
Human Computer Intelligent Dialogue Model and System for Adolescent Mental Health	3.Good Health and Well-being 4.Quality Education	Open-Source System	500,000 RMB
Clinical Assistant Decision Support for Rare Diseases in Children	3.Good Health and Well-being	Research Report	200,000 RMB

출처: ai-for-sdgs.academy

목적과 간단한 소개, 기대효과를 보여주고 어느 정도 예산이 투입되는지에 대한 정보가 담겨있다. 독자 여러분들도 작성이 가능하다. 지속가능 문제에 좋은 아이디어를 제공하면 이 단체로부터 그랜트를 받을 수 있다.

그림 17-2 제출 프로젝트의 예

Project Names	Project Introduction	Expected Outputs	Relations to SDGs	Budgets
Sustainable Urban and Community Development and Governance Driven by Artificial Intelligence	Artificial intelligence not only solves the problems of urban and community development for urban residents, but also brings a series of new governance problems such as privacy protection, data security, job replacement, etc. This project is based on the pain point of AI products in urban and community applications, and contributes to the achievement of the sustainable development goal of the United Nations through solid research. Specifically, the study consists of three parts: 1) Systematic research on the current state of global sustainable urban and community development, especially on the role of AI to enable them. Study the construction logic, governance status, and future planning of sustainable cities and communities in countries such as the European Union, North America, China and others.	Research report: 1) Summarize the current status of the application of AI products and services in sub-units in cities and communities (e.g. residential, school, industrial parks, etc.), and produce a research report on the status and sustainability of the development status and sustainability of smart cities and communities; 2) Focus on the rights, obligations and needs of various stakeholders in urban and community scenarios, and produce a system of supervision feedback from stakeholders during the landing of AI products and services;	11. Sustainable Cities and Communities. 9. Industry, Innovation and Infrastructure	200,000 RMB

출처: ai-for-sdgs.academy

2.2 한국과학기술연구원 부설 녹색기술센터 기후기술 빅데이터 플랫폼

과학기술정보통신부 산하 대표적인 정부출연연구소 한국과학기술연구원(KIST) 부설 녹색기술센터(GTC)는 국가기후기술정보시스템(CTis: Climate Technology Information System)을 구축하였다. 글로벌 기후기술협력을 지원하기 위한 정보포털이자 온라인 플랫폼으로 기후기술과 기후기술협력에 대한 모든 정보를 제공하고 있다. 국내외 기후기술협력정보를 체계적으로 제공함으로써 신기후체제에 대응하고 국내 기후기술 개발 및 이전을 촉진하기 위해 개발되었다.

기후변화 대응에 따른 기후기술협력 수요가 증대하고 또한 협력 성과가 증대하는바, 기후기술 빅데이터 온라인 정보 플랫폼인 CTis를 통해 관련 정보들을 통합적으로 집적 · 공유 · 홍보가 필요하고, 동시에 기후기술협력을 위한 매칭 플랫폼을 운영함으로써 기후기술협력의 가능성을 제고하고 있다.

그림 17-3 기후기술 글로벌 파트너십 플랫폼

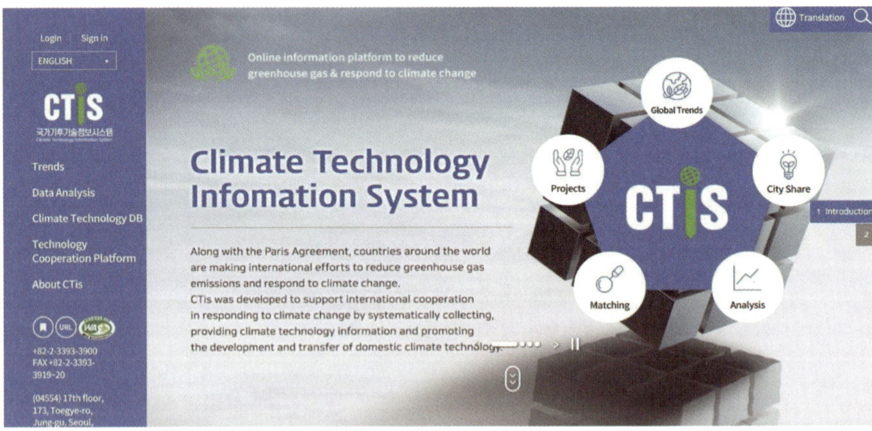

출처: ctis.re.kr

(1) 기후기술정보 제공 강화

국내외 기후기술 관련 정책 및 현황에 대한 정보 집적 · 생산 · 공급 강화를 위하여 기후기술 유관자료(국가 법령 · 계획 · 정책자료 등) 수집 및 정보 생산 · 제공 및 국내 기후기술 산업통계 및 국가연구개발사업 분석 통계자료 등을 공유한다.

(2) 국제협력 정보제공지원 강화

국내외 유관 빅데이터 자료 수집을 통해 체계적인 기후기술 빅데이터 분석환경 제공 및 국제협력 강화를 위한 정보를 제공한다. 특히 기후기술 국제협력 이행트랙별 우리나라 국가지정창구(NDE: National Designated Entity) 차원에서 진행된 협력사업 결과물 정보를 집적 · 갱신한다. 기후기술 국제협력 이행트랙에는 ① CTCN TA사업, ② GCF 능력배양사업 · 사업준비기금사업 · 본사업, ③ MDB사업, ④ 탄소시장사업, ⑤ ODA사업 등이 있으며, 동시에 기후기술협력에 필요한 개도국 협력, 국제재원, 국내외 R&D 동향정보 등을 공유한다. 이를 통하여 정보 및 전문가협의체를 통해서 수요자(연구기관, 기업 등) 맞춤형 컨설팅 지원도 촉진한다.

(3) 기후기술 공급-수요정보 매칭

국내외 기후기술정보와 국외 기술수요정보의 수집 및 분석을 통한 글로벌 기후기술 공급-수요 매칭 플랫폼 구축과 운영을 실행하고 있다. 공급적인 측면에서는 국내 기후기술 수준 및 보유 기관정보 제공이 가능하다. 수요적인 측면에서는 개도국 및 국제기구 연계, 주기적 수요정보 수집체계 구축, 정보 분석, 자료 제공이 가능하다. 공급과 수요를 매칭하는 측면에서는 기후기술정책 및 사업협력을 위한 온라인 매칭 플랫폼[01] 구축 및 운영을 수행하고 있다.

01 국내 기술 보유기관과 개도국의 기술협력 수요기관 간 상호 정보(기관명, 기술 설명, 시장 내용, 연락처 등) 검색기능 제공 및 협력연구 지원이 가능하다.

(4) 국내외 기후기술정보 확산

국내외 기후기술정보의 글로벌 확산을 위한 정보교류 및 국제기후기술 협력사업 정보지원 및 확산이 가능하다. 이를테면 국내 기후기술 RD&D 및 적용 우수 사례 정보 영문화 작업 추진 및 해외 확산 및 국내 기후기술 보유기관 및 기업정보의 영문화 작업 추진 및 해외 확산이 가능하다.

국내 기후기술 유관 산 · 학 · 연 · 관 연구자에게 기술협력에 필요한 기초정보를 제공하고, 국내 기술의 해외 확산 촉진과 국제R&D 협력사업 사례 기반 조성의 효과가 기대된다. 2020년 정부의 2050 탄소중립선언 발표와 관련하여 2021년부터 수소, 기후정보, 수자원과 수처리, 폐기물, 태양광에 대한 탄소중립협의체가 발족하는 가운데 CTis는 에너지 생산 및 저장, 에너지 저장 및 송배전, 수송, 산업, 건축 효율, COS 처리, 농업과 삼림, 물관리, 기후변화, 기후예측, 모니터링, 건강 등에 대한 기후변화 대응으로 인해 인류와 전 지구가 직면하는 기후변화 대응 문제해결을 위한 과학기술 ICT 지원하에서 글로벌 파트너십 구축과 운영을 담당하고 있다.

그림 17-4 기후기술 글로벌 파트너십 데이터베이스

출처: ctis.re.kr

2.3 World Bank 민관협력(PPP) 지식체계

월드뱅크를 비롯한 5개 다자간개발은행(MDB: Multinateral Development Bank)은 글로벌 인프라갭(Infrastructure Gap) 해소를 위한 하나의 방편으로 민관협력(PPP: Public−Private Partnership) 프로젝트를 추진하였으나 민간개발자(Private Party Developer), 현지정부(Host Country), 국제상업은행(International Commercial Bank), 각국의 수출신용기관(ECA: Export Credit Agency) 등과 같은 다양한 사업참여자들 사이에 PPP에 대한 개념, 추진체계 및 절차, 주안점에 대한 합의된 내용이 없어 효과적으로 추진되지 못하였다는 자체 판단에 따라 PPP의 활성화를 위해 표준적 지식체계(BoK: Body of Knowledge)인 PPP Guide를 마련함으로써 글로벌 파트너십을 지원하고 있다.

그림 17-5 월드뱅크 PPP 센터

출처: ppp.worldbank.org/public−private−partnership

World Bank의 PPP Guide는 PPP 사업추진에 필요한 사업발굴 및 PPP 적합성 검증, 사업타당성 분석, 입찰서 및 계약서 준비, 입찰 및 사업자 선정, 인프라 건설관리, 운영 및 유지, 보수, 관리의 총 6개 분야와 PPP 개념과 PPP 추진체계(Framework)라는 2개의 관련 분야를 묶어 8개의 장(Chapter)으로 구성되어 제공되고 있다.[02]

민관협력사업의 발굴은 크게 세 가지 유형으로 구분할 수 있다. 첫 번째는 공여국 원조기관의 공모를 통해 민간행위자(공여국 또는 수원국기업)가 경쟁을 통하여 참여하는 '공공 제안형'이다. 이것은 원조기관이 설정한 우선순위 혹은 중요하다고 생각되는 분야에 관련된 사업을 정기 · 비정기적으로 공모하여 가장 실현가능하고 경쟁력 있는 제안서를 채택하는 방법이다. 두 번째는 민간주체가 공여국 원조기관에 사업을 제안하는 '민간 제안형'이다. 이는 참신한 아이디어 및 기업의 실질적인 필요와 요구가 반영될 수 있다는 점에서 매우 개방적이라 할 수 있다. 세 번째는 원조기관과 기업이 함께 사업을 발전시켜 나가는 '공공협의형'[03]이다. 집행은 크게 재정분담과 사업시행 파트너십으로 구분하여 유형을 분류하였다. 이는 사업 참여 주체들이 분담하는 정도에 따라 공공행위자가 총예산의 50% 이상을 지원하는 경우, 민간행위자가 50% 이상을 지원하는 경우, 공공과 민간이 동일한 비율을 분담하는 경우이다.

사업시행 파트너십은 우선 공통 참여자로서 공여국 정부를 기본으로 기업과 자선적 기금의 참여를 고려하였다. 따라서 ① 공여자로서 기업만이 참여하는 경우, ② 자선적 기금만이 참여하는 경우, ③ 기업과 자선적 기금이 함께 참여하는 경우를 기본적 프레임워크로 둘 수 있다. 이를 기반으로 추가적으로 참여할 수 있는 파트너에 따라 ① 수원국 정부가 참여하는 경우(Type

02 http://www.p3korea.com/?module=Html&action=SiteComp&sSubNo=3

03 '공공협의형'은 'Chicken or Egg'라는 기존의 PPP사업 발굴의 특성을 잘 나타내 주는데, 많은 경우 콘퍼런스, 비즈니스 회의 등 비공식적인 자리에서 사업에 대한 아이디어가 제공될 수 있는 가능성을 염두에 두는 것이다.

Ⅰ), ② 수원국 기업이 참여하는 경우(TypeⅡ), ③ 국제기구가 참여하는 경우(TypeⅢ), ④ 여러 파트너가 참여하는 경우(TypeⅣ)로 구분된다. 그리고 사업을 실제로 시행하는 시행(Implementation) 파트너십은 ① NGO, ② 영리컨설팅, ③ 공여국 기업, ④ 국제기구, ⑤ 여러 파트너가 실행하는 경우로 분류된다. 이렇듯 PPP 추진 유형은 전반적으로 다양성과 유연성을 특징으로 하고 있다. 제도적으로 사업발굴과 재정지원, 사업실행 등을 구분하기는 하였지만, 결국 사업 전반에 걸쳐 공공과 민간의 협의과정을 기본으로 하고 있다는 점을 앞선 주요 원조기관의 PPP사업 분석을 통하여 확인할 수 있다. 또한 사업실행에 있어서도 다양한 행위자의 참여를 가능하게 하고, 이들의 전문성과 특성을 최대한 활용할 수 있는 방향으로 사업유형이 발전해 가는 점을 눈여겨 볼 필요가 있을 것이다.

참 · 고 · 문 · 헌

손혁상 · 곽재성 · 박보기 · 허태욱(2012), “기후변화 대응을 위한 민관협력(PPP) 활성화 방안 연구”, 〈한국국제협력단 연구보고서〉, pp.1-319

https://www.ctis.re.kr/en/index.do

http://www.p3korea.com/index.php

https://ppp.worldbank.org/public-private-partnership/

[제18장]

SDGs Compass, 지속가능발전목표에 관한 기업행동지침

1. 기업이 SDGs에 참여함으로써 얻는 이익
2. SDGs Compass

제 18 장 SDGs Compass, 지속가능발전목표에 관한 기업행동지침

지금까지 17개의 SDGs를 살펴보았다. 특히 AI, 빅데이터, VR, AR, 사물인터넷, 드론 등 4차산업혁명기술을 이용해서 SDGs를 달성하는 것이 어떻게 가능한지 알게 되었다. 이제는 기업이 지속가능발전목표를 달성하도록 만들어 주는 방법론에 대해 알아보겠다.

1 기업이 SDGs에 참여함으로써 얻는 이익

유엔(UN)이 제시한 SDGs 성취활동에 기업이 참여함으로써 어떤 이익을 얻게 될까?

1.1 미래 비즈니스 기회 파악

SDGs활동 자체가 미래의 비즈니스 기회가 된다. 왜냐하면 세계의 공공 및 민간투자 흐름이 SDGs가 제시하는 도전과제로 맞추게 될 것이기 때문이다. 이에 따라 기후변화, 불평등, 종 다양성 등 SDGs활동을 위한 예산이 많이 편성된다. 따라서 기업들은 이를 획득하기 위해 SDGs활동에 참여하게 되고 이는 상당히 의미 있는 변화라고 볼 수 있다.

1.2 기업 지속가능성의 가치 강화

SDGs활동에 참여하는 것 자체가 기업이 지구와 인류의 지속가능성에 얼마나 기여하는지 보여준다. 또한 '지속가능성'이라는 도전과제 속에서 기업의 가치를 강화시키고 개선시키는 의미도 가진다.

1.3 이해관계자와의 관계 강화 및 정책 발전과의 속도 유지

SDGs활동과 관련된 다양한 이해관계자들, 대표적으로 기업의 소비자와 직원 그리고 다른 이해관계자의 참여가 강화하게 된다. 따라서 정책들의 발전과 관계 강화의 속도가 유지될 수 있고, 이해관계자들끼리의 관계 역시 강화된다.

1.4 사회와 시장의 안정화

이해관계자들의 강화에 따라 사회안정화가 가능하다. 또 SDGs의 달성은 시장을 성공시켜 간접적으로 기업에게 이익이 된다.

1.5 공통 언어와 공유된 목적 활용

이해관계자들과 더 일관적이고 효과적으로 소통하여 공통 프레임워크를 제공한다. 따라서 이해관계자들과 소통할 때 의사소통의 양과 질이 개선될 수 있다. 이와 같은 이유로 기업이 SDGs에 참여하는 것은 경제적 · 사회적으로 이익이 된다.

2 SDGs Compass

기업이 SDGs를 잘 달성할 수 있도록 만들어 주는 실천방법론을 담은 것이 [그림 18-1]에 나와 있는 SDGs Compass이다. 1단계는 우선 SDGs에 대해 이해하는 단계이다. 2단계는 SDGs에 대해 이해했다면 자신의 기업에 맞는 SDGs의 우선순위를 결정한다. 이때 복수의 것을 선택해도 된다. 다음으로 3단계는 SDGs를 실행할 수 있도록 기업에 맞게 구체적이고 실천가능한 목표를 설정한다. 4단계는 목표를 내재화하는 단계이다. 지속가능성을 기업 내 모든 핵심사업과 지배구조 및 가치사슬에 통합한다. 마지막 5단계에서는 SDGs 성과에 대한 이해관계자와의 소통 및 성과에 대한 피드백을 하게 된다.

그림 18-1 SDGs 실천방법론

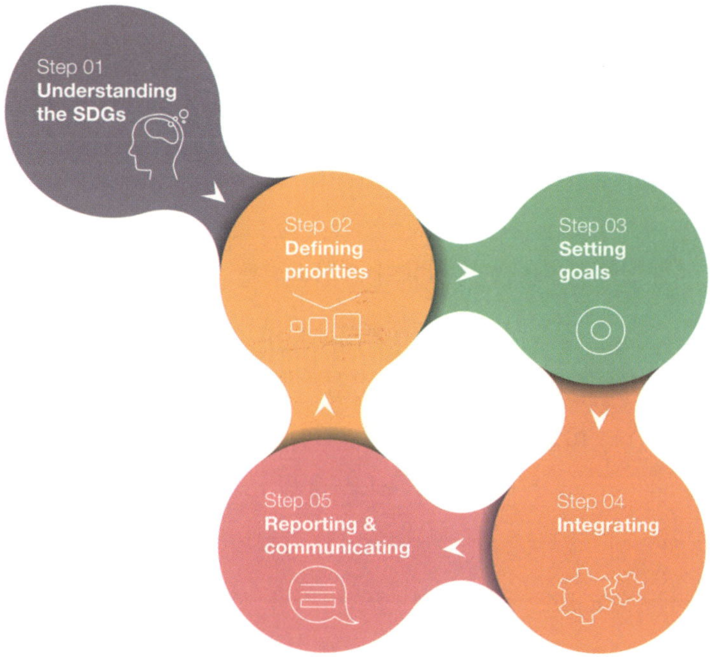

출처: sdgcompass.org

2.1 1단계: SDGs에 대한 이해

17가지 SDGs와 각 SDGs의 세부목표를 숙지한다. SDGs로 인해 기업과 관련된 미래 비즈니스 기회를 포착해야 한다. 예를 들어, 에너지 효율성, 재생에너지, 에너지 저장, 그린빌딩 그리고 지속가능한 운송을 증대하기 위한 혁신적인 기술이 있다. 이를 이용 및 개발하게 되면 효율성, 에너지 문제를 해결하거나 새로운 시장을 창출할 수 있다. 또 배기가스와 폐기물을 줄이는 ICT와 기타 기술 솔루션을 통해 전통적인 제조 및 가공제품을 대체해서 신시장을 개척할 수 있다. 또는 40억 명의 빈곤층의 삶을 향상시킬 수 있는 보건, 교육, 에너지, 금융, ICT를 포함한 제품 및 서비스분야의 대규모 미개발

시장 요구를 충족할 수 있다. 이러한 과정을 통해 SDGs가 기업의 기본적인 책임임을 재확인한다.

2.2 2단계: 우선순위 설정

2단계는 기업에서 채택할 SDGs의 우선순위를 정하는 것이다. 먼저 [그림 18-2]처럼 자사의 가치사슬과 SDGs를 매핑하는 작업을 한다. 이를 보면 원자재, 공급자, 조달 물류, 기업운영, 유통, 제품 사용, 제품 폐기라는 가치사슬을 볼 수 있다. 여기서 긍정적 영향을 증대하는 쪽과 부정적 영향을 최소화하는 쪽으로 SDGs를 연결한다. 이를 영향 범위 식별을 위한 가치사슬 매핑이라고 하는데, 예를 들어, '기업운영'이 긍정적이라면 양질의 일자리와 경제성장이라는 SDGs8로 연결된다. 또한 '제품 사용'은 기후행동으로 연결될

그림 18-2 매핑

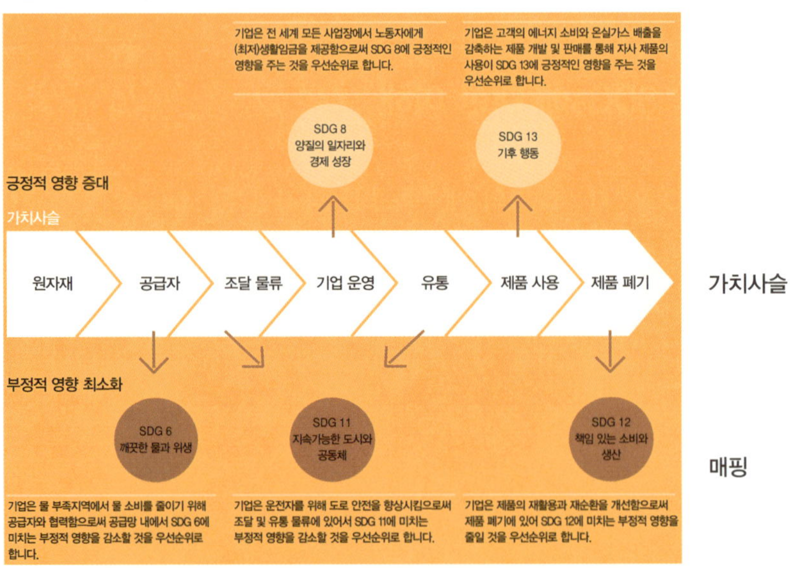

출처: sdgcompass.org

수 있다. 반대로 부정정 영향을 최소화하는 것도 있다. '공급자'에서 깨끗한 물과 위생, '조달 물류'에서 전기 사용과 이산화탄소 배출을 줄이는 등 지속가능한 도시와 공동체로 연결된다. 이렇게 기업이 가진 가치사슬을 잘 인식하고, 가치사슬에서 발생하는 긍적적 · 부정적 영향에 대해 파악하는 것이 중요하다. 긍정적 영향을 강화하고 부정적 영향을 제거하는 노력을 통해 특정 SDGs를 달성할 수 있는 전체 그림이 완성된다.

이러한 매핑과정을 통해서 기업의 가치사슬과 관련된 여러 개의 SDGs가 등장한다. 하지만 이 모든 과제를 할 수는 없다. 이 중에서 선택을 해야 하는데 이때 우선순위를 정하는 방법론을 이용하면 된다. 방법론에는 다음과 같은 것이 있다. 전과정평가(LCA: Life Cycle Assessment) 방법론, 환경산업연관분석(EEIO: Environmentally-Extended Input-Output)모델, GHG Protocol Scope 3 Evaluator, the Social Hotspots Database, the Human Rights and Business Country Guide, the WBCSD Global Water Tool, the Poverty Footprint Tool 등 여러 가지 방법론이 존재한다.

2.3 3단계: 목표 설정

(1) 목표 범위 파악 및 KPIs 선정

2단계를 거치면서 SDGs 몇 가지를 선택했다. 그 다음 단계는 목표를 설정하는 것인데, 이는 SDGs를 얼마나 달성할 것인가에 대해 보여준다. 우선 목표를 설정하기 이전에 KPIs(Key Performance Indicators)를 SDGs에 맞게 선정해야 한다. KPIs 선정은 기업의 운영, 모니터링, 의사소통과정의 기반이 되는 목표를 설정하는 데 필수적인 단계이다. 이때 KPIs는 측정가능하고 시한이 있어야 한다. '탄소중립'이라는 애매한 목표보다 언제까지 얼마만큼 달성할 것인지 구체적으로 측정가능하며 시한이 있는 목표 설정에 기반이 되는 여러 KPIs를 선정할 것을 추천한다.

(2) 사업지표 선정과 데이터 수집

사업지표를 선정하고 지표에 따라 평가할 수 있는 데이터를 수집한다. 이때 데이터가 부족하거나 혹은 데이터를 구할 수 없는 '가용성 문제'로 달성도를 측정하기 어려운 경우도 있다. 이때 포기하지 말고 Output 측정이 어렵다 하더라도 Input 혹은 Process를 평가하면 된다. 예를 들어, 기업이 착수하려고 하는 교육과 같은 특정 활동 또는 투자하고자 하는 자본 등의 자원투입 결과 등을 간접적으로 선정하면 된다. 교육활동이 Output지표는 아니지만 과정의 지표로는 사용이 가능하다. 또 많은 사람이 이해할 수 있고 관심 있는, 즉 가급적 널리 사용되는 지표의 사용을 권장한다. 그렇게 하면 타회사와의 비교 및 평가가 가능하다. 그렇다면 널리 사용되는 지표에는 어떤 것이 있을까? [그림 18-3]은 SDG Compass 사이트에서 가져온 것으로, 잘 만들어진 표준화된 지표들이 나와 있다. 여기 있는 지표들 중 선택해서 사용

그림 18-3 지표 선정

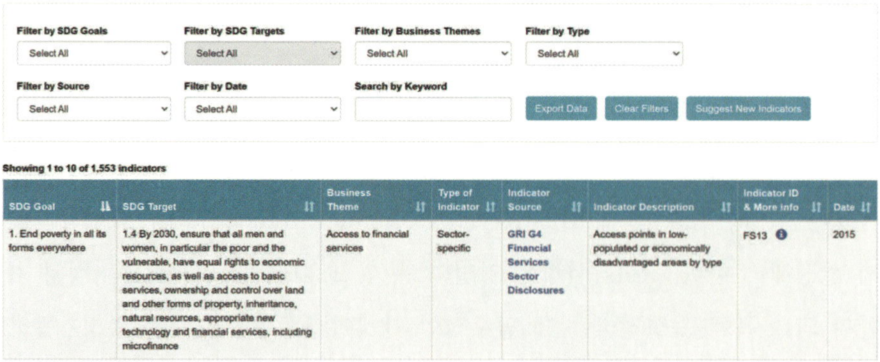

출처: sdgcompass.org

하는 것이 유리하다고 할 수 있다.

(3) 기준치 설정 및 목표 유형 설정

지표를 정했다면 이제는 기준치를 설정해야 한다. 왜냐하면 기준치가 있어야 얼마나 진행되었는지 파악할 수 있기 때문이다. 현재는 어느 정도의 값인데 1년 혹은 3년 이내 어느 정도로 개선시킬 것이다 등 특정 년도에 해당되는 기준치를 설정한다. 예를 들어, 2013년 말에 설정된 기준치에 대비하여 2021년 말까지 이사진 중 여성의 비율을 40%까지 상향하겠다는 목표가 있다. 단, 어떻게 그리고 왜라는 특정 기준치가 설정된 이유에 대해 투명하게 공개할 필요가 있다.

(4) 야심찬 목표 설정

상당히 도전적인 목표값을 제시하는 것이 좋다. 야심찬 목표일수록 평판에도 긍정적 영향을 끼치고, 업계의 선도기업은 다른 기업이 그들의 수준을 따르도록 계속하여 압박이 가능하다. 또한 가급적 장기간의 목표를 설정하는 것이 좋다. 바로 내년의 목표보다 장기적인 목표가 필요한다. 예를 들어, '2030년까지 기업의 에너지 사용을 재생가능한 자원으로 100% 공급'한다는 목표가 '2025년까지 75%의 재생가능한 자원 공급'보다 더 적절하다. 마지막으로 목표를 정하면, 이를 달성하기 위한 전략을 설정하는데 인사이드아웃(Inside-Out)보다 아웃사이드인(Outside-In)전략이 더 좋다. [그림 18-4]는 인사이드아웃과 아웃사이드인전략을 보여준다. 인사이드아웃의 경우, 목표를 정하고 외부환경에 어떤 영향을 줄 수 있는지 생각하는 것이다. 이는 기업을 변경시킬 수 없다. 다만 기업이 하는 일에 대해 정당화하는 기능만 가지게 된다. 따라서 아웃사이드인전략이 더 좋다고 할 수 있다. 이는 글로

그림 18-4 인사이드아웃 vs 아웃사이드인

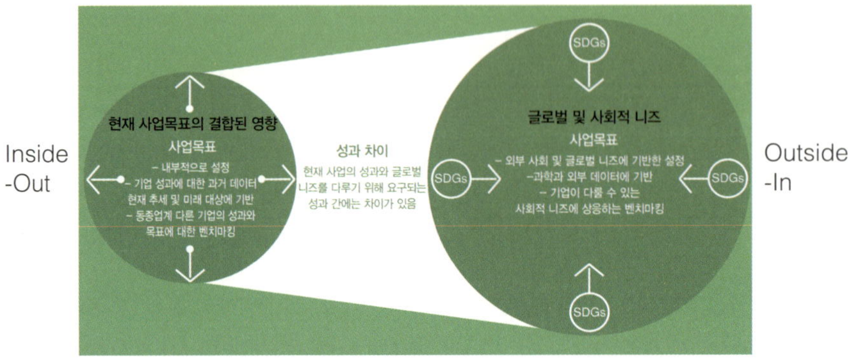

출처: sdgcompass.org

벌 및 사회적 니즈를 파악하고 그에 따라 사업목표를 설정하고 전략을 취하는 것이다.

(5) SDGs 지지 선언

"우리에게 이런 목표가 있다"는 SDGs 추진 의지를 구성원 및 외부 이해관계자들과 공유한다. 특히 유엔에서 운영하는 사이트(www.business.un.org)에 회사의 목표를 업로드함으로써 기업에 대한 목표를 더 효과적이며 대외적으로 천명할 수 있다.

2.4 4단계: 통합

이제는 목표를 기업 내부 각각의 프로세스, 활동, 규정 등에 녹여 낼 수 있어야 한다. 즉 지속가능성을 핵심사업에 통합시키고 모든 직무에 세부목표를 내재화할 필요가 있다.

(1) 기업 내 지속가능성목표를 정착

제일 먼저 기업 내 지속가능성목표를 정착해야 한다. 목표를 설정한다 하더라도 직원들은 자신과 관련이 없다면 행동을 취하지 않을 것이다. 따라서 조직 전반에 걸쳐 지속가능성목표를 인사고과 및 보수체계에 통합시키는 것은 중요하다. 또한 지속가능성목표의 이행과정이 어떻게 기업가치를 만들어 내는지에 대한 조직구성원들과 공동의 이해를 형성할 필요가 있다. 이러한 지속가능성목표는 기업의 비전과 사명 및 선언에 명백하게 반영되어야 한다.

(2) 모든 직무에 지속가능성 내재화

두 번째 모든 직무에 지속가능성을 내재화해야 한다. 이로 인해 지속가능성목표에 대해서 각 부서가 주인의식을 가질 수 있다. 추가적으로 기업전략, 문화, 운영에도 내재화해야 한다. 이를 위해 이사회에 지속가능성위원회를 두어 점검하고, 구성원에게 알리는 것도 좋은 방법이 될 수 있다. [그림 18-5]는 내재화과정의 예이다.

KPI는 SDGs12에 기여하며, 2020년까지 유해화학물질을 단계적으로 폐기하고, 2016년 말까지 유해화학물질의 사용을 단계적으로 폐기하고 대체물질을 파악한다고 목표를 설정했다. 이제 이 목표에 대해 직무관리 아젠다를 만든다. R&D 차원에서는 대체물질을 파악하고, 공급망 차원에서는 유해화학물질을 가능한 모두 파악하고 단계적으로 사용을 폐기한다. 또 각각의 아젠다에 맞게 개별 목표를 설정한다. R&D 기술자는 대체물질을 책임지고 파악하고, 부품구매자는 거래처가 구매정책을 준수하도록 보증하는 역할을 한다. 이처럼 기업의 전체 KPI목표가 직원 개인의 목표로 연결되는 일련의 프로세스를 만들어 내는 것이 필요하다.

그림 18-5 내재화과정

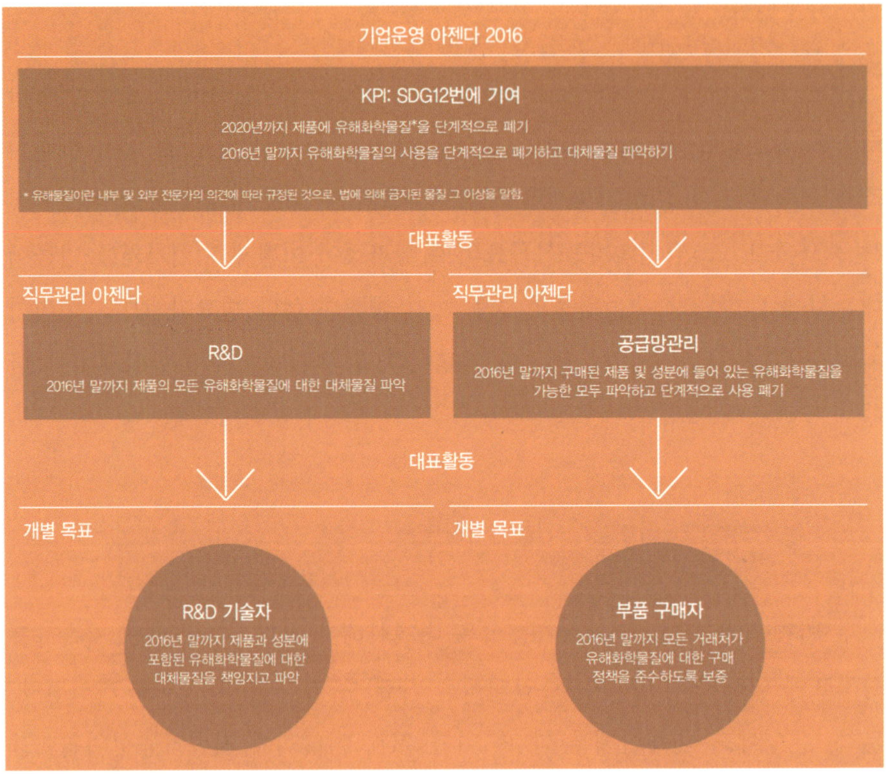

출처: sdgcompass.org

(3) 파트너십 참여

하나의 SDGs를 한 기업이 온전히 성취하고 달성하는 것은 어렵기 때문에 파트너십에 참여하는 것이 좋다. 통계에 의하면 전체 기업의 90%는 독자적으로 SDGs를 추진하기 어렵다고 응답했다. 그러므로 파트너십이 필요한데 크게 3가지 종류가 있다. 첫째, 가치사슬 내에 있는 기업들(예: 협력사)과 협력하는 가치사슬 파트너십이 있다. 이들의 상호 보완적인 능력과 기술, 자원을 결합하여 시장에 새로운 솔루션을 제시하는 방법이다. 둘째, 분야별 이니셔티브이다. 여러 산업별 지도자(리더)들이 산업 전반에 걸친 기준과 활동의 수준을 올리고 공통의 도전과제를 극복하기 위한 노력에 동참하는 것이다. 셋째, 기업뿐만 아니라 정부와 민간부문 및 시민사회가 함께 힘을 모아 추진하는 다자간 파트너십이 있다. 이러한 방법들 중 하나 이상 채택하는 것이 좋다.

2.5 5단계: 보고 및 소통

기업 및 다국적기업이 지속가능한 활동을 도입하고 지속가능성정보를 주기적으로 보고하는 것을 장려하고 있다. 일부 기업들은 SDGs는 법적으로 보고할 책임도 있다. 실제 상위의 기업들은 지속가능성 성과를 공시하고 있다. [그림 18-6]은 상위 250개 기업이 어떤 SDGs를 선정했는지를 보여주고 있다. 왼쪽에 보이는 기후변화, 일자리 문제, 웰빙 등이 기업들이 가장 많이 선택한 SDGs이다. 오른쪽에 보이는 빈곤 문제 등은 기업들이 하기 어려운

그림 18-6 상위 250개 기업이 선정한 SDGs 분포

Most prioritized (by more than 50% of companies)	Moderately prioritized (30% - 50% of companies)	Least prioritized (by less than 30% of companies)
13 Climate Action 64%	7 Affordable and Clean Energy 48%	1 No Poverty 28%
8 Decent Work and Economic Growth 59%	9 Industry, Innovation and Infrastructure 48%	15 Life On Land 26%
3 Good Health and Well-being 55%	11 Sustainable Cities and Communities 46%	2 Zero Hunger 21%
12 Responsible Consumption and Production 54%	10 Reduced Inequalities 39%	14 Life Below Water 18%
5 Gender Equality 52%	6 Clean Water and Sanitation 34%	
4 Quality Education 51%	17 Partnerships for the Goals 34%	
	16 Peace, Justice and Strong Institutions 32%	

출처: sdgcompass.org

공공적 부분이 존재하는 목표들로, 기업들이 많이 선택하지 않았다는 사실을 알 수 있다.

(1) 보고서 작성

외부로 알리기 위한 보고서를 어떻게 작성하는가? 보고해야 하는 내용은 많지만 그 모든 것을 보고서에 넣을 수 없기 때문에 우선순위를 정하는 것이 좋다. [그림 18-7]처럼 두 가지 차원으로 나누어 보고내용을 표시하고, 오른쪽 위(영향도와 관심도가 모두 높은)의 내용부터 먼저 보고하면 된다. [그림 18-8]은 2019 삼성SDI 보고서의 예이다. 가로축에 이해관계자 관심도, 세로축에 비즈니스 영향도를 만들어서 보고내용들을 점을 찍고, 상위내용을 보고서에 집중적으로 다룰 수 있다. 정리하면 이해관계자가 관심이 없거나 비즈니스 영향도가 낮은 부분은 신경 써서 보고서에서 관리할 필요가 없으므로 우선순위를 선정하여 중요도가 높은 내용부터 보고하는 것이 좋다.

그림 18-7 보고내용 우선순위 정하는 방법

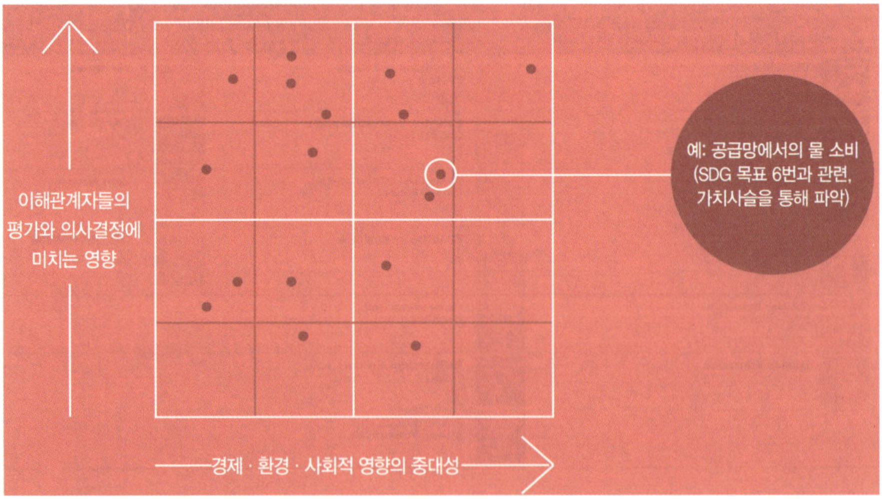

출처: sdgcompass.org

그림 18-8 2019 삼성SDI 보고서

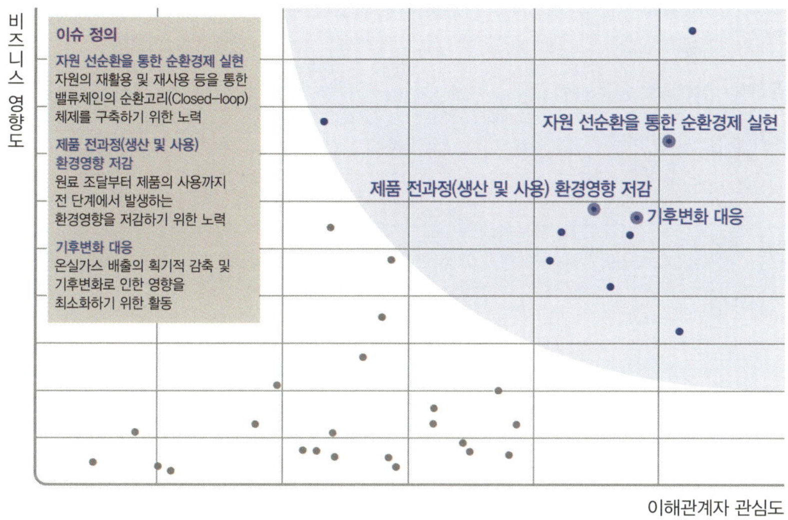

출처: samsungsdi.co.kr

1) 보고서에 들어갈 내용

- SDGs가 기업과 왜 그리고 어떻게 관련이 있는가(예: 우선순위 선정과정 및 참여 이해관계자의 생각 서술)
- SDGs와 연관된 주요 긍정적 · 부정적 영향
- SDGs와 관련한 기업의 목표와 달성과정
- SDGs 관련 영향관리 및 기업 전반의 통합을 통한 목표 달성전략과 활동

2) 지속가능성 보고에 대한 10가지 원칙(GRI)

- 이해관계자 포괄성
- 지속가능성 맥락
- 중대성

- 완전성
- 균형
- 비교가능성
- 정확성
- 적시성
- 명시성
- 신뢰성

(2) SDGs 성과 소통

SDGs의 성과를 많은 사람이 알 수 있도록 한다. 기업의 웹사이트, 소셜미디어, 이벤트, 제품 및 서비스의 라벨, 시장 및 광고 등을 통해 소통할 수 있다. [그림 18-9]는 2019년 삼성SDI의 지속가능성보고서 화면이다. 삼성SDI 홈페이지에서 보고서를 PDF파일로 다운로드받을 수 있다.

그림 18-9 삼성SDI 지속가능성보고서

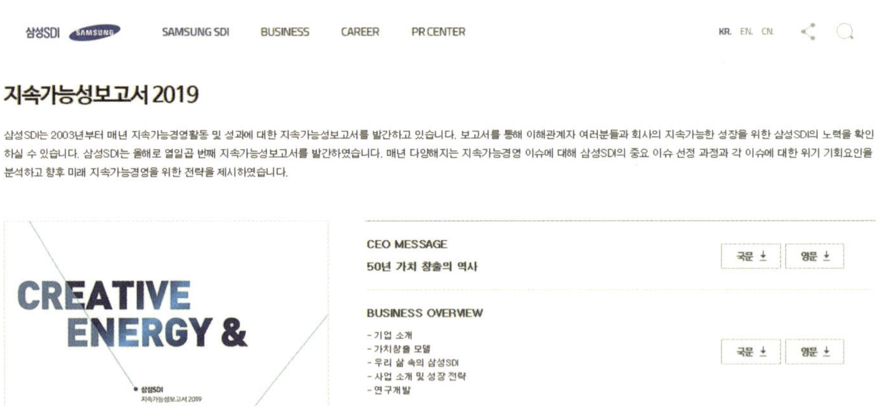

출처: samsungsdi.co.kr

참 · 고 · 문 · 헌

권영화(2016), "글로벌 반도체기업들의 사회적 책임(Corporate Social Responsibility)에 관한 사례 연구: TSMC와 Intel을 중심으로", 〈전문경영인 연구〉, 19(1), pp.233-262

GRI · 유엔글로벌콤팩트(UNGC) · 세계지속가능발전기업협의회(WBCSD), SDGs Compass: 지속가능발전목표(SDGs)에 관한 기업 행동 지침 (https://sdgcompass.org/)

[제 19 장]

특수 논제: AI와 산업의 융합적 공진화방안과 SW정책

1. 공진화 개념
2. AI 관점 공진화 이슈
3. 융합적 공진화연구
4. 공진화정책

제19장 특수 논제: AI와 산업의 융합적 공진화방안과 SW정책

1 공진화 개념

1.1 기술과 사회를 보는 관점

기술과 사회를 보는 관점은 크게 세 종류가 있다. 기술이 사회를 변화시킨다는 기술(개발자) 중심적 사고인 기술결정(Technology Determinism) 관점, 사회가 기술의 발전에 영향을 준다는 사회(수요자) 중심적 사고인 사회구성(Social Constructivism) 관점, 기술과 사회가 상호 영향을 줄 수 있다는 사회-기술(Socio-Technical) 관점이다. 사회-기술 관점에서 봤을 때 기술과 사회는 서로 분리될 수 없고 서로 조건을 충족하면서 진화한다. 이런 관점에서 공진화(Co-Evolution)가 중요하다.

1.2 하이프(Hype)현상

그렇지만 기술혁신과 사회변화 사이의 시간적 딜레이가 발생한다. 기술혁신이 되면 혁신된 기술을 사회가 빨리 받아들이는 것이 아니라 차이(gap)가 발생한다. 따라서 혁신적인 기술이 나와도 사회에서 채택하기까지 시간이 많이 소요되어, 기술을 발전시킬 수 있는 동력이 없어지게 된다. 그러다 보니 아쉽게도 사회가 기술을 받아들일 준비가 된 단계에 기술이 소멸되는 경우가 생긴다. 이런 시간적 딜레이는 기술혁신의 발달과 사회변화를 저해하는 원인이 된다. 이런 현상이 바로 하이프현상이다. [그림 19-1]은 기술개발에 따른 하이프사이클을 보여준다. 하이프현상이 발생하여 시기를 놓치면 혁신기업이 실패할 수 있고, 창업 성공률이 저하될 수 있다.

그림 19-1 하이프사이클

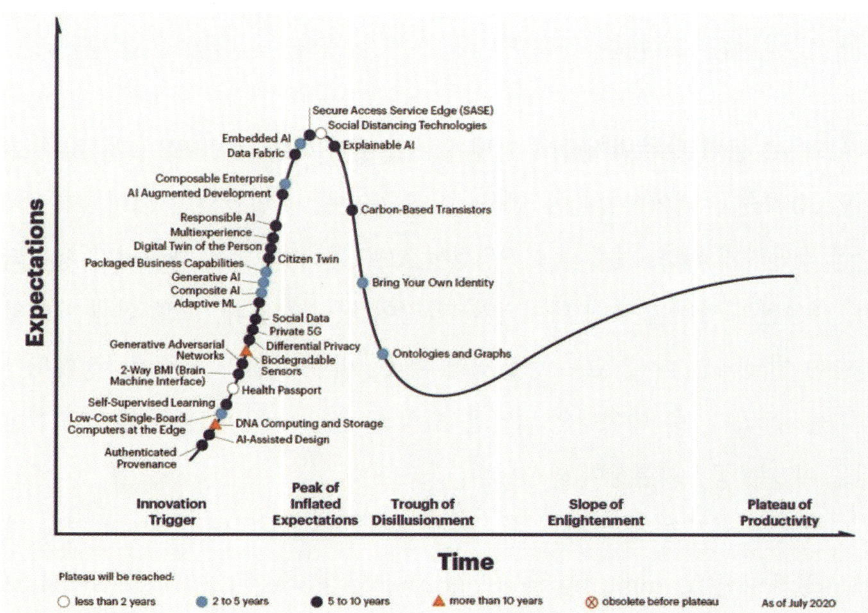

출처: 가트너

2 AI 관점 공진화 이슈

하이프현상을 해소하려면 어떻게 해야 할까? 기술혁신과 사회변화 사이의 딜레마를 어떻게 최대한 극복하느냐가 정책의 관건이다. 이를 위해서는 공진화(Co-Evolution)정책이 필요하다. 논의를 인공지능으로 국한시켜 접근하면, 다음과 같은 세 가지 공진화 이슈가 있다.

- AI기술과 4차산업혁명기술의 융합적 공진화와 가치창출
- AI기술과 사회의 융합적 공진화와 가치창출
- AI기술을 통한 사회 구성요소 간 융합적 공진화와 가치창출

2.1 AI와 4차산업혁명기술의 공진화

(1) Data기술–AI기술의 공진화

AI와 AI 관련된 주변기술이 어떻게 서로 공진화할 것인가? [그림 19–2]처럼 AI기술과 데이터기술이 있다. 이때 AI기술이 발달되면 데이터기술이 같이 발달하게 된다. 예를 들어, 생성형 AI를 통해 더 많은 데이터가 생성되며, 생성된 데이터를 통해 데이터가 더 많이 쌓이게 된다. 그로 인해 데이터기술이 발달되면 다시 AI는 응용영역 확대, 변수의 다양성 증가, 정확도가 제고될 수 있다. 즉 데이터의 발전은 AI의 발전을, AI의 발전은 데이터의 발전을 이끄는 공진화현상이 발생한다.

데이터와 AI기술 간의 공진화 사례로 Kara Cloud와 페이스북의 러닝 바이 시뮬레이션(Learning by Simulation)이 있다. 우선 [그림 19–3]에서 보이는 Kara Cloud는 좋은 데이터가 있어야 좋은 AI 성과가 나온다는 것을 보여준다. 안구 이미지를 통해 어떠한 질병이 있는지 판단하는 AI를 개발할

그림 19-2 Data기술–AI기술의 공진화

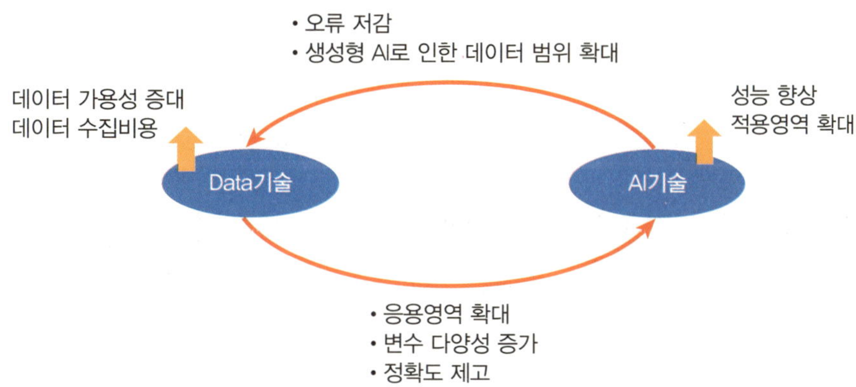

그림 19-3 Kara cloud

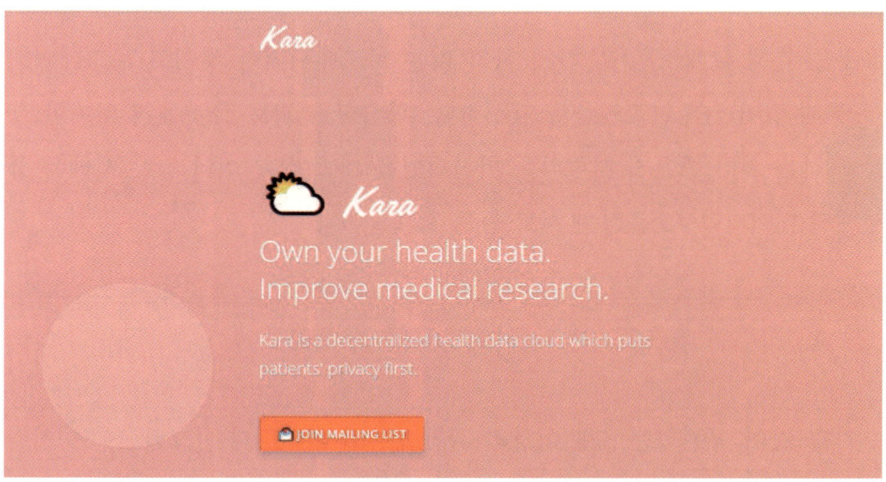

출처: kara.cloud

때, 질병이 있는 안구 이미지는 많지 않았다. 이에 일반인들이 스스로 자신의 안구 이미지를 제공하기 위해 Kara Cloud를 만들었고, 안구 사진을 올리면 검진비 무료 등의 혜택을 주어 일반인들이 고급데이터를 올리도록 만들었다. 이를 통해 데이터가 쌓이고, 쌓인 데이터는 안구질환을 판별하는 AI의 품질을 향상시켰다. [그림 19–4]는 페이스북의 러닝 바이 시뮬레이션이다.

그림 19-4 페이스북 Learning by Simulation

출처: Facebook

로봇을 통해 실제로 일을 하게 하고 많은 로그데이터가 쌓이고 로그데이터를 통해 딥러닝의 알고리즘을 개선한다. 학습한 결과로 로봇에게 어떠한 행동을 하는 것이 좋은지 지시하는 머신러닝을 개발했다. 이와 같은 사례는 풍부해진 데이터와 AI 품질이 서로 돕는 사례들이다.

(2) AR/VR기술-AI기술-로봇기술의 공진화

기술 간의 공진화는 3개 이상의 관계에서도 발견된다. [그림 19-5]처럼 AR/VR기술, AR기술, 로봇기술이 있다고 했을 때, AI기술은 생성형 AI를 통해 콘텐츠를 자동으로 제작가능하고, 창의적인 이미지 및 시나리오를 생성할 수 있다. 이를 통해 AR/VR기술을 더 쉽게 개발할 수 있게 도와줄 수 있으며, AR과 VR을 통해 활용했던 로그데이터를 쌓아두어 다시 AI의 품질을 높이는 데 사용된다. 또한 로봇은 AI에게 로봇이 가진 많은 센서데이터를 제공해 도움을 줄 수 있고, AI는 센서정보를 기반으로 판단하여 물체인식 등 의사결정을 할 수 있게 도와 로봇의 성능을 높일 수 있다. 또 로봇기술은 협

그림 19-5 AR/VR기술–AI기술–로봇기술의 공진화

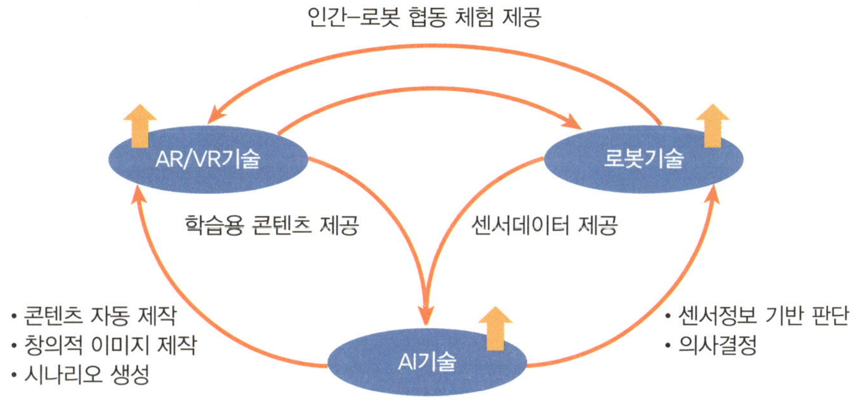

동체험 기술을 도와 AR/VR기술을 높일 수 있다. 기술과 기술이 서로 도움을 주면서 발전하는 공진화가 가능하게 된다.

(3) AI 기술–사회의 공진화

[그림 19–6]처럼 처음에는 Passive AI가 있는데, 이를 통해 개인이 기술을 받아 피드백의 결과를 제공하고, 제공받은 피드백을 통해 Active AI를 만들 수 있다. 이를 통해 기관이 사용할 수 있는 AI가 만들어져, 기업과 기관이 사용하다 보니 경험을 통해 Proactive AI, 스스로 최적화하는 AI가 만들어져 사회 전체가 AI를 받아들이는 관계로 발전하는 것이다.

이것의 대표적인 사례로 알파고가 있다. 알파고와 이세돌이 대국을 한 것이 2016년 3월이다. [그림 19–7]은 알파고 쇼크와 사회적 수용성을 나타내는데, 뉴스에서 나온 AI와 관련된 텍스트를 모아 기사의 빈도와 감성값을 체크한 것이다. 알파고와 대국이 있기 전까지만 해도 AI 기사가 많지 않았지만 대국 이후 기사가 폭증했다. 그리고 그 이후 AI 관련 기사가 계속 많아졌다. 또 대국 전까지는 AI에 대한 감성값이 별로 차이가 없었고 변동이 심했다.

그림 19-6 AI기술-사회의 공진화

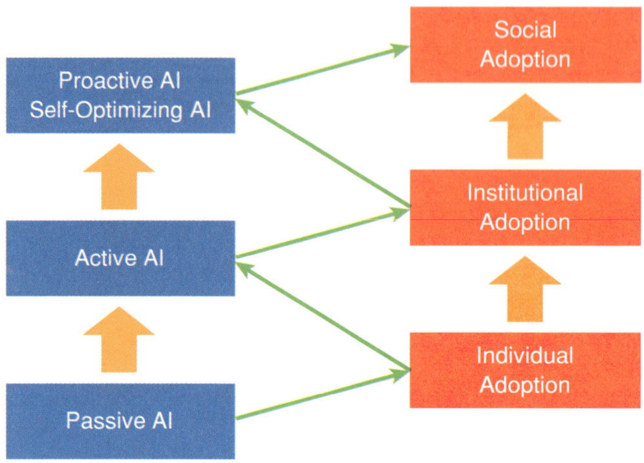

그림 19-7 알파고 쇼크와 사회적 수용성

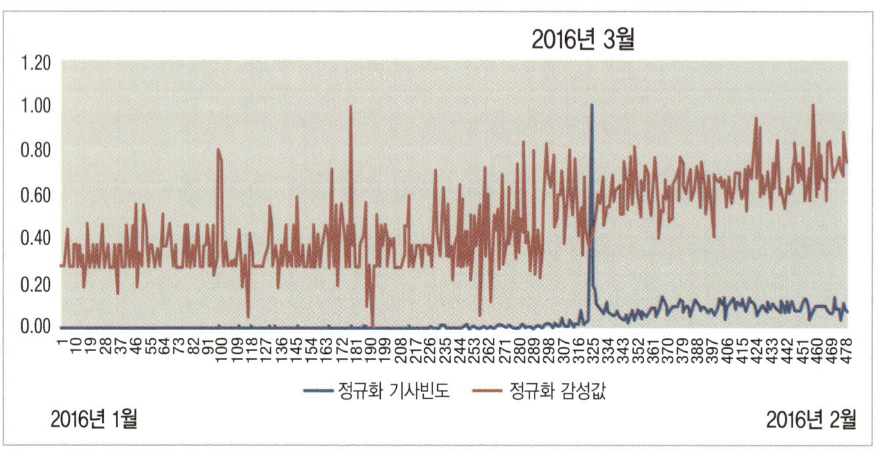

출처: 구글트렌드

즉 AI에 대한 찬반논쟁이 심했던 것이다. 하지만 대국 이후 감성값은 쭉 큰 변동 없이 올라가는 것을 확인할 수 있다. 즉 알파고 쇼크는 인공지능의 사회적 수용성이 올라간 계기가 되었다. 이런 식으로 특정한 기술이 사회적으로 수용되는 과정을 볼 수 있고, 그 과정은 가끔씩 이벤트와 같은 단기적 사건에 의해 벌어질 수 있다.

우리나라의 웹기술을 통해 「전자문서 및 전자거래 기본법」과 「지능정보화 기본법」이 만들어졌는데, [그림 19-8]을 통해 기술혁신과 제도가 공진화하는 것을 볼 수 있다.

그림 19-8 기술혁신과 제도의 공진화

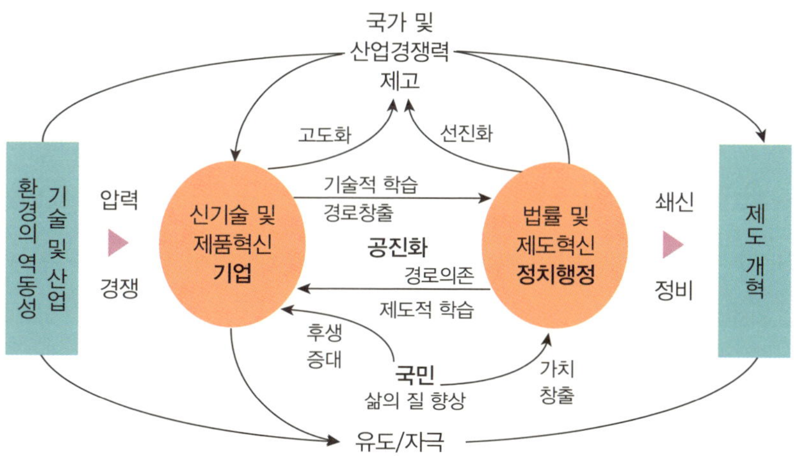

출처: 한세억(2020)

네덜란드 로테르담은 원래 유휴 조선소가 있었으나 2002년 파산했다. 이후 [그림 19-9]처럼 로테르담이 IT화되면서 조선소가 아니라 해양산업의 산학협력기지로 탈바꿈했다. IT의 도입으로 인하여 일반도시에서 스마트도시로 사회가 발전한 것을 볼 수 있었다. 특히 IT기술, 4차산업혁명기술은 도시를 발전시킨다. 스마트도시가 만들어지면 더 좋은 IT를 수요하려고 하는 선순환이 발생한다.

그림 19-9 네덜란드 로테르담

(4) AI 기술-사회 영역 간 공진화

AI는 사회의 많은 요소들에 도움을 주며 사회 각 영역들이 공진화되도록 지원한다. [그림 19-10]은 손강호와 박영택 논문의 내용을 보여준다. 이 논문에 의하면 AI를 통해 기업과 법제도가 도움을 받고, 또 기업과 법제도는 서로 발전하는 양상을 보인다. 공급체인 생태계도 마찬가지다. AI 공급자와 수요자 모두에게 도움을 주고, 그 결과 공급자와 수요자가 함께하는 생태계가 발전하게 된다. 이런 것이 AI가 사회구성요소들과 함께 발전하는 사례라고 볼 수 있다.

그림 19-10 기술-사회요소 간 공진화

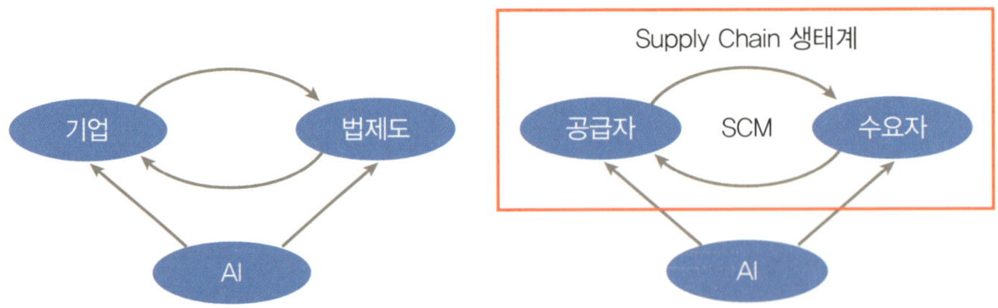

출처: 손강호 · 박영택(2014)

3 융합적 공진화연구

[그림 19-11]은 공진화단계를 보여준다. 초지능, 초연결, 초개성과 개인, 기업, 사회시스템의 상호작용을 통한 가치창출을 한다. 따라서 이런 기술과 사회, 기술과 기술, 기술로 말미암은 사회요소들 사이에 공진화연구는 매우 중요하다.

그림 19-11 공진화단계

초지능 + 초연결 + 초개성

영역	단기	중기	장기
목표	A: 인공지능 융합기술 영향력 분석 B: 제4차산업혁명과 소비자 공진화	제4차산업혁명의 영향력 분석	제4차산업혁명과 사회적 공진화
제1세부 개인과 제4차 산업혁명	• 인공지능 융합기술 활용이 개인에 미치는 영향력 • 인공지능 융합기술 도입으로 인한 조직변화 • 인간과 인공지능 융합기술의 공생	• 제4차산업혁명과 디지털 소비자의 이해 • XR, 초개성기술 활용을 통한 소비자행동 분석 • 인간의 삶의 질 향상을 위한 융합기술 활용방안	• 인공지능 융합기술 활용을 통한 인간복지 향상 방안 • 삶의 질 및 복지 증진을 위한 적응형 스마트홈 연구 • 개인과 초개성기술의 공생방안 연구
제2세부 기업과 제4차 산업혁명	• 인공지능 융합기술 수용 모델 연구 • 제4차산업혁명과 창업생태계 및 창업과정 연구 • Fusion Analytics 방법을 통한 개인화 연구	• 제4차산업혁명기술의 영향 및 기업의 혁신과 학습패턴 • 제4차산업혁명 관련과 산업의 생태계 변화 연구 • 제4차산업혁명 기술동향과 사업기회 발견 및 평가 연구	• 인공지능 융합기술 기반의 조직 간 협업 방안 연구 • 제4차산업혁명과 기업가적 사회로의 전환 관련 정책 연구 • 제4차산업혁명 기반 기업의 사회적 가치 혁신과 학습
제3세부 사회와 제4차 산업혁명	• 인공지능의 매크로적 영향에 관한 계량경제적 분석 • 계산기계와 교환관계의 공진화 • 파괴적 혁신의 사회적 가치 및 규범적 한계	• 머신러닝과 계량경제학을 결합하여 COVID-19의 사회경제적 효과 분석 연구 • 신기술과 사회적 경제의 자율성 및 임팩트 투자 • 신기술과 대안적 생산조직	• 초지능사회로의 경제구조 변화와 대응방안연구 • 네트워크사회의 경제적 특징과 대안적 자본시장 설계 • 맞춤형 복지사회로의 발전방안 연구
제4세부 법 · 제도와 제4차 산업혁명	• 인공지능 융합기술의 사회적 수용에 관한 규제 현황 • 초연결과 인간중심적 사회적 가치를 위한 규제 연구 • 제4차산업혁명시대에 적합한 규제 패러다임 연구	• 제4차산업혁명 기술 활용분야 관련 법제의 적절성 및 문제점 분석 • 초지능 융합기술과 법과 규제의 공진화 • 초연결, 초개성 융합기술과 규제의 공진화	• 인공지능의 법적 지위와 협업관계에 관한 법제 연구 • 사회구성원과 기술발전 및 혁신 간의 공진화 • 규제와 법제도가 개인, 시장, 정부에 미치는 영향

[그림 19-12]는 공진화 추진전략을 보여준다. 연구를 위해 기반연구, 응용연구, 정책마련연구까지 발전할 필요가 있다.

그림 19-12 공진화 추진전략

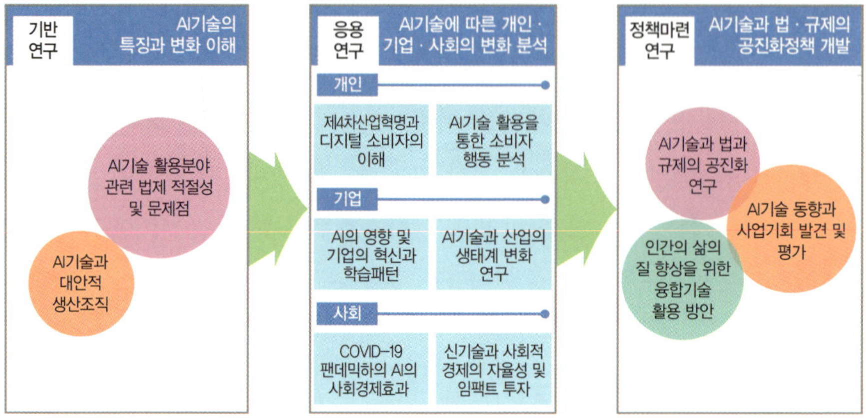

4 공진화정책

공진화정책이 필요한 이유는 [그림 19-13]처럼 각각의 AI는 자신의 데이터만 사용하기 때문이다. 안면인식을 위한 딥러닝은 Flickr-Faces-HQ Dataset을 사용하거나, 음성인식을 위한 자연어처리는 Corpora를 쓰거나, 딥페이크를 위한 생성형 AI GAN은 그에 맞는 데이터셋을 쓰는 등 자신에게 맞는 데이터셋만 사용한다. 이런 것들이 데이터의 역동적 온건성을 보장하고, 효과 측정 및 AI시스템 확장을 어렵게 만든다. 이렇게 분리된 데이터를 통합적으로 보일 수 있게 하는 틀을 만드는 공진화정책이 필요하다.

Needs-Has Gap현상이 있다. 수요의 AI 솔루션 니즈와 AI가 사용할 수 있는 데이터 사이에 갭이 있기 때문에 데이터를 제공해야 하는 구성에서는 어떤 데이터가 필요한지 모르고, AI도 돕고 싶은데 돕기 위한 데이터가 무엇인지 모르는 갭을 통해 효과적인 시스템을 만들지 못하게 된다. AI조직과 데

■ **그림 19-13** AI시스템별 데이터셋

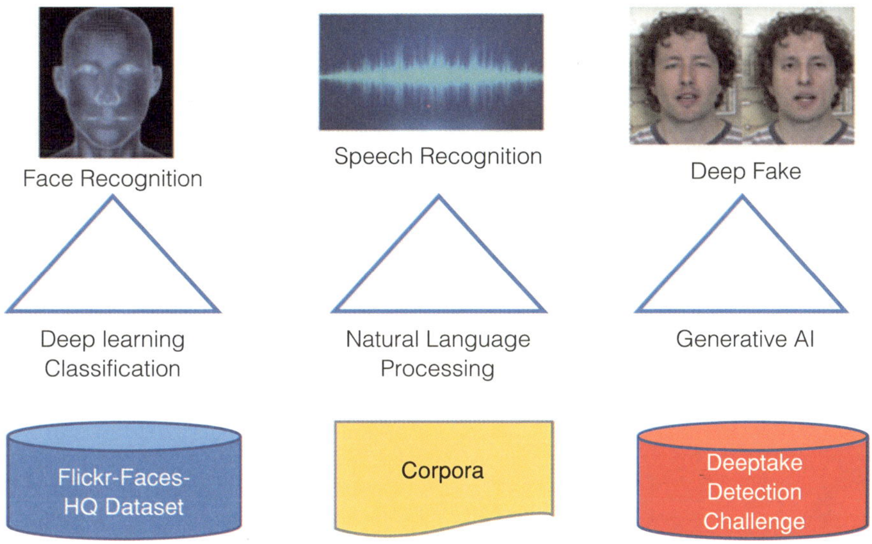

이터조직 불일치, AI기업과 데이터기업의 불일치를 나타낼 수 있다. 따라서 이러한 갭을 줄이는 공진화정책이 필요하다.

AI 활성화에 걸림돌이 있다. 데이터의 질이 낮아져 AI의 품질도 낮아지는 현상과 AI가 제공하는 솔루션 벤더들이 안정화 없이 파산하거나 갑자기 서비스를 바꾸는 등 AI시스템의 지속적 유지보수에 대한 위험성이다. 또한 AI 판정에 대한 설명이 없기 때문에 AI 사용을 꺼릴 수 있고, AI가 데이터 문제나 알고리즘 문제로 의도치 않게 차별적 이슈나 잘못된 판별을 할 위험성과 의도하지 않은 사회적 위험성이 존재한다. 따라서 이러한 걸림돌을 해결할 수 있는 정책들이 요구된다. 데이터를 통해 새로운 산업을 만들 수 있다. DaaS, S2aaS는 데이터를 통해 새로운 경제, 산업을 일으키는 예제이며 새로운 종류의 데이터, AI 기반 서비스 활성화정책도 필요하다.

참 · 고 · 문 · 헌

손강호 · 박영택(2014), "기업혁신과 혁신제도의 공진화 혁신", 〈한국창업학회지〉, 9, pp.221-241

한세억(2020), "기술혁신과 법제적 대응: 기술과 법제의 공진화", 〈융합사회와 공공정책〉, 13(4), pp.56-85

찾아보기

❙ 저자약력 ❙

권오병

서울대학교 경영대학 경영학사(1988. 2)
한국과학기술원 경영과학과 공학석사, 박사(1995. 2)
한동대학교 경영경제학부 부교수(1996~2003)
미국 카네기멜론대학교 방문과학자(2002~2003)
경희대학교 경영대학 교수(2004~현재)
Asis Pacific Journal of Business Review 편집위원장
차세대정보기술연구센터 센터장
SSK 4차산업혁명연구단장
前 전국대학교기획처장협의회 회장

김관영

한동대학교 경영경제학부 경영학사, 경제학사(2000)
한국과학기술원 기술경영학부 석사(2002), 박사(2015)
몽골 후레정보통신대학교 컴퓨터응용학과장(2002~2003)
미국 일리노이대학교 경영대학 방문연구원(2010~2011)
베트남 남딩기술교육대학교 경제학부 방문연구원(2012)
사우디아라비아 알야마마대학교 경영대학 초빙교수(2014)
한국발명진흥회 국제개발협력실 국제개발사업팀장(2015~2018)
한국과학기술연구원 부설 녹색기술센터 선임연구원(2019~현재)
인도네시아 글로벌문제해결거점센터장(2019~현재)

4차산업혁명과 지속가능사회

2021년 5월 5일 1판 1쇄 인쇄
2021년 5월 10일 1판 1쇄 발행

저　　자 | 권오병 · 김관영
발 행 인 | 이수영
발 행 처 | 도서출판 청람
　　　　　서울시 마포구 독막로 288(대흥동, 세양상가 109호)
전　　화 | 02)3272-2601~2
팩　　스 | 02)3272-2603
이 메 일 | crbooks@daum.net
홈페이지 | www.crbooks.co.kr
등　　록 | 2000년 8월 26일 제6-0509호

ISBN 978-89-5972-817-6 93320　　[정가 28,000원]

이 저서는 2020년 대한민국 교육부와 한국연구재단의 지원을 받아 수행된 연구임(NRF-2020S1A3A2A02093277)